PLINIO MARTINS FILHO, EDITOR DE SEU TEMPO

Ulisses Capozzoli

PLINIO MARTINS FILHO, EDITOR DE SEU TEMPO

Copyright © 2023, Editora WMF Martins Fontes Ltda.,
São Paulo, para a presente edição.

Este livro não pode ser reproduzido, no todo ou em parte, armazenado em sistemas eletrônicos recuperáveis nem transmitido por nenhuma forma ou meio eletrônico, mecânico ou outros, sem a prévia autorização por escrito do editor.

1ª. edição 2023

DESIGN Casa Rex

FOTOS DA CAPA E GUARDA Cecília Bastos – USP Imagens

PREFÁCIO Marisa Midori Deaecto

POSFÁCIO Rodrigo Lacerda

LEITURAS E APOIO Eliza Nazarian, Fernando Paixão, José de Paula Ramos Jr, Marisa Midori Deaecto, Marcelo Rollemberg, Paulo Franchetti, Ricardo Lima, Roney Cytrynowicz e Thiago Mio Salla

REVISÃO Carolina Bednarek Sobral, Millena Machado e Sandra Garcia Cortés

PRODUÇÃO GRÁFICA Geraldo Alves

DADOS INTERNACIONAIS DE CATALOGAÇÃO NA PUBLICAÇÃO (CIP)
(CÂMARA BRASILEIRA DO LIVRO, SP, BRASIL)

Capozzoli, Ulisses
   Plinio Martins Filho, editor de seu tempo / Ulisses Capozzoli. -- São Paulo : Editora WMF Martins Fontes, 2023.

   Bibliografia.
   ISBN 978-85-469-0449-5

   1. Martins Filho, Plinio 2. Editores e indústria editorial - Brasil - Biografia I. Título.

23-146546 CDD-920

Índices para catálogo sistemático:
1. Brasil : Editores : Biografia e obra 920.4
Eliane de Freitas Leite - Bibliotecária - CRB 8/8415

Todos os direitos desta edição reservados à
Editora WMF Martins Fontes Ltda.
Rua Prof. Laerte Ramos de Carvalho, 133   01325-030
São Paulo SP Brasil   Tel. (11) 3293-8150
info@wmfmartinsfontes.com.br   www.wmfmartinsfontes.com.br

*Se manuseassem mais livros que armas, não se veriam tantos crimes
e tantos malefícios, tanta brutalidade, tanta luxúria insípida.*
ALDO MANUZIO (1449-1515)

Prefácio 10
MARISA MIDORI DEAECTO

Cada Livro Tem Sua História 18

1. O Paraíso Perdido 42

2. A Primeira Letra.
   O Ferro de Marcar o Gado 66

3. O Percurso de uma Longa Transição 82

4. De um Mundo Fechado
   a um Universo em Expansão 100

5. O Homem e as Suas Circunstâncias 124

6. O Desafio de Criar uma Editora Universitária 142

7. Conquista com Base em Experimentos 166

8. A Errância de um Editor 190

9. Homens que Cultivam Livros 212

10. Guerra, Política e a Editoração no Brasil 232

11. Um Manual para a Edição de Livros 254

12. Percalços que Definem Caminhos 274

13. A Diversidade que Constrói um Editor 296

14. O Jardim das Delícias 312

Posfácio
Lembranças de Plinio Martins Filho 322
RODRIGO LACERDA

Bibliografia 329

Índice 335

Prefácio

MARISA MIDORI DEAECTO

Professora livre-docente em História do Livro - ECA-USP.

> *Céu e céu em azul, ao deusdar.*
> *O senhor vá ver, em Goiás, como no mundo cabe mundo.*
> JOÃO GUIMARÃES ROSA, *GRANDE SERTÃO: VEREDAS*, 1967.

Quando conheci Plinio Martins Filho, o seu *Manual de Editoração e Estilo* não passava de um maço de folhas. Ele carregava de um para o outro lado, fazendo aqui e ali anotações sob a forma de flechas, linhas, rabiscos, enfim, sinais aparentemente desconexos para os leigos na arte da revisão. Tinha para mim que o livro não se concluiria jamais, tal era a situação de caos que aquelas folhas inspiravam, no sem-fim de entradas, margens, normas, indicações, letras, imagens, relevos, cores, poemas, tipoemas!... não, definitivamente não era um manual que o velho editor rascunhava naquelas provas, mas um mapa meticulosamente desenhado, com a paciência de quem palmilha a terra, busca no sol e nas estrelas sua orientação, refresca-se nas veredas cristalinas e retorna manso para casa, ao fim de uma longa jornada.

Por entre os caminhos tortos que o editor passava e trespassava com cores e traços incertos, uma frase saltava nítida, firme, no centro da página: "A meu pai, que escrevia na areia". Teria ele composto poemas na areia, como o Anchieta de Benedito Calixto? Não. Apenas escrevia, riscava suas linhas. Sinais aparentemente desconexos em um mundo sem palavras. Descobri, naquele momento, que a mão do editor reproduzia inconscientemente os gestos de seu pai.

Foram necessários alguns anos para que as folhas de provas enfeixassem as páginas de um livro. De folha em folha, de gesto em gesto, a mente do editor ajustava as contas com o corpo e o coração da criança, ou do menino-moço que acompanhara o pai por tanto chão naquele Goiás-mundo. No sertão das noites mudas, em que o menino dormia com um olho fechado e outro aberto, atento ao menor estalo do mato. A respiração suspensa no tempo da caça. A alma em sobressalto diante de uma situação de perigo. A maleita. O doce escondido. As surras de uma mãe inclemente. Mesa alta e mesa baixa. Toda a emoção vivida em silêncio, contada e recontada nas rodas entre amigos.

Nessa vida em compasso de espera, o menino-moço e o editor aprenderam a ter paciência e a observar meticulosamente o caminho; ele palmilha a superfície, ziguezagueia entre palavras e linhas, persevera e espera. Cada vida tem seu tempo. Cada livro tem sua história. E essa história só pode ser tecida no silêncio das noites sem luar, na luta inglória dos dias de jornadas longas e das madrugadas insones, do trabalho a miúdo que se realiza, letra a letra, linha a linha, até que o tempo e o homem se reconciliam na vida do livro que nasce.

Não parece, portanto, obra do acaso o fato de o biógrafo e de o biografado terem percorrido, juntos, aquelas mesmas terras do sertão do Goiás: de Pium a Porto Nacional, não mais Goiás, mas Tocantins. Na Fazenda Pau Ferrado, fonte das primeiras lembranças, "o passado desapareceu de onde se imaginou, com certa relutância, que pudesse ser encontrado. Tudo o que restou foi o batente de madeira que sustentou uma porta" (p. 49). É que passado e presente só se encontram na ilusão da memória. Os objetos colecionados, as histórias recolhidas, o perfume das coisas, o sabor da terra, os sons das gentes, o peso vagaroso dos animais; tudo isso é essencialmente passado e presente, o tempo cíclico no qual o editor procura em vão o menino-moço que ficou para trás.

A busca do passado se dá quando o presente perde seu rumo. Era 2016 – e desse trajeto eu me lembro bem. Plinio andava incerto pela Praça do Relógio, após receber o telefonema de um funcionário que agradecia, a pedido do reitor, pelos serviços prestados à frente da Edusp, ao mesmo tempo que antecipava a exoneração de seu posto de diretor-presidente, a ser publicada nas páginas do D.O. do dia seguinte. Naquele ponto o tempo acelera, passado e presente se colidem e o menino-moço acuado no mato encontra o editor perdido naquela praça gigante. O totem de concreto é o relógio da vida que se esvai. Os anos todos de dedicação reconstituídos neste livro, desde os primeiros momentos em que a Editora da Universidade de São Paulo abandona o sistema de coedição para alçar voo próprio, em meados da década de 1980, marco do nascimento da prestigiosa Edusp, refundada a partir da gestão de João Alexandre Barbosa, romperam-se em um doloroso silêncio.

Dos tempos gloriosos ficaram os livros, tão duradouros quanto os jabutis, os muitos jabutis que a editora ainda ostenta, reconhecimento genuíno de sua contribuição para a sociedade. O prêmio outorgado pela Câmara Brasileira do Livro parecia gostar do editor, que trazia no final das festas anuais uma coleção única, a fazer inveja ao mais desdenhoso leitor de *tablets*. Os famosos quelônios escassearam, não sem antes brindar o editor por seu trabalho autoral. Aquelas folhas enfeixadas e convertidas no precioso *Manual de Editoração e Estilo*, obra de referência para os profissionais da área e para os amantes do livro, que hoje está na sua segunda edição, rendeu-lhe um Jabuti precioso.

O livro de Ulisses Capozzoli não descuida de uma vertente importante das contribuições do biografado, que consiste em articular prática editorial e ensino. "Além de cumprir sua função original de editar livros, a Edusp abriu espaço a alunos do curso de Editoração da ECA, onde leciona, para estágios nos diferentes departamentos editoriais: revisão, produção, criação e divulgação" (p. 174). Plinio Martins Filho também estruturou a Com-Arte, editora-laboratório que ocupa três disciplinas da graduação, o que permite às turmas a edição de um livro durante um ano e meio de trabalhos e experimentos. O que muitos colegas do departamento ainda desconhecem e a comunidade uspiana praticamente ignora é que a Edusp se tornou um celeiro importante para a formação de nossos alunos, não apenas pela via do estágio realizado em suas diferentes seções, mas também como apoio logístico, uma vez que os livros publicados pelo laboratório são distribuídos e vendidos pela editora da universidade. Essa articulação é importante, pois obedece a um princípio fundamental: livros publicados devem chegar aos leitores. Isso ocorre em respeito aos autores, que confiaram seus originais a uma editora-laboratório, mas também aos fundamentos que norteiam a própria grade disciplinar, ao incorporar noções como mercado e marketing, indústria gráfica, políticas públicas para o livro e a leitura, ou seja, os trabalhos realizados a partir do lançamento são fundamentais, pois completam a cadeia produtiva. Noutros termos, ao chegar aos leitores, o ciclo de vida do livro se realiza. Raros são os cursos de graduação que podem contar com uma estrutura empresarial e cultural tão sólida como a Edusp, o que certamente potencializa suas qualidades, lembrando que os Edits, como são chamados nossos alunos, gozam do privilégio de uma formação com o maior índice de empregabilidade na área, em todo o país.

Esses aspectos, embora pareçam fugir do escopo do presente volume, dizem muito da trajetória do editor-professor-livreiro na Universidade de São Paulo. No mais de meio século de vida profissional, se contados os tempos vividos na Editora Perspectiva, com Jacó Guinsburg, onde tudo começou, o editor-professor soube trafegar com certa liberdade e boa dose de perseverança por todos os setores universitários, o que lhe permitiu diálogo franco e frutuoso que se converteu em muitas realizações para os Edits, desde a instalação de computadores que nos foram doados pela Imprensa Oficial do Estado, no início do novo milênio, até a participação ativa da Com-Arte nas Festas do Livro da USP. Aliás, que isso fique muito bem registrado, para que não haja dúvidas no futuro: a Festa do Livro da USP foi criada por Plinio Martins Filho.

Os últimos capítulos confluem para a figura do editor. Capozzoli dimensiona a atuação do biografado em perspectiva histórica, ou seja, a partir de um quadro mais amplo, que nos permite reconhecer, de Aldo Manuzio, passando por William Morris a Max Perkins – com exceção do último, todos editados pelo próprio Plinio –, os múltiplos desenvolvimentos da arte e da prática editorial, em consonância com a evolução e as mutações da indústria e da cultura no Ocidente. É possível que o leitor mais familiarizado com a literatura sobre o tema estabeleça, por sua própria conta, o equilíbrio sempre necessário entre as ações dos indivíduos e as realizações coletivas, das quais o livro é um fruto legítimo. Notemos que todos esses nomes, aos quais poderiam se juntar notáveis figuras brasileiras, como Monteiro Lobato, José Olympio, Jorge Zahar ou o já citado J. Guinsburg, imprimiram suas marcas na produção editorial e cultural de seus países, ou mesmo de toda uma época – pois o circuito do livro já nasce internacionalizado –, na medida em que souberam catalisar o sentido da prática editorial, em um ambiente para o qual concorrem trabalhadores das mais diversas artes e ofícios. Nem mesmo Manuzio, cujo ateliê se caracteriza por sua natureza múltipla, a um só tempo república platônica e centro de inovação tipográfica, como poderíamos dizer hoje, dispensou um bom corpo de avaliadores (pareceristas), revisores, desenhadores de tipos, compositores, tipógrafos, papeleiros de primeira linha, enfim, mestres nos seus saberes, prontos para serem regidos por um único mestre. O catálogo da Ateliê Editorial, esta outra criação de nosso editor, desenvolvida no âmbito familiar, é prova inconteste de sua expertise.

Assim o mestre Plinio Martins Filho rege sua orquestra, com movimentos largos, pausados por um silêncio profundo, ritualístico, como quem procura na arte do livro o tempo dilatado da natureza. O tempo dos Gerais. E se passado e presente apenas se encontram na ilusão retrospectiva da memória, o presente corrige o passado ao restituir ao biografado seu posto na Edusp. Em janeiro de 2022, quando o reitor Carlos Gilberto Carlotti Junior e a vice-reitora Maria Arminda do Nascimento Arruda foram empossados de seus respectivos cargos, nosso editor foi convidado para reger sua antiga orquestra, ao lado de Sergio Miceli, professor sênior de Sociologia da FFLCH-USP, com quem atuara, no início da década de 1990. Diretor e assistente retomam seus postos originais e, se nosso biografado não ocupa, hoje, a cabeceira de uma das mais importantes editoras universitárias do país, estamos seguros de que a orquestra seguirá seu programa, não como no passado, mas de acordo com os desafios e movimentos que se impõem na atualidade. Afinal, a história não se repete. E a farsa outrora encenada chegou a seu termo. Ao editor, restitui-se seu lugar. Sem dúvida, um ato de respeito a todos os profissionais do livro.

Como foi dito no início, conheci Plinio Martins Filho quando seu *Manual de Editoração e Estilo* era apenas um esboço, um maço de folhas a errar de uma mesa de trabalho a outra, como que a buscar o melhor recorte, o melhor desenho, a melhor solução para problemas editoriais que só os bons editores sabem propor. O filho daquele que escrevia na areia também fazia e ainda faz seus rabiscos. Plinio é mestre e amigo do tempo dilatado, das relações duradouras, das respostas difíceis... mas não são assim os livros? Temo que seu mapa, uma reconstituição fiel daqueles Gerais que tanto marcaram sua infância e mocidade, tenham sido reproduzidos, em código, nas mais de cem mil folhas que Plinio Martins percorreu e anotou, com sua paciência infinita e seu silêncio profundo. O que ele não sabe é que, para muito além dos descampados, das florestas densas e das veredas (que jamais se repetem), o que ele desenhou naquelas páginas foi o seu próprio destino.

De Pium a Paris, passando pela solidão fria e árida de São Paulo, uma estrela nasceu para compor uma plêiade única de clássicos da literatura universal, de obras essenciais para o conhecimento acadêmico, de livros de artes, de brochuras populares, de livros que se confundem com o homem-livro. Livro, néctar da vida, que Plinio reencontrou no seu sertão-mundo. Para saber mais, aconselho o leitor a adentrar neste livro com a alma tranquila e aberta às aventuras e às belas histórias que a vida desse ilustre cidadão de Pium rendeu. História genuína, redigida com a mão certeira de Capozzoli, de um homem dos Gerais que ainda escreve na areia – como poucos sabem, uma arte invisível. Mas, se a leitura não bastar, siga então o leitor o conselho de Riobaldo, ele mesmo regente maior de sua própria orquestra:

"O senhor vá ver, em Goiás, como no mundo cabe mundo".

**Cada Livro
Tem Sua História**

Estamos ligados aos lugares onde algumas vezes sobrevivemos.
ADOLFO MONTEJO NAVAS

Biografia ou história de vida? Para um biógrafo, não faz diferença. O desafio de produzir uma obra que descreva o percurso de uma vida notável é o mesmo, em qualquer um dos dois casos. Ainda assim essa distinção, ou tentativa de diferenciação, integra um amplo conjunto de considerações sobre o que é um trabalho biográfico. Uma tarefa para escritores e, neste caso, a biografia/história de vida estaria localizada no território da literatura. Ou uma função de que deveriam ocupar-se historiadores, com certa cientificidade, pressupondo que a história tenha essa característica. Para abrir a discussão a uma abordagem mais ampla, talvez faça sentido considerar a experiência de Max Gallo (1932-2017), historiador e escritor, além de político francês, nesta condição, insuspeito de qualquer parcialidade. Nos turbulentos anos 1960, ele perdeu a fé na suposta razão do processo histórico e, sentindo-se incapaz pelo que François Dosse chamou "tanto de um saber caduco quanto de uma transmissão de incertezas", trocou a universidade pelo mundo editorial. Dosse, para não perdermos o passo, é um historiador e sociólogo francês, autor de *O Desafio Biográfico – Escrever uma Vida*, brochura de 440 páginas em que propõe uma abordagem enciclopédica sobre o engenho e a arte da biografia.

Neste livro, que se tornou uma referência da história e da reflexão sobre o processo biográfico, Dosse adverte logo na introdução: "Escrever a vida é um horizonte inacessível, que no entanto sempre estimula o desejo de narrar e compreender. Todas as gerações aceitaram a aposta biográfica. Cada qual mobilizou o conjunto de instrumentos que tinha à disposição. Todavia, escrevem-se sem cessar as mesmas vidas, realçam-se as mesmas figuras, pois lacunas documentais, novas perguntas e esclarecimentos novos surgem a todo instante. A biografia, como a história, escreve-se primeiro no presente, numa relação de implicação ainda mais forte quando há empatia por parte do autor".

Gallo, em 1998, ultrapassaria os oitocentos mil exemplares com o primeiro dos quatro volumes de sua biografia sobre Napoleão. E, 34 anos antes, em uma obra centrada no *Duce*, o "líder", como Mussolini ficou conhecido, inicia o livro com um texto claramente literário, descrevendo a realidade de uma forma que um texto histórico, por muitas e diferentes razões, é incapaz de fazer. Vale a pena reproduzir o trecho introdutório dessa escrita: "No dia 30 de outubro de 1922, cerca de onze horas, três táxis seguidos de um grupo de jovens barulhentos param diante de uma grande porta do Palácio Quirinal, em Roma. [...] a multidão não notou nada, mas um acontecimento histórico está em curso: Mussolini, de camisa preta e cabeça descoberta, entra na casa do rei Vittorio Emanuele, que irá lhe confiar o governo da Itália. A 'era fascista começa'".

Ao trocar a universidade por uma posição de editor, Gallo já lamentava que o mundo universitário bloqueie a expressão da intuição e da emotividade: "Na universidade, eu sempre me sentia como se tivesse mãos e vivesse num mundo de manetas, em que ter mãos é uma deficiência, ou seja, escrever com sensibilidade era proibido". Claramente uma defesa de atribuição literária para uma biografia, o que ele fez também em uma obra consagrada a Robespierre, o "incorruptível".

Mas há quem observe as cenas de outra janela. André Maurois (1885-1967), em uma conferência na Inglaterra, em 1928, localizou o gênero biográfico entre o desejo da verdade, "dependente de um procedimento científico e sua dimensão estética que confere valor artístico". Mas, ao final, vai capitular de alguma maneira ao admitir que, pela ambição de ficar o mais próximo possível da vida verdadeira, a biografia é um gênero difícil: "exigimos dela os escrúpulos da ciência e os encantos da arte, a verdade sensível do romance e as mentiras eruditas da história".

A verdade é que a biografia, a vida esculpida pelo biógrafo, não pode prescindir da recomendação de Euclides de Cunha de que um escritor deve aliar história, ciência e literatura em um trabalho capaz de sensibilizar o coração e a mente de seus leitores.

Condição imprescindível em uma obra biográfica, sem o que ela não terá sustentação, é a empatia, a capacidade de vestir a pele do outro, como se fosse um ato natural: o outro como o próprio eu. Na ausência desse processo não haverá legitimidade narrativa por carência de identificação, reconhecimento de realidade comum, partilha de olhares, sonoridades, frustrações, humilhações e sentimentos de vitória. Memórias, como as *madeleines* de Proust.

E aqui entramos no livro que o leitor tem em mãos. Plinio Martins Filho e eu temos a mesma idade (devo reconhecer que ele é cinco meses mais jovem, ou, para fazer justiça de outra maneira, sou exatos 159 dias mais velho que ele). Vivemos o mesmo tempo, em espaços diferentes, e aqui o conceito de espaço-tempo criado por Albert Einstein deve ceder lugar ao modelo concebido pelo filósofo Henri Bergson: o de entidades distintas.

Espaços distintos, mas nem tanto. O pai de Plinio, Plinio Martins de Oliveira, vaqueiro que, após alimentar-se da marmita fria que levava para o trabalho, sentava-se à beira de um córrego, para tomar, o que a memória do filho sugere, uns dois litros de água, e, na areia, começava a escrever, com um graveto como lápis. Nessa época, a família vivia na Fazenda Pau Ferrado, terra devoluta ocupada pela legitimação do trabalho. Em contraponto, meu pai era alfaiate, e vivemos sempre na cidade, o que nunca me impediu de desfrutar do campo. Meus tios, um deles um tio-avô, tinham pequenas propriedades rurais, e explorei com primos e primas adoráveis esse universo como um Richard Burton em busca das nascentes do Nilo.

Outra identidade: nossos pais eram, ambos, anticlericais. Plinio, o pai, por inspiração de Sebastião José de Carvalho e Melo, o Marquês de Pombal, que expulsou os jesuítas do Brasil. Meu pai, por influência de Jean Meslier, citado por Voltaire ("o último padre enforcado nas tripas do último militar") por efeito do anarquismo, os carbonaros, com raízes no Cilento, Itália.

Conhecemos, Plinio e eu, com algumas particularidades naturais, boa parte das frutas do cerrado que se estende do sertão norte de Goiás, agora Tocantins, até o sul das Minas Gerais. Em planaltos de onde alteiam as elevações da Mantiqueira e corre a teia de águas da bacia do Rio Grande. Ou, no caso dele, as planícies por onde rolam as águas do Tocantins. As frutas, os animais, as aves, as culturas agrícolas, a vida comedida de famílias de poucas posses, e a repulsa por governos autoritários. A bola de futebol de couro que era cara e rara e o estilingue que fazia de uma boa pontaria, motivo de reconhecimento e respeito em meio a um grupo de garotos. Na adolescência, a mesma música: os acordes provocativos das guitarras do *rock*, as garotas adoráveis que aderiam às minissaias, os bailinhos sensuais animados por discos de vinil ou bandas incipientes. Separados por um espaço de 1600 quilômetros, vivemos um tempo comum e esse, entre outros eventos, foi a base da empatia e reconhecimento mútuo para essa história de vida. Até porque Plinio, o filho, já na Edusp, editou meu primeiro livro, uma narrativa sobre a conquista da Antártida e do Ártico, quando o Brasil iniciou, no começo dos anos 1980, pesquisas no continente austral.

Plinio Martins Filho, Editor de Seu Tempo é o resultado de tudo isso, como se fosse pura coincidência, coisa em que não acredito. Coincidência, a meu ver, é uma expressão com que costumamos nomear o desconhecido. Aquilo que talvez esteja, para sempre, além dos limites da compreensão.

Uma última consideração. Com trabalho fundamental na construção da Editora da Universidade de São Paulo, a Edusp, Plinio não é apenas um editor, ainda que talentoso e reconhecido. Também é professor no departamento de jornalismo e editoração da Escola de Comunicações e Artes da mesma universidade, a ECA-USP.

Os leitores deste livro não devem ser apenas apreciadores de uma biografia, uma história de vida. Muitos são estudantes de editoração e querem conhecer mais profundamente o universo dos livros. Daí a razão de certa abrangência deste trabalho. Ele não se refere apenas ao percurso do nosso personagem desde o sertão de Tocantins, mas o insere naquilo que alguns filósofos chamam de teoria da complexidade, em que tudo está conectado a tudo.

Os leitores/estudantes, entre outros, querem conhecer a vida de um editor, de editores do passado, os que descobriram grandes talentos. É o caso de Max Perkins, que teve como autores Thomas Wolfe, F. Scott Fitzgerald e Ernest Hemingway, o alicerce da literatura contemporânea nos Estados Unidos. Ou Kurt Wolff, que publicou Kafka e recusou, por um equívoco a que nenhum editor está imune, *O Livro de São Michel*, de Axel Munthe, médico, escritor e psiquiatra sueco também comprometido com o direito dos animais. O livro de Munthe, uma espécie de autobiografia, ainda que ele mesmo tenha recusado essa interpretação, saiu em 1929 e encanta ainda hoje.

Certamente, os leitores gostariam de saber do percurso de editores brasileiros com a dimensão de Monteiro Lobato, também escritor, Jorge Zahar, José Olympio, Ênio Silveira, Jacó Guinsburg, José Martins Fontes e o legado precioso que nos deixaram sob a forma de livros. Aqui terão a oportunidade de conhecer um pouco mais sobre um deles: Plinio Martins Filho.

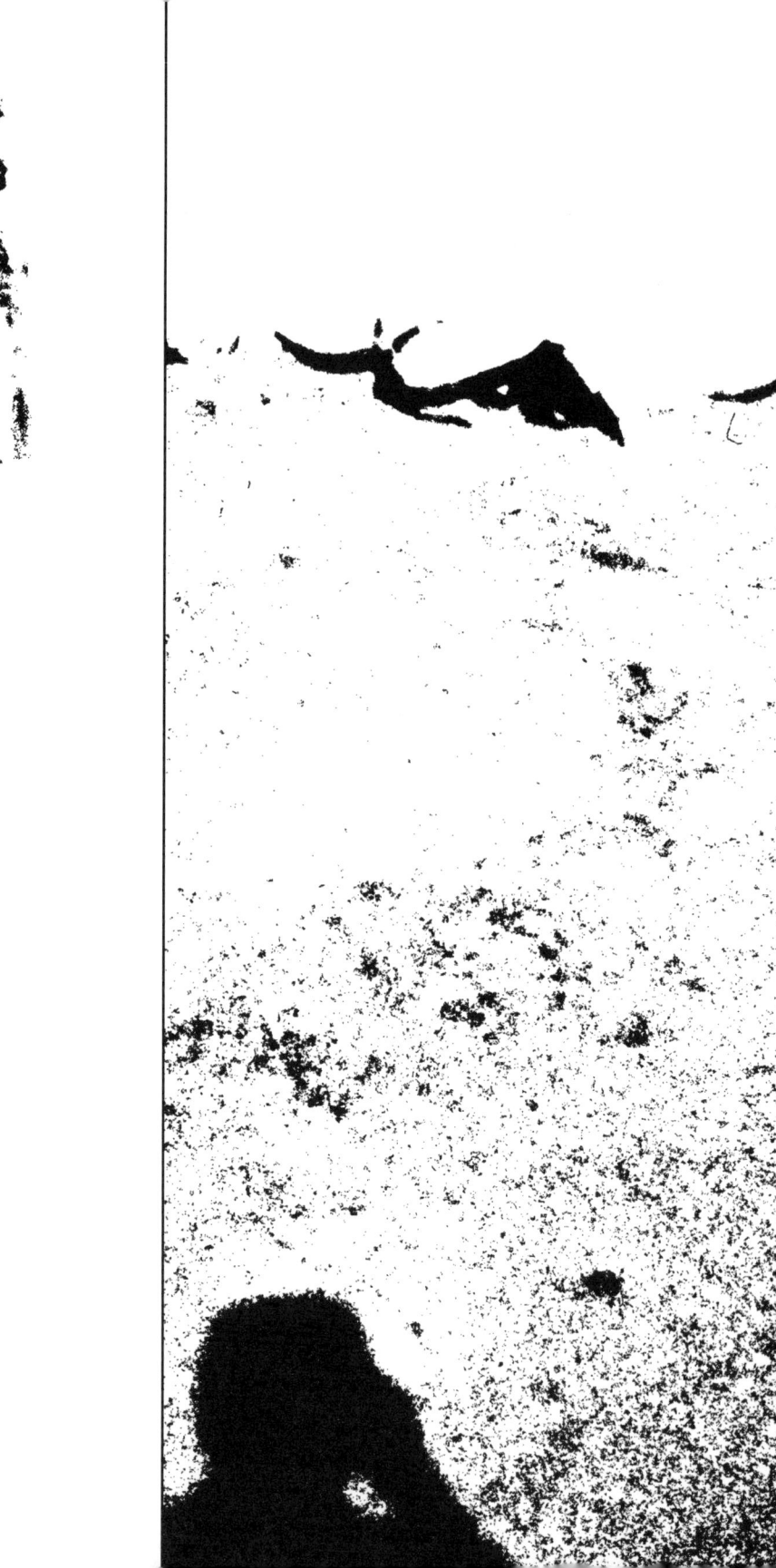

FOTOBIOGRAFIA
TEXTOS
ORLANDO FURIOSO
ORLANDO FURIOSO
ORLANDO FURIOSO
JOSEPH ANDREWS
OS EVANGELHOS
Euclides da Cunha

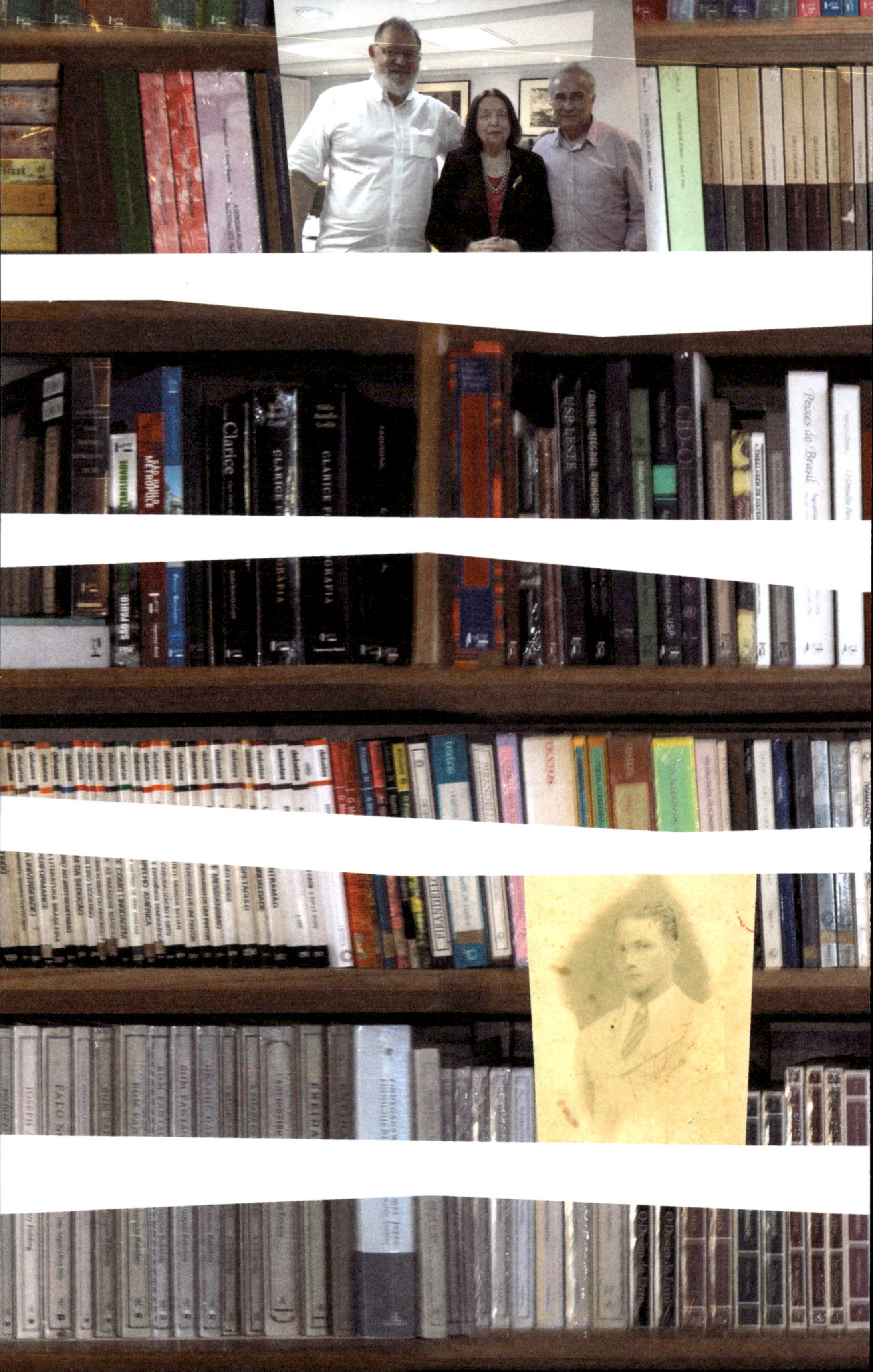

Clarice
USP LESTE
Países do Brasil

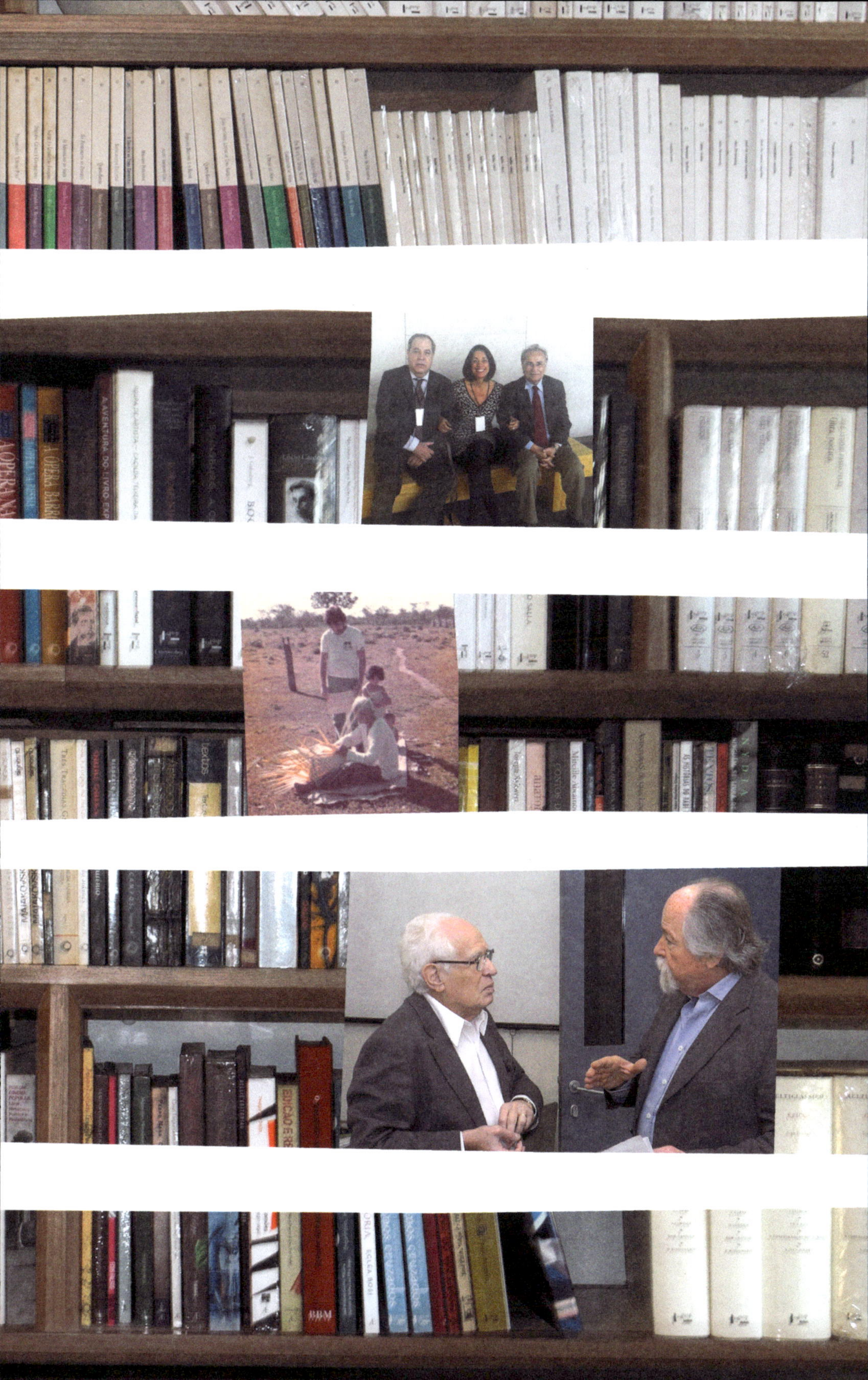

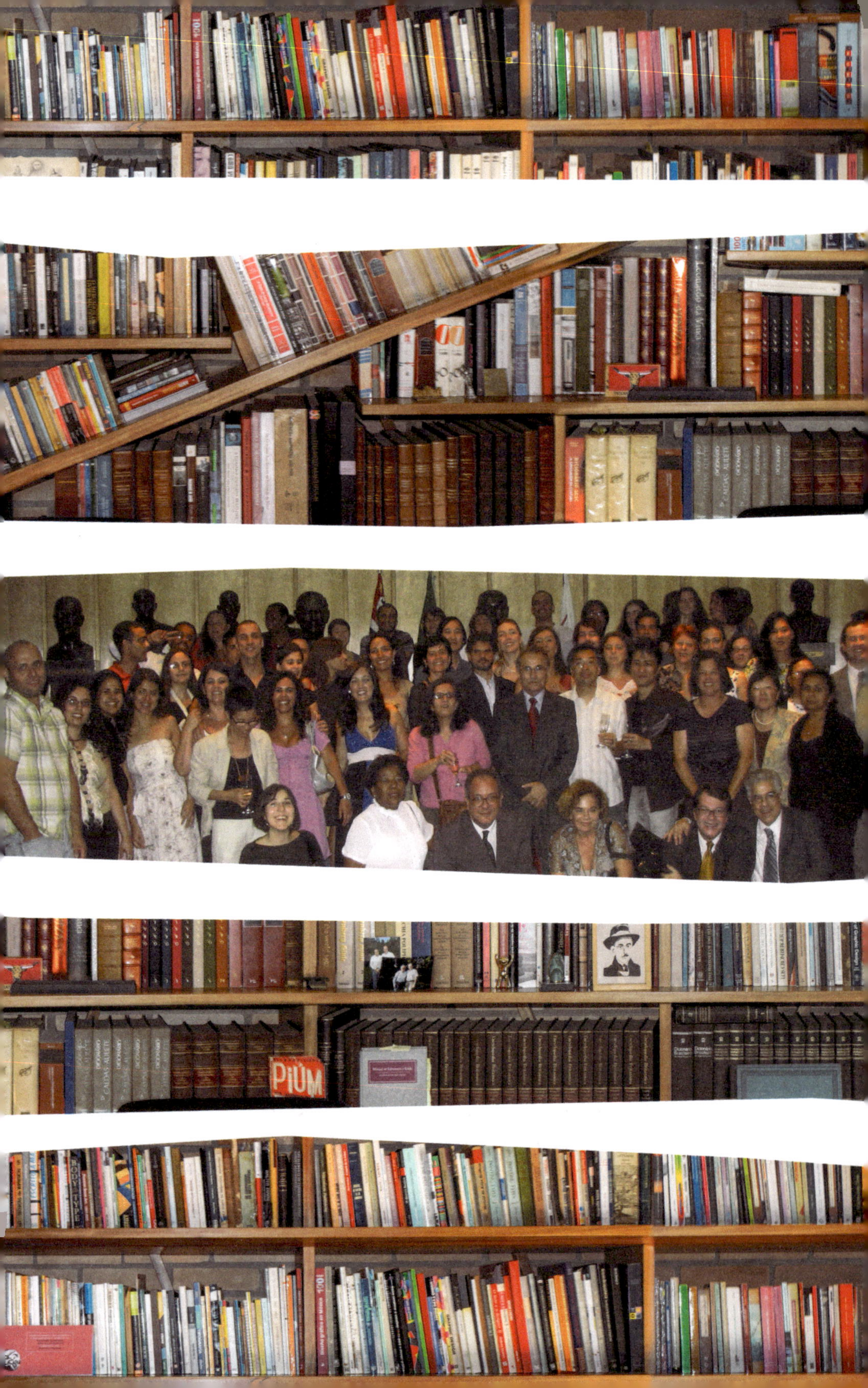
Leonardo da Vinci
CALDAS AULETE
PiUM

1.
O Paraíso Perdido

Os verdadeiros paraísos são aqueles que se perderam.
MARCEL PROUST

— Pode ser logo aqui.

— Não, não. Acho que é mais embaixo...

— Havia uma subidinha, uma pequena ladeira, eu me lembro...

— Não. Acho que não é aqui. É perto do açoita-cavalo. Olhe ele lá. É lá mesmo...

O açoita-cavalo, com tronco que pode chegar a um metro de diâmetro, em certas situações atinge os trinta metros de altura, cresce no Sul, Sudeste e Norte do Brasil, mas se desenvolve bem na Mata Atlântica, ainda que possa irromper no Cerrado, em meio à vegetação de troncos predominantemente retorcidos, como uma serpente em movimento. Tem madeira branco-acinzentada, com uso frequente em artesanato. As copas são densas, os galhos e folhas, rígidas, o que ajuda a explicar o nome com que se tornou conhecido. No passado, era moldado para compor cabo de chicotes e outros instrumentos de açoite. À sombra de suas formas amplas, animais rebeldes eram presos e castigados para se submeterem aos desejos humanos.

O velho açoita-cavalo está lá, espetando o céu carregado de nuvens, ainda que reduzido a menos da metade do que deve ter sido. Apesar de dura, sua madeira é sensível à umidade. Um raio, que ninguém teria observado, é, potencialmente, uma das razões de estar naquela condição quase submissa, como o velho Francisco França, na verdade Francisco Maciel Borges França, como ele insiste em se definir, para acrescentar, em seguida, que também pode ser chamado de Maciel Celeiro-Sapateiro. Ou, melhor ainda, Maciel Namoradeiro, e termina a frase com um sorriso demorado, uma marca da juventude, agora confinada ao passado, como outras lembranças de homens que se ajuntam por ali. Na passagem por uma pequena propriedade, de um irmão mais velho, uma fazendola que já se chamou "Vale Verde" para alguns e "Valoverde" para outros, o velho França se lembrou que ela pertenceu a Domingo 21. Junto a conhecidos, com desembaraço circense, o velho França deu prova de seu antigo talento, mas recebeu resposta à altura da primeira mulher que abordou.

— De duro, agora, você só tem a cintura, velho. Mais nada...

O velho França argumenta. A mulher morena e sorridente conclui o contra-ataque para não deixar dúvidas, mas, generosa, deixa uma brecha:

— Meu marido é ciumento. E está pra chegar por aqui...

Domingo 21 é um entre uma diversidade surpreendente de apelidos que identificam gente mais velha e, também, jovens na região: Boca Mole, Calça Preta, Cu Quebrado, Luís Meia-Noite, Tosse Brava, João da Ema, Boca de Vaca. Irreverência e crítica social diluídas em humor cáustico. O irmão mais velho de Francisco França é um homem sem forças e movimentos, estendido em uma cadeira de repouso. Difícil a interação mesmo com conhecidos mais próximos, reduzidos a vultos mal desenhados que a cegueira acentua a cada dia. Marcas do tempo, como o fluxo das águas dos riachos que serpenteiam por ali: não se detêm por um único segundo.

A primeira sede da Fazenda Pau Ferrado, em terras que em fins dos anos 1940 ainda eram devolutas, perdeu suas formas roídas pelas presas do tempo, como acontece com tudo. Mas o açoita-cavalo continua ali, resquício da antiga ocupação, demarcando o espaço e estabelecendo o tempo que se pode deduzir da sua posição e abatimento.

Ali nasceu, em 25 de maio de 1951, dividindo o teto com família numerosa, o garoto Plinio Martins Filho. Ele procura sua história como se remexesse a sombra, determinado a compreender como tudo aconteceu. Entre o que perdeu, na verdade, o que nunca teve, foi o "Oliveira", do pai, "minha porção de cristão-novo que se foi". O velho França, acompanhado de um filho, está ali para ajudá-lo a remexer o passado em busca de memórias. Ele é filho do comprador de quem Plinio Martins de Oliveira recebeu, em meados dos anos 1950, oferta exposta em bilhete para compra daquelas terras onduladas, com superfície pontilhada por resquícios de cristal de rocha. França, que também acompanhava o pai, esperou com paciência de asceta por dois meses, até que o dono da área retornasse de uma invernada na Ilha do Bananal, refúgio tradicional para o gado, em virtude das secas que dizimam pastagens. No retorno, o negócio foi fechado em conversa curta, de que o velho França diz ter memória.

Um dos filhos que agora acompanha França, Arlindo, chama a atenção para um ou outro detalhe: um cocho escavado em madeira para abastecer o gado de sal. Um resto do curral, para onde as fêmeas eram conduzidas para a retirada do leite a cada manhã. Chamadas pelo nome, cada uma recebia suas crias para uma mamada curta até apojar e liberar o leite, prática tradicional na pecuária. Mães e crias dormiam próximas, ao lado da casa, com arquitetura de tradição indígena. Uma fusão de taipa, o barro compacto em estrutura de varas de madeira, com cobertura de palha, construção que Plinio relata também ter preservado entre suas lembranças da infância. A cozinha separada do corpo da casa. Uma área coberta, semelhante à casa principal, mas não fechada. Ou não completamente fechada, com paredes para impedir a entrada de animais. E as prateleiras na cozinha, os jiraus. Os alimentos ficavam na parte mais elevada dessas peças.

— "Mãos de arroz" — diz ele e decifra o enigma: não uma mão cheia de arroz branco, como se pode pensar, o que não faz sentido. Mas a quantidade de cachos de arroz que a mão pode abarcar. Em seguida eram amarrados com embiras e guardados no paiol. "Mão", neste caso, é uma metáfora, uma outra acepção da palavra. Uma apropriação da linguagem local. Mão de arroz é o cereal aparado na lavoura, quando está maduro, entre o dourado e o quase marrom mais escuro. O arroz não descascado, batido em bancas de madeira para deixar as hastes como faziam mais ao sul, há mais de meio século, pequenos agricultores de subsistência. Mas que, no sertão, era, e talvez o hábito ainda sobreviva, mais isolado, armazenado, preso à haste pela casca, responsável pelo reflexo dourado sob o sol. Os cachos mais bonitos que compõem a "mão", maiores e saudáveis, são escolhidos como sementes, atiradas à terra previamente preparada na semeadura seguinte. O fascínio da vida emergindo do corpo da terra, a quem tem olhos para a complexidade.

Plinio se recorda de uma cena que recupera com a descrição do jirau. A mãe servia os filhos em uma bacia, um prato único que eles deveriam partilhar, sentados ao chão, enquanto ela se alimentava só, a alguma distância, junto das panelas no fogão. Era "uma disputa". E em poucos minutos a bacia estava vazia. Um deles deveria manifestar insatisfação pela insuficiência do prato coletivo. Cada dia um tinha de levar a bacia e humildemente pedir: "Bote mais", já esperando a resposta: "Mas eu ainda nem comecei a comer e vocês já vêm com esse bote mais!" Crianças só comeriam à mesa depois dos doze anos.

A mãe, diz Plinio, reagia com alguma indignação. Queixava-se do que sempre lhe pareceu uma insatisfação com as crianças, que pode ter sido apenas um acúmulo de fadiga de sete filhos e da manutenção da casa.

O velho França investiga pedras brancas de cristal de rocha, a mais valiosa das antigas promessas daquelas terras duras, com a ponta hesitante da bengala. Alisa com a mão grossa uma peça que já sustentou um pequeno telhado e gira lentamente em torno do próprio corpo como se buscasse pistas mais evidentes. O corpo exaurido faz com que ele caminhe lentamente, a passos curtos, comuns aos velhos, mas a memória é cristalina. A certa altura, não tem dúvida:

— É lá. É lá... — aponta a bengala para uma ligeira inclinação. — ... lá ficava a sede.

Plinio desce com Romário Martins Braga, seu sobrinho e condutor nessa viagem de exploração do passado. Não longe do açoita-cavalo, um portal, estrutura que prendeu e sustentou em movimento de vaivém uma antiga porta por onde fluiu uma pequena multidão. O batente te estende suas formas no solo como o fóssil de um animal extinto. É o que sobrou da construção original da Fazenda Pau Ferrado. Plinio caminha silencioso, desviando de um e outro arbusto, olhos fixos em cada detalhe. Os restos do portal o surpreenderam. O velho França diz que uma casa "pegou fogo", sem explicar como isso aconteceu. Plinio se pergunta se foi a original, em que ele nasceu e passou sua primeira infância, ou outra que a sucedeu.

— As casas eram todas muito frágeis — comenta para justificar suas dúvidas. As lembranças diluídas ao longo de mais de sessenta anos.

SINAIS APAGADOS
DO PASSADO

Tio e sobrinho deslocam-se atentos aos sinais. Romário, tentando enxergar marcas de uma história que só conhece por relatos. Plinio, recompondo o ambiente gravado em memória de menino. Procura por formas familiares em meio à terra que já foi limpa, mas está parcialmente ocupada pelo mato — a capoeira, vegetação secundária que tomou o espaço, mas não recompõe a cobertura original. Os pés de lima-da-pérsia, uma das predileções do pai, com galhos que descem até o chão e produziam sombra fresca em meio ao calor intenso do sertão. As mexericas, maduras e vermelhas, uma infinidade de pequenos sóis.

Plinio relata as estratégias de meninos para chegar às frutas mais cobiçadas, no topo das mexeriqueiras que desapareceram: travessas de madeira, num suporte improvisado entre galhos para pés e mãos ágeis de garotos determinados a satisfazer seus pequenos propósitos: as frutas mais doces ao alcance das mãos. O que estava além da engenhosidade, ficava com os que podiam mesmo voar.

— Havia — resume — o abacate... um abacateiro, que ficava por aqui — enquanto desenha um caminho imaginário na direção que levava à água, à fonte em que a família toda se abastecia e que ele mesmo percorreu tantas vezes, carregando o líquido dançando no interior de uma cabaça, um pote, um balde ou uma cuia. Água transparente como o vidro, oscilando por sua baixa viscosidade.

— A casa — Plinio descreve com certa incredulidade. — A casa ficava mesmo por aqui...

O batente encontrado minutos antes seria uma evidência disso. Mas ele busca, amassando o mato à altura da cintura, por alguma marca adicional, sem encontrar vestígios da casa de taipa de mão, ou pau a pique. Plinio descreve as formas que traz na memória:

— A casa era dividida em dois corpos. A casa principal e a cozinha. A casa principal era constituída de dois ambientes, a sala, cercada por uma meia parede, onde ficavam os arreios, cangalhas, cordas de couro e cabrestos de sedém, e que permitia ver o pátio onde as vacas passavam a noite ruminando o capim, enquanto os bezerros eram soltos. A outra metade era o quarto dos pais, com paredes altas ligando-se à sala por uma porta. Quase não tinha iluminação e ali ficavam um baú, uma cama feita de madeira e tiras de couro, além de um colchão feito de palha de milho envolto em chita listada. A cozinha repetia a casa principal, sem a divisória interna e cercada com pati, a baba-de-boi ou palmito-amargoso, como também essa planta é conhecida. Ali ficava o jirau com dois pavimentos — no primeiro, os "trem" (panelas, pratos, cabaças, cuias, talheres) — e no segundo, as comidas, o fogão de trempe e um paiol elevado que abrigava os mantimentos — arroz, fava, milho...

— Uma casa pegou fogo... — repete o velho França com certa indefinição.

— Pode ter sido ela — reage Plinio com algum abatimento. — Um teto de palha — acrescenta — queima fácil e rápido e as paredes ficam sujeitas à ação do tempo. Desprotegidas, em especial pela erosão da chuva que desestrutura o barro compactado em meio a uma parede delicada de madeiras finas fixadas com cipós.

Plinio descreve a imagem da cobertura de piaçava, ou coqueiro-piaçava, japeraçaba, pau-piaçaba, os diferentes nomes com que é conhecida, todos eles derivados do tupi para designar "planta fibrosa". E fala da sonoridade da chuva, produzida nessa cobertura primitiva e eficiente contra intempéries do sertão. A mesa baixa...

— Você sabe o que é um mesa-baixa? — pergunta Plinio a um dos acompanhantes do pequeno grupo da incursão ao passado. — Não?

Mesa-baixa é o filho de rico, que mesmo com a mesa cheia de comida recusa tudo o que está disponível ali, fácil de pegar, bem ao alcance da mão. Ele não tem fome. O mesa-alta é o filho de pobre, onde tudo é difícil de pegar, come o que a mão alcançar no jirau — e ri divertido do relato que faz.

"O gado", acrescenta, num monólogo interior, "dormia no pátio em frente da casa. Onde o piso era seco, ao contrário do que acontecia nas proximidades do curral, dominado pela lama, a bosta do gado que se espalhava encardida, de odor intenso, sob a forma de lama quase líquida e escorregadia..."

O esterco do gado servia para quase tudo: seco e queimado, espantava os piuns e as muriçocas; e, misturado ao capim, formava ou recuperava as paredes de taipa. E, claro, nutria a pequena horta e as árvores, como a do abacate, apreciado mesmo na fase do "pecado", quando ainda é pequeno e despenca do pé, mas amolece e pode ser consumido. Ou os pés de manga e o produtivo bananal que também crescia no fundo do curral. A banana e a manga atraíam macacos, que mijavam, faziam caretas e atiravam frutas nos meninos... a narrativa repovoa o vazio musicado pelo vento.

Quando a noite chegava, quase sempre repleta de estrelas pela pouca presença de nuvens, havia o debulhar do feijão, da fava e do milho entremeado por conversas de aparições, as histórias de Trancoso, narrativas com raízes na Europa medieval, que sobrevivem no imaginário do sertão. E, claro, o engenho de madeira nobre onde o pai produzia rapadura, o jatobazeiro e o canavial, também reduzidos a cinzas. Tudo isso aconteceu, naquele pedaço de terra, aparentemente sem sinais de ocupação, a não ser pela cerca de arame farpado de construção mais recente.

TUDO FLUI E NADA SE MANTÉM INALTERADO O passado desapareceu de onde se imaginou, com certa relutância, que pudesse ser encontrado. Tudo o que restou foi o batente de madeira que sustentou uma porta.

Certamente a que dava acesso ao quarto dos pais. O tempo confinado a um único objeto, um marco de passagem. E as mudanças constantes que Heráclito de Éfeso teria definido como a impossibilidade de subir uma montanha ou atravessar o mesmo rio duas vezes. Tudo flui, na visão do filósofo. A Pau Ferrado, em que Plinio Martins Filho nasceu e passou parte de sua infância, não existe mais. O que sobrou está confinado à memória. Plinio, pai, vaqueiro que deu nome e vida à propriedade, desceu da localidade de Canto de Areia, no município de Carolina, às margens do Tocantins, no Maranhão, deslocando-se por trilhas de fazendas assentadas no sertão para trabalhar nas terras de um parente, Fortunato Soares. O contrato verbal previa pagamento de um quarto sobre as cabeças das crias que nascessem e vingassem sob seus cuidados. Além disso, havia o direito ao plantio de roças de alimentos na localidade conhecida como Fazenda da Serra, com parte das terras mais elevadas. Em 1949, no entanto, ele já morava na Pau Ferrado, município de Pium, um ponto quase perdido nos mapas, numa ocupação de terras devolutas.

Terra devoluta é uma área sem função definida pelo poder público, ou que em nenhum momento foi patrimônio particular, mesmo que, eventualmente, possa estar nessa segunda condição. A expressão "devoluta" faz referência a terra devolvida, que deve retornar ao controle do Estado. A origem histórica em que se assentam as terras devolutas está associada à ocupação do território organizada pela Coroa portuguesa.

Em 1536, foram criadas no Brasil catorze capitanias hereditárias, divididas em quinze lotes, distribuídas a doze donatários, representantes da nobreza portuguesa. Em contrapartida, eles deveriam pagar tributos ao rei. A partir das capitanias desenvolveu-se o sistema de sesmarias, com possibilidade de uso de terras para a exploração por colonos. As terras que não fossem trespassadas ou arrendadas deveriam ser revertidas à Coroa — as "terras devolutas".

Um vaqueiro, como caracteriza Luís da Câmara Cascudo em *Vaqueiros e Cantadores*, não é, como quase sempre se pensa, um homem rude, inculto, quase um bruto. É repositório de um antigo legado com raízes na Idade Média. Cascudo oferece uma amostra do que foi esse mundo ao relatar sua própria história em prosa cativante: "Vivi no sertão típico, agora desaparecido. A luz elétrica não aparecera e o gramofone era um deslumbramento. O velho João de Holanda de Caiana, perto de Augusto Severo (atual Campo Grande, no Rio Grande do Norte), ajoelhou-se no meio da estrada e confessou, aos berros, todos os pecados quando avistou, ao sol se pôr, o primeiro automóvel".

O velho João de Holanda a que se refere Câmara Cascudo não era ignorante. Era, em vez disso, um homem confinado a um mundo fechado, integrado a um universo infinito, de que não tinha conhecimento, o que reflete, como um espelho, o ambiente em que vivia Plinio Martins de Oliveira, o vaqueiro recém-chegado às novas terras mais ao sul. Ele frequentara a escola por poucos meses, na fazenda onde nasceu e viveu, com professores contratados pelos pais, no Maranhão. Mas lia e escrevia com destreza, a caligrafia bem desenhada, dos que têm certa intimidade com as palavras. Evidência da memória de vaqueiros lastreada no passado histórico está no fato de Plinio, o pai, ter, entre suas raízes, apreço intelectual por Sebastião José de Carvalho e Melo, Conde de Oeiras, mais conhecido como Marquês de Pombal (1699-1782), diplomata e estadista português, representante do que ficou conhecido como despotismo esclarecido. A expressão remete a um modelo de governar assumido pela Europa continental, na segunda metade do século XVIII, marcado por uma transição entre o absolutismo, a exaltação do Estado, com poder absoluto do soberano, e o Iluminismo. A concepção do mundo em um conjunto de ideias com lastro na razão, como fonte de autoridade e legitimidade. O Iluminismo, com ideais de liberdade, progresso, tolerância, fraternidade, governos constitucionais e separação entre Igreja e Estado.

Pombal, herói e de alguma forma mentor do vaqueiro Plinio Martins de Oliveira, pôs fim à escravidão em Portugal continental. Aboliu os chamados Autos da Fé, eventos de penitência em espaços públicos ou reservados, com a participação da população para julgar hereges. Acusados poderiam abandonar a heresia ou manter fidelidade ao que defendiam, o que os levaria ao "braço secular", os carrascos da Coroa. Pombal ainda amenizou a discriminação contra os cristãos-novos, judeus convertidos à força, mesmo sem ter extinguido oficialmente a inquisição em Portugal. No Brasil, ficou conhecido pela expulsão dos jesuítas, sob a acusação de que montavam um poder paralelo ao da Coroa.

ANTICLERICAL POR INFLUÊNCIA DE POMBAL

Plinio Martins de Oliveira não tinha simpatia por padres, o que o filho interpreta como influência do Marquês de Pombal. Ele sempre o citava. Mas costumava escrever na areia, na parada para o almoço, à margem de um riacho, no estilo cultivado por José de Anchieta (1534-1597), jesuíta espanhol e um dos primeiros autores da literatura brasileira.

Quando chegou à terra que adotaria por boa parte da vida, e de que nunca se separou afetivamente, mudanças já corriam com certa velocidade no sertão. Ao menos, comparado à quase imobilidade de séculos anteriores, na prosa literária de Câmara Cascudo: "A transformação é sensível e diária. As estradas de rodagem aproximam o sertão do agreste. Anulando a distância, misturando os ambientes. Hoje a luz elétrica, o auto, o rádio, as bebidas geladas, o cinema, os jornais estão em toda a parte." Os plantadores de algodão, detalha, "vendem os fardos nas capitais. Os filhos se educam nos colégios distantes. Tudo perto, pelo auto. O Rio de Janeiro, a Corte, como chamavam ainda em 1910, está ao alcance da mão. Com a 'alta' do algodão e do açúcar, os antigos fazendeiros mandaram fazer residências nas cidades do litoral. Só vão para o interior no período das 'safras'".

O caminhão "matou o comboio" (tropa geralmente de burros utilizada no transporte em locais distantes, desprovidos de estradas), lamenta Câmara Cascudo. O "comboio lento, tranquilo, trazendo fardos, dirigidos pela 'madrinha' (animal que vai à frente apontando o caminho para os demais) tangido pelas cantigas dos comboieiros", tudo organizado por comandos e marcado pela música que preenchia os grandes ermos.

O comboieiro "ganhava e distribuía dinheiro pelas estradas nas quais avançava devagar". O caminhão, "mastigando dezenas de léguas por hora, criou outro tipo, o *chauffeur*, batedor do sertão, enamorado, infixo, irregular". Não há mais tempo para "ouvir cantador nem baião de viola". Só as populações das aldeias, os "arruados", os que que vivem em comunidades e os sertanejos conservam fidelidade aos seus poetas.

O Pium, ponto quase invisível nos mapas rarefeitos da região, mas destacado na rota dos aviões que apanhavam ali os preciosos carregamentos de cristal de rocha, viverá muitas dessas passagens. E verá, com olhos de arregalada admiração, um Chevrolet gigante que um dia chegará ali roncando, conduzindo garimpeiros, comerciantes, assassinos e prostitutas. O sertão mudava e as estradas por onde chegava o caminhão traziam um mundo novo, dissimulado em suas desgastadas caçambas de madeira.

O REENCONTRO DE UMA FAMÍLIA DIVIDIDA

Quando chegou a Pium, Plinio, o pai, tinha, entre outras tarefas, a de resolver um inventário sobre bens deixados pelo próprio pai. Cativado pela nova terra, decidiu não retornar e mandou buscar a esposa, Maria da Costa Oliveira, que havia permanecido no Maranhão. Com ela vieram os filhos, à exceção de Raimundo, o quarto filho, que ficou na casa dos avós maternos. Assim, para Venuza, Venilza, Olívio, Sílvio, Plinio e Elízio — os mais novos —, o irmão era desconhecido. Quando finalmente chegou, trazido em pequena comitiva, como um príncipe de poucas posses, Raimundo não chamava os pais de "pai" e "mãe", palavras que reservara aos avós. Costumava dizer aos irmãos, referindo-se aos pais: "Estão te chamando."

A vinda de Raimundo exigiu uma temporada de adaptação, de ambos os lados. Venilza, a segunda das filhas mulheres, se lembra de que o irmão chegou usando roupas melhores que as deles, com hábitos diferentes e um detalhe inédito na família: nunca havia levado uma única surra. Ao contrário de cada um deles que, no relato de Plinio, corroborado pelos outros, "apanhavam e muito da mãe. Por qualquer motivo".

Nas terras que seriam a Fazenda Pau Ferrado, Plinio, o pai, tomou as iniciativas tradicionais para legitimar sua posse. Teria gravado, no tronco de uma árvore, uma marca com ferro incandescente, como as utilizadas tradicionalmente para marcação do gado, um pequeno rebanho que trazia como partilha pelo trabalho na propriedade anterior, do parente Fortunato Soares. O velho França sustenta que Plinio, o pai, primeiro construiu uma cabana, que acabou incendiada pouco tempo depois. Dela teria sobrado apenas um esteio principal, chamuscado pelo fogo. Daí a suposta origem da fazenda com o nome de Pau Ferrado.

Uma segunda versão diz que um "pau", como os moradores locais ainda hoje identificam uma árvore, foi marcado a facão para identificar a posse. Mas o irmão mais jovem de Plinio, Elízio Martins da Costa, dono de cartório em Taguatinga, com vivência em regulamentação de terras, assegura que a primeira versão, a gravação em uma árvore com um ferro de marcar, é a verdadeira. A expressão "pau ferrado", com referência à posse de terras devolutas, assegura Elízio, é comum no vocabulário de toda a região central e norte do Brasil ainda hoje. A caligrafia bem desenhada do pai, e o fato de a primeira letra que o menino Plinio conheceu ter sido o F do ferro de marcar, reforçam essa hipótese.

Ao longo da vida de qualquer pessoa, uma infinidade de acontecimentos pode ser interpretada como sinais do que acontecerá no futuro. Eles só ganham sentido olhando-se para trás, pelo caminho percorrido. Mas é tentador notar como a "descoberta" do F da marca de ferrar, e a forte impressão na memória do menino Plinio, já sugeriam uma convivência futura com a tipologia — uma relação que, nas profundezas do sertão, teria soado inteiramente improvável.

O que ficou disso tudo, em alguns casos nítido como uma imagem recente na memória visual e gustativa, são lembranças de bois, vacas, cavalos, pássaros, frutas, árvores, sabores e odores. A diversidade de frutos do sertão distribuído entre o cerrado e a mata mais densa: macaúba, puçá, bacupari, pequi, bruto, tucum, murici, mangaba. Manga, abacate, mexerica e a adorável lima-da-pérsia, essas cultivadas pelo pai. E a sonoridade indecifrável, temores de fantasmas e visões fugidias deslizando pelo corpo escuro da noite. Ruídos enigmáticos mesmo sob noites enluaradas, azuladas como o alto-mar, nos ermos do sertão. Com os vizinhos mais próximos a certa distância, eles infundem temores imprecisos em uma criança, e não poupam mesmo adultos. Brincadeiras criadas com ossos brancos de gado morto por picada de cobra ou por erva venenosa, ou abatido para alimentação da família: as peças compartilhadas com irmãos. Montadas segundo o porte e desenho de cada uma, reproduziam fazendas inteiras, com trocas entre si, como ocorria na vida real, no cotidiano da vizinhança, ainda que rarefeita. Rebanhos organizados: um touro, muitas vacas e seus bezerros. E uma participação no trabalho. Não no trabalho pesado no campo, sob o sol duro como pedra, capaz de ferir a pele. O trabalho doméstico, as atribuições infantis desconhecidas na cidade, indispensáveis no campo em uma família numerosa como forma de aliviar as tarefas da mãe. O pai e os filhos mais velhos fazem o trabalho no campo: lavram, semeiam e recolhem os frutos da terra.

Também são lembranças o trato com os animais, quase sempre arriscado para uma criança. As "esperas" noturnas do pai na caça ao tatu, paca, cotia. E do esquivo veado-mateiro que os índios chamam de diferentes nomes: guatapará, guaçupita, suaçupita ou guaçuatê. Estas, tarefas de adultos. O veado, ao contrário do pouco precavido tatu, exige paciência de um caçador postado em uma árvore, abrigado em uma rede, perscrutando a noite, enquanto desenrola o fio da imaginação. Uma frase, uma única palavra, um contexto, uma citação remetem às profundezas da memória. O relato paterno de visões noturnas. De viajantes abrindo e fechando porteiras, sem que, no dia seguinte, houvesse qualquer pegada deles. Formas fantasmagóricas que o pai eventualmente descrevia, acrescentando que, se relatasse a terceiros, não seria levado a sério e mereceria a desconfiança deles. Mas que ele observava com certa naturalidade e assimilara como ocorrências reais. As formas sutis. A solidão sob a noite, o pensamento indo e voltando. O que é, de fato, a realidade?

Dos veados-campeiros e catingueiros eram preciosos tanto a carne para alimentação quanto o couro para ser comercializado, trocado por outros bens ou empregado com certa habilidade em uma pequena infinidade de coisas: da proteção para as pernas em ambientes agressivos no dorso de uma montaria a pequenos alforjes para transporte da fritada de farinha de puba com frango ou carne de porco, e também de ferramentas, munição e outros objetos de uso. As perneiras e os gibões. A vida isolada no sertão exige diversidade de talentos. Disso pode depender a vida.

Aos sete anos de idade, Plinio e a família se mudaram para o Pium, nome que supostamente faz referência a uma praga: o *pium* (do tupi *pi'u*, "o que come a pele"). Trata-se de um mosquito que mais ao sul tem outros nomes: em São Paulo, é o borrachudo, ainda que haja uma diferença de tamanho e comportamento entre eles. Plinio assegura que Pium é uma referência a esses mosquitos que infernizam em especial no começo da noite, com picadas que podem produzir alergias e deixar marcas. E sorri, seu sorriso ligeiramente encabulado, discreto, econômico como se fosse necessário, com o nome da cidade em que passou parte da vida. Mas há uma versão de que a palavra, de origem indígena, também possa ser referência ao cristal de rocha, por sua transparência. Plinio não refuta, mas seu sorriso aponta para um ceticismo quanto a essa possibilidade mais confortável.

FUTURO, NA ESCOLA
E NOS LIVROS
A decisão da família de deixar Pau Ferrado e mudar-se para a cidade teve como justificativa a necessidade escolar. A mãe, cansada do desconforto, do isolamento e da vida dura no campo, foi quem enxergou melhor perspectiva na cidade. Ela sabia que o futuro dos filhos não estava ali, entre os animais e o plantio de sobrevivência. Estava nos livros, e o pai não discordou, ainda que, mesmo na cidade, devesse garantir a sobrevivência com o trabalho no campo. Plinio Martins de Oliveira era um homem calmo, pausado em pensamento e atos. Disposto a oferecer aos

filhos o conforto que ele mesmo não teve. Não deve ter sido difícil convencê-lo da mudança.

O primeiro dia na escola deixou uma marca profunda na memória do menino Plinio, dividindo o tempo em um antes e outro depois ao mostrar-lhe, mesmo na pequena Pium, um mundo que até então não poderia imaginar. Ao contrário do que ocorreu com o irmão caçula, Elízio, que o acompanhou a contragosto. Elízio, que apanhava quase todos os dias para ir à escola, preferia a vida na Pau Ferrado, na companhia de animais, a vida a que estava habituado. Pode parecer o relato de experiência de uma única família, mas seria parte de um desenraizamento brutal da terra, nos anos 1970, quando foi completado o processo de urbanização no Brasil. A maior parte das pessoas trocou o campo pela cidade. O que de alguma maneira remete a Eça de Queirós e ao seu romance publicado após a morte, *A Cidade e as Serras*, com a fala de uma personagem, Jacinto: "A felicidade de um indivíduo, como a das nações, se realiza pelo ilimitado desenvolvimento da mecânica e da erudição."

No Brasil, pela óptica dos generais, a agricultura familiar não tinha futuro, mesmo que sistemas de cooperativas pudessem dar suporte à permanência de famílias inteiras na terra, onde tinham vivido até então. O grande negócio, a agricultura como empresa, dava então os primeiros passos decisivos, e a Empresa Brasileira de Pesquisa Agropecuária (Embrapa) foi parte dessa estratégia. Não se pode dizer que a Embrapa se dedicou com exclusividade ao agronegócio, mas foi decisiva para a agropecuária de grande porte e sustentou a ocupação dos cerrados — os grandes vazios sem chance aparente de cultivo que, em poucas décadas, mudaram radicalmente o perfil da produção agropecuária nacional voltada para o mercado global.

A adaptação da soja, entre fins dos anos 1960 e início da década seguinte, foi fundamental para transformar o país em grande exportador de alimentos de demanda internacional. As pesquisas também beneficiaram pequenos produtores, com adaptações, avanços e refinamento ou substituição de técnicas tradicionais de resultados limitados. Mas o movimento em direção à cidade foi cada vez mais intenso. Para os pequenos agricultores, determinados a resistir no campo, não houve apoio e sustentação suficiente. As cidades incharam, as favelas, evidência de soluções que vinham de um passado sem solução, se multiplicaram. E, desde então, são parte do cenário urbano típico de países socialmente retardatários.

Em Pium, como na quase totalidade das pequenas cidades que recebiam hordas de recém-chegados do campo, só havia escola dedicada ao curso primário: os quatro anos em que uma criança aprendia a ler e resolver operações aritméticas, entre outras necessidades de uma vida em estreita conexão com um perfil rural. Assim, ao final do curso básico, Plinio deveria tomar outra direção. Pium havia se tornado pequena para ele, o que já havia ocorrido com os irmãos mais velhos. Ele deveria entrar no ginásio. Os ginásios, nas cidades onde existiam essas instituições, eram disputados por meio de um vestibular temido, conhecido como "exame de admissão". Havia a opção das escolas particulares, mas elas eram restritas às famílias mais ricas, em condições de custear uma formação fora dos padrões da maioria da população.

Os colégios públicos eram duros nas suas exigências, e um aluno poderia repetir um ano inteiro por uma fração de suas notas. Com um 5, o estudante era aprovado. Mas com um 4,9 a situação era diferente. Os colégios particulares, em boa parte dos casos, tiravam partido da inflexibilidade das escolas públicas. Eram mais tolerantes e por isso mesmo conhecidos como as escolas de "filhinhos de papai". Com a escola pública era outra coisa, e esse desafio começava com o exame de admissão, na maioria dos casos com provas escritas e orais que poderiam derrotar um candidato por anos seguidos. Até a superação da prova, ou a desistência. O que ocorresse primeiro.

A FRUSTRAÇÃO
COM O FUTURO
Plinio Martins Filho enfrentou o desafio do exame de admissão e foi aprovado. Comemorou com empolgação a ideia de que iria sair de casa e estudar em outra cidade, mas o otimismo teve curta duração. Um irmão mais velho, Raimundo, já estudava fora, em Cristalândia, a vinte quilômetros de Pium, e a família não tinha

como cobrir as despesas dos dois, mesmo em escola pública. A decepção foi a contrapartida da empolgação, "a primeira grande frustração da minha vida", rememora Plinio. Ele dividiu o tempo entre a tristeza, o choro e a solidão, no período de um ano em que ficou no campo, numa segunda propriedade que nunca teve nome. Ajudou nas tarefas de cuidar da terra e dos animais. Foi um tempo difícil, entre outras razões pelas caçadas noturnas do pai. Um garoto em meio ao vazio do sertão tem a imaginação preenchida por todo tipo de temores. Os sons da mata, amplificados pelo silêncio, a iluminação precária de uma lamparina a querosene em um único ponto. O pai chegaria, ele sabia, mas o tempo de espera era uma eternidade.

Ao contrário das famílias que dispensavam cuidados maiores com os filhos homens, reservando às mulheres a chance de um casamento promissor, entre os Martins de Oliveira a situação foi diferente. A certo momento, Plinio tinha suas duas irmãs estudando em Porto Nacional, às margens do Tocantins.

O rio, por séculos a principal via de transporte na região, nasce na Serra Dourada, em Goiás, e deságua no golfo amazônico, junto à Ilha de Marajó, nas proximidades de Belém, no Pará. Segundo maior rio inteiramente brasileiro, recebe esse nome do tupi-guarani, que significa "bico de tucano", por conta da forma que resulta da sua confluência com o Araguaia. Entre fins dos anos 1960 e meados da década seguinte, a região foi palco de lutas envolvendo guerrilheiros de um lado e tropas repressoras do outro, no que ficou conhecido como Guerrilha do Araguaia. A violência continua, não mais entre guerrilheiros e militares, mas envolvendo grileiros, fazendeiros e camponeses. A posse da terra para a sobrevivência, que historicamente nunca foi resolvida no Brasil, chega ao século XXI como uma questão sem evidências de que possa ser solucionada.

Em conjunto, os dois rios que formam o Bico do Tucano, também conhecido como Bico do Papagaio, desenham as divisas norte do Tocantins, a junção das águas do Rio das Almas, Maranhão e Paranã, entre as localidades de Paranã e São Salvador do Tocantins, com trecho navegável de até dois mil quilômetros, à época das chuvas. O Tocantins acolhe também as águas do Pium, que nas secas severas tem seu leito tão vazio quanto um rio do deserto, com chuvas esparsas. Já o Tocantins abastece seis hidrelétricas ao longo de seu curso de mais de 2400 quilômetros: Tucuruí, a segunda maior hidrelétrica nacional, Cana Brava, Serra da Mesa, São Salvador, Luiz Eduardo Magalhães e Estreito. Porto Nacional integra a região metropolitana de Palmas, a capital do Estado do Tocantins, ainda que estejam separadas por 52 quilômetros. A cidade sempre foi um ponto estratégico na história de Goiás, de que o Tocantins se separou em 1988. Fundada no início do século XIX, Porto Nacional sempre esteve associada, histórica e culturalmente, ao fluxo do rio, principal via de transporte de mercadorias que, de lá, seguiam e ainda seguem para Belém e outras cidades brasileiras ou do exterior.

A BR-153, a Belém–Brasília, como também é conhecida, iria mudar a importância estratégica do Tocantins, quando boa parte dos transportes deixou o leito do rio, mais lento, e passou a ser feita por terra, a bordo de caminhões cada vez maiores e mais rápidos. Essa transformação incluiu o transporte de passageiros. Ônibus confortáveis, selados como uma nave lunar para evitar o calor que predomina ao longo do ano, cruzam em todas as direções em meio a campos dourados de sol, com culturas de milho, arroz e soja. O plantio divide espaço com o gado branco, zebu e nelore, em suas vidas curtas, antes de serem enviados para o abate. Nas origens, Porto Nacional está associada ao fluxo de bandeirantes em busca de ouro, procura compartilhada com aventureiros portugueses, também atrás de enriquecimento rápido.

Para estudantes como Plinio e suas duas irmãs, Venuza e Venilza, Porto Nacional oferecia educação até o colegial. Para elas, no Colégio Sagrado Coração de Jesus, construído por religiosas dominicanas na década de 1950. Para ele, no Colégio Estadual de Porto Nacional. Mas, como vimos, a família já custeava Raimundo em Cristalândia e não tinha como manter mais um filho fora de casa. O ingresso de Plinio no colégio estadual aconteceria um pouco depois, com a ajuda de Venuza, a irmã mais velha. Nesse momento, ela e Venilza hospedavam-se em casa de parentes. O pagamento por esse acolhimento era feito com mantimentos, uma forma de escambo, que o pai levava aos parentes ao menos duas vezes ao ano. Sacos de alimentos, transportados em lombo de mulas, por trilhas que cortavam fazendas, matas e montanhas, atravessando riachos, em épocas de chuva, risco que não deveria ser subestimado. Reduzindo a distância, pela pista pavimentada de agora, de aproximadamente cento e oitenta quilômetros. "Arranchando" em fazendas, para tomar de empréstimo a expressão de Câmara Cascudo, estendendo redes sob o céu. Ou dormindo com apoio em uma sela, o solo forrado com coxonilhos ou baixeiros, com o cheiro forte da transpiração dos animais.

Plinio fez uma dessas viagens. Por essa época, o pai, conhecido como "Seu Plinio", havia comprado uma casa em Pium, trocada por uma outra, por determinação da mulher, Dona Maria da Costa Oliveira, de temperamento forte e opções definitivas. O pai, relatam Plinio e os irmãos, era homem de poucas palavras, aberto a novas ideias. Desde que não ameaçassem a família.

Em 1962, na terra que o pai havia comprado próximo a Pium — em substituição à Pau Ferrado, negociada com a família do velho França —, Plinio permaneceu um ano inteiro com ele, frustrado com a impossibilidade de continuar estudando. A fazenda ficava a seis quilômetros da cidade, uma légua, na linguagem rural. O menino vinha semanalmente à cidade, que avistava, ainda perto da sede da propriedade, exposta à linha do horizonte próximo. No trajeto havia um trecho de lamaçal, de travessia difícil, que exigia cuidado para evitar picada de cobras, ocorrência comum no sertão. Plinio se recorda de um garoto vizinho picado no braço, que sobreviveu, mas ficou com uma sequela: o braço que levou a picada não se desenvolveu, conservando-se como era antes do acidente.

Picadas de cobra têm interpretações singulares no sertão e nem todas elas desapareceram com as mudanças testemunhadas por Câmara Cascudo. No passado, era forte a crença de que a vítima de uma cobra venenosa, como a jararacussu, ou surucucu, que a ciência identifica por *Bothrops jararacussu Lacerda*, deveria ter o local da picada coberto com as entranhas do animal que, para isso, precisava ser abatido. Além disso, a vítima deveria permanecer em quarentena, sem ser avistada por qualquer outra pessoa além da família.

Plinio nunca sofreu um desses acidentes. Mas se recorda que seu irmão Raimundo fora picado e ficou quarenta dias sem sair de casa. Lembra-se também do dia em que, caminhando atrás do pai, uma cascavel "jogou o bote" sem conseguir acertá-lo. O pai imediatamente trucidou-a com um golpe de facão.

NA NATUREZA
SELVAGEM
A sede da segunda propriedade de Plinio, o pai, era um abrigo ainda seguro e aconchegante na natureza. Ao contrário da anterior, em Pau Ferrado, de taipa de mão, esta era um misto de arquitetura com base em alvenaria. Na verdade, tijolos de barro apenas secos ao sol, adobo, sem serem levados ao fogo, assentados com massa de terra argilosa que, amaciada com água, agrega os tijolos e dá forma a uma parede. Um estilo mais recente, mas com a mesma cobertura herdada da tradição indígena.

Por ali, ainda hoje, alguém com vivência rural identifica animais que julgava desaparecidos. Como um "galo índio", de porte atlético e corpo musculoso, com constante disposição de luta e por isso mesmo associado a rinhas, as brigas de galo, que foram comuns no passado. A segunda fazenda abriga moradores e uma diversidade de animais, ao contrário da Pau Ferrado, que se encontra deserta e silenciosa como se retomada pela natureza, a não ser pela estreita pista de terra batida, marcada pela presença constante do cristal de rocha.

A segunda fazenda, entretanto, também passou por mudanças. O lamaçal que o garoto Plinio atravessava com receio para chegar à cidade foi coberto por espessa camada de terra e abriga uma via de trânsito relativamente rápida, se comparada com a original. Mas ainda atravessa o rio Pium, numa ponte traiçoeira, sem proteção lateral.

De alguma maneira, no Brasil, tudo muda — mas para ser sempre a mesma coisa. Uma viagem, agora, entre Pium e Porto Nacional, combinando trechos da BR-153 e a TO-255, consome duas horas. Se o motorista for habilidoso e exigir um pouco mais do motor, alguns minutos menos, em virtude do tráfego mais rarefeito da segunda via.

E aqui, mais uma vez, uma superposição com a fala de Câmara Cascudo sobre a contração do tempo e a aparente redução do espaço no sertão que muda, mas paradoxalmente se mantém inalterado. "De Natal a Caicó", descreve Câmara Cascudo, "ia-se em seis dias. Roda-se hoje em cinco horas. Meu avô foi à Corte em vinte e oito dias de mar. Meu pai, em sete. Eu, em doze horas, no 'Anhanga', da Syndicato Condor [precursora da Cruzeiro do Sul]".

Num café farto, na casa ampla e acolhedora de Venilza, em Taguatinga, ao lado de Brasília, Juca Braga, marido dela, rememora as antigas viagens e confessa que gostaria de recuar no tempo para reviver a experiência. Com exceção de Sílvio, que faleceu em 1988, todos os filhos de Seu Plinio e Dona Maria estão reunidos ali, incluindo Raimundo, que eles só conheceram mais tarde.

Plinio observa com sorriso enigmático. Ele, que conquistou as letras a partir do F do Pau Ferrado, o filho do vaqueiro que deixou o sertão, ainda revela, na sua fala, maneiras e tranquilidade, a herança do pai, mostrando que o sertão permanece em seu interior. Discreto a maior parte do tempo. Silencioso como se evitasse ser notado.

Venilza conta, em meio a divertidas gargalhadas, que o irmão, quando menino, chorava muito e emenda, com desembaraço: "Ele sempre foi chorão", para acrescentar: "Plinio tinha suas razões, tudo de ruim acontecia com ele, com mais ninguém". Um exemplo dessas coincidências? "Vou contar", ela diz. E relata que, certa vez, quando viviam em Pium, um carro de boi descia uma rua nas proximidades, e, a certa altura, uma de suas rodas se soltou. A mãe previu o que estava para acontecer. Correu segundos antes e fechou a porta de entrada da casa. A roda, no entanto, ganhara velocidade e o impacto dela derrubou a porta, atingindo Plinio sentado em uma cadeira. Venilza termina o relato sorridente e pergunta como se fosse um desafio: "E não é verdade que todas as coisas aconteciam com o Plinio?"

Venuza, a quem Plinio se refere como "mãe afetiva", estava se mudando para Goiânia, onde ainda mora, a oitocentos quilômetros de Pium. Ela estudava em Porto Nacional desde 1963, onde chegou ao final de uma viagem de três dias, aos dezessete anos de idade, assustada com o Tocantins transbordando distante do leito. Ao longo da viagem, em trechos em que não havia fazendas para pouso, os viajantes se valeram de redes e acamparam, alimentando-se do que levavam na bagagem: paçocas de carne e farinha, fritos de frango e peixe, consumidos com a farinha de puba, item tradicional na mesa de vastas regiões do Brasil. A mudança para Goiânia, que iria ampliar os horizontes de sua formação e abrir possibilidades com que ela apenas sonhava, fora viabilizada por uma bolsa de estudos em um colégio religioso.

Era uma chance também para Plinio. Ele implorou à irmã para que o ajudasse, e ela se comprometeu a garantir os livros e pagar as pequenas despesas para que ele pudesse fazer o ginásio em Porto Nacional. Plinio também ficou morando, na companhia de Venilza, na casa dos parentes. Por essa época, fez o que então era o primeiro ano ginasial.

As mudanças foram muitas. No primário, um único e versátil professor dava conta de tudo: da história à matemática, passando por gramática e literatura. O ginásio era diferente. Cada disciplina tinha um professor específico, e as escolas públicas não eram o mesmo que as privadas. O curso exigia a determinação de um monge. Ao menos para alunos que desejassem deixar a pobreza e o isolamento para trás. Plinio era bom aluno, com boas notas, mas retraído e tímido.

Certa vez, num 7 de Setembro, ainda no primário, em Pium, a professora pediu que ele lesse, à frente de seus colegas, uma redação que havia escrito, relatando o desejo de ser médico, determinado a aliviar o sofrimento que tinha com a erisipela. A leitura foi um misto de prazer e tormento para o menino que transpirava frio por uma exposição a que não estava habituado. Um constrangimento ainda maior explica parte desse desconforto. Era hábito os melhores alunos serem "convidados" a declamar poesias decoradas. A expectativa, com isso, era despertar o interesse dos mais letárgicos. Mas, quando deveria fazer a exposição, Plinio caiu no choro. Foi "um vexame", diverte-se ele.

O tempo fluiu, como um pássaro em voo de migração. Mas o trauma permaneceu. "Até hoje sou completamente incapaz de decorar um único verso", confidencia ele com sorriso encabulado. No entanto, é um grande editor de poesia!

Atrás de Plinio Martins Filho permanece o sertão, que se transforma a cada dia. Mas, na essência, é sempre o mesmo sertão profundo, com tardes rubras de sol, ondas sutis de melancolia, perfumes que se manifestam e desaparecem em seguida, como vaga-lumes. Sensações como as das *madeleines* que reativaram as lembranças de Proust. E memórias de tudo que foi real. Como o almoço com os cães, partilhando do mesmo prato, sobre um couro de boi estendido no solo, costume que prevalece no Nordeste do Brasil, em particular em Estados como Ceará, Piauí e Maranhão. Chama-se a isso a Mesa de Lázaro, num tributo a São Lázaro, comemorado em 17 de dezembro, protetor dos cães e esperança para aqueles que sofrem de doenças na pele. Ainda que, aqui, exista uma controvérsia: o santo reconhecido pela igreja católica seria outro, e não aquele ressuscitado por Jesus Cristo, segundo a Bíblia. Jesus se atrasou no atendimento às irmãs de Lázaro, segundo a tradição religiosa, e, quando chegou, ele estava morto havia quatro dias. Então, Jesus ordena: "Lázaro, vem para fora!" E Lázaro veio. Quando se alcança a graça, o costume sertanejo é retribuir com um banquete, servido aos cães, de que humanos também podem participar, como Plinio fez na infância. Muitas são as combinações do mito e da memória: o sorriso do pai, um gesto da mãe, o choro de um irmão e o riso de outro; a voz do amigo que desapareceu nas infinitas frestas do mundo e a imagem difusa de uma garota; o ruído da chuva golpeando a cobertura de palha, a água descendo em uma infinidade de fios, precipitando de folhas, galhos e troncos, abastecendo raízes do fundamental. E as frutas... A goiaba madura no pé. A mexerica. E a lima-da-pérsia, preferida do pai, que tem esse nome porque veio de lá, da Pérsia, na Mesopotâmia, onde nasceu a escrita. A fruta familiar, cujo nome evoca o berço da escrita que deu vida à história e à literatura sob a forma de livros, a mais bela invenção da humanidade, a que um dia se dedicaria o filho do agricultor. É assim que a vida vai fluindo em seu mistério, e nela se entremeiam as lembranças do que foi, fundindo o presente e o passado na torrente que se não se detém no rumo do futuro, permanecendo entre os dedos o suficiente para permitir que indaguemos dos deuses o que nós, humanos, fazemos na Terra.

2.
A Primeira Letra.
O Ferro de Marcar o Gado

> *A ignorância degrada os homens somente quando se encontra associada à riqueza.*
>
> ARTHUR SCHOPENHAUER

O procedimento que justifica o ferro de marcar, ou a marca de ferrar que está no começo da história da Fazenda Pau Ferrado – e imprimiu a primeira letra na memória do menino que iria dedicar-se à edição de livros –, não é algo que se restrinja a um tempo curto e a um espaço restrito. Ao contrário, é vasto. Extrapola em muito os limites do sertão.

Virgílio Maia relata em *Rudes Brasões: Ferro e Fogo das Marcas Avoengas*, na linguagem sertaneja de corte inconfundível, que "vem de longe, muito longe, a usança de se imprimir a ferro quente uma marca no couro de uma rês, é costume que deita raízes nos eões do tempo, não ensejando precisão concernente ao lugar ou à era de onde surgiu. Primeira documentação atestatória conhecida de tal uso é, como aliás de outras coisas tantas, do antigo Egito".

Seguro dizer que, similar aos 9 700 quilômetros que separam o Pium e o Rio Nilo (ou duas mil léguas, numa medida comum da época), pareceria absurdamente distante a Plinio Martins de Oliveira a possibilidade de que um de seus meninos, o mais chorão, com as pernas marcadas por feridas que pipocavam em série, um dia trabalharia com livros.

A biblioteca doméstica da família consistia em um exemplar da Bíblia e um almanaque do *Jeca-Tatuzinho*, mais tarde acrescida de um volume do *Tesouro da Juventude*. Plinio diverte-se ao deduzir que essa foi uma maneira que a mãe encontrou de "dar alguma orientação sexual" aos filhos. A Bíblia passava a maior parte do tempo intocada, a não ser para a eventual guarda de alguma pequena sobra financeira.

Quem controlava o fluxo de caixa dessas sagradas "ofertas" informais era Maria da Costa Oliveira, e segundo esteio a dar estrutura e coesão à família. Ela era conhecida como "Dona Maria do Plinio".

A EDUCAÇÃO RÍGIDA DA MÃE

Quando Plinio Martins Filho se casou, em julho de 1980, o pai se aproximou dele e confidenciou em voz baixa: "Agora posso morrer". Ele julgava que suas obrigações familiares estavam concluídas e partiu três meses depois. O pai, com sua postura sossegada, era o avesso da mãe.

Plinio e seus irmãos se lembram da mãe como uma pessoa de temperamento fechado, irascível, que surrava os filhos ao menor motivo, usando a palmatória, cipós de goiabeira e, às vezes, chicotes ou cinturões. A explicação para esse comportamento? Plinio tem algumas: era o único método "educativo" que ela conhecia, e também o fato de ter tido uma vida dura no sertão e concebido sete filhos. Ou, talvez, um certo legado genético que teria herdado do pai, um maranhense conhecido como Luís "Cobra Véia".

Do que pôde investigar, Plinio descobriu que o avô cultivava humor azedo, era briguento e havia sido impiedoso com trabalhadores da fazenda em que viveu, entre eles, talvez, remanescentes de escravos. Raimundo, irmão criado pelo avô, no entanto, faz um relato diferente. Descreve o avô como "homem meio estourado" que, ao enfrentar alguma dificuldade, recorria a um expediente incomum e prevenia de maneira trágica: "Me dá uma corda que vou me enforcar". O que realmente passava pela cabeça dele, netos e uns poucos conhecidos não podiam decifrar. O fato é que se isolava por algum tempo, mas acabava retornando, sempre com a corda nas mãos. Sem cumprir a ameaça, que voltaria a repetir na dificuldade seguinte.

Plinio e os irmãos perderam o contato com parentes no Maranhão, o que inclui os avós. Assim, sua família, no sentido das grandes famílias patriarcais do passado, nunca existiu. A família, diz ele, "no meu caso começa com meus pais e meus irmãos". Eventualmente, um dos tios fazia uma ou outra visita passageira, rápida o suficiente para não criar vínculos que assegurassem convivência mais próxima. Ele considera que isso explica um aparente desapego emocional entre os membros da família: "Nós nos falamos e nos vemos, mas creio que de uma maneira diferente do que acontece com famílias tradicionais, com as raízes que temos no Brasil".

Durante uma visita de Plinio, o irmão mais velho, Olívio, falou de um presente-surpresa. Plinio ficou imaginando o que poderia ser. Era a espingarda calibre 28, cano duplo, arma de caça do pai nas esperas e nas cevas para pacas, tatus e cotias. O recurso para obtenção da carne de animais abatidos que Plinio transportava da roça para a cidade. A espingarda, a única lembrança física que remetia ao pai e que Olívio quis transferir a Plinio, é uma arma de fogo de alma lisa, como costumam ser identificados artefatos com cano de disparo não raiado. Um cano de alma lisa quase sempre utiliza cartuchos, preenchidos com chumbos ou similares, diferentemente de um instrumento raiado, que frequentemente dispara um único projétil. A espingarda de cano duplo, calibre 28, espalha uma nuvem de pequenos projéteis que, mesmo sem a precisão de um projétil único, compensa a desvantagem cobrindo uma área maior de impacto. No caso de uma caça mais leve, aves, ou animais de pequeno porte, é mais conveniente. Uma onça, se fosse o caso, ou um porco-do-mato exigiria uma arma de projétil único, no Brasil quase sempre identificada com uma Winchester 44.

Para um caçador noturno, a espingarda é mais eficiente que a arma de um único projétil, que demandaria visualização mais clara do alvo. Além disso, o cano duplo assegura dois disparos sucessivos. E isso permite não apenas o abate de um animal visado quanto um segundo, antes que possa fugir. Ou, ainda, uma segunda carga sobre um único alvo, se ele não tiver sido suficientemente atingido, e em condições de fugir. Daí parte do sucesso de Plinio, o pai, em suas pacientes esperas noturnas em cima dos pequizeiros.

Plinio aceitou a oferta do irmão por ser uma lembrança do pai e sua também. Mas não teria como trazer a arma de Taguatinga para São Paulo, por não ter registro formal. Deixou a arma com o irmão para evitar problemas com a lei. O editor nunca teve apego às armas, mas, esta, admite querer como lembrança.

No passado, Plinio utilizou a espingarda oferecida por Olívio para caçar na companhia do irmão mais novo, Elízio e dos amigos Leonan e Oberdan. Outras vezes não foi usada para caça, mas para espantar periquitos e chicos-pretos, o assum-preto que atacava as plantações, entre elas a de arroz na fase em que estava brotando ou já para ser colhido. De armas, na infância ele teve o estilingue, o badogue, a funda e até mesmo o arco e flecha, e relata isso com sorriso e brilho nos olhos.

O estilingue, de *slingshot* em inglês, ou baladeira, como se dizia no sertão, bem construído, dava respeito merecido a um garoto cioso de certa reputação. Uma pontaria precisa consolidava a fama que se espalhava por grupos e arrancava suspiros de admiração. Um arco e uma flecha, feita com a haste do pendão da cana de açúcar, com um anzol distendido atrelado à ponta, fazendo as vezes de uma diminuta e afiada ponta de lança. E, literalmente um dia, um momento, um *flash* de tempo em que o menino se sentiu indígena: o arco e a flecha utilizados com sucesso numa experiência de pesca e a presa capturada debatendo-se com seu corpo prateado sob o sol.

O mesmo arco servia para o badogue que permitia o disparo de uma pedra, quase sempre arredondada, em uma fusão engenhosa com a baladeira. Dois cordões e uma rede no meio, em que se colocava uma pedra como projétil. Manejado com arte, prometia mais frutos ao alcance da mão. Uma goiaba polpuda e saborosa, um buriti, a pequena, suculenta e macia cagaita, com sabor ligeiramente ácido. O cajuzinho-do-cerrado, de vermelho intenso, também um pouco ácido. A macaúba, que nasce em cacho e pode ser derrubada com um único disparo para assegurar uma mão cheia. A mangaba, que a origem tupi diz ser "coisa boa de comer". O murici, do cerrado e do brejo, que floresce após certos períodos de chuvas. E, claro, as pequenas aves. Rolinhas, um bom acompanhamento ao básico feijão com arroz. Eventualmente, uma esperta e fugidia pomba-juriti, de menos de duzentos gramas, com plumagem e canto que a distinguem de pombos urbanos, mais fáceis de se obter em arapucas feitas de talas de taboca, com ceva para atraí-las.

Havia ainda a funda, a arma referida no relato bíblico que descreve uma luta entre o gigante Golias e o jovem e pequeno Davi. Mas o estilingue é uma solução à parte. Fácil de manejar, ainda que exija destreza, uma combinação refinada de engenho e arte. Com base numa forquilha de madeira, em geral de goiabeira – um par de elásticos quase sempre retirados de uma câmara de ar de borracha, natural dos caminhões que penetravam o sertão. A borracha que escreveu infinitas páginas de histórias no sertão e, além dele, na vizinha Amazônia, com a escravização e eliminação de povos indígenas inteiros. A gente do sertão que mergulhou na floresta em busca de alternativas e acabou aprisionada para a produção da borracha capaz de liberar um projétil com impacto e precisão. Histórias trágicas com que o garoto só tomaria contato como editor de livros. Entre eles, *Paraíso Suspeito: A Voragem Amazônica*, de Leopoldo Bernucci e *Diário da Amazônia*, de Roger Casement. Dois, entre mil e seiscentos outros que saíram de suas mãos pela Editora da Universidade de São Paulo, a Edusp.

DEFESA DE UM TERRITÓRIO RESTRITO

Com o estilingue que ele mesmo construía, Plinio espantava ou abatia predadores das lavouras como pequenos macacos, periquitos que devoravam arroz e milho e que era conhecido na região como o chico-preto, o pássaro-preto, da ordem passeriformes, da família *Icteridae*. Dependendo da região, o pássaro-preto é chamado de graúna (derivado do tupi *guira-una* = ave preta); chico-preto

(Maranhão e Piauí); arranca-milho, chopim e chupim (São Paulo); chupão (Mato Grosso); assum-preto e cupido (Ceará).

O chico-preto que o garoto Plinio espantava dos plantios de milho e arroz tem presença constante na literatura e na música brasileira. Na clássica canção de Luiz Gonzaga, expressa a dor e o desespero de um amante na ausência da amada.

> Tudo em vorta é só beleza
> sol de abril e a mata em frô
> mas assum-preto, cego dos óio
> Num vendo a luz, ai, canta de dor.

Antes que tivesse as primeiras noções de ecologia e ambientalismo, o garoto Plinio se esgrimia na pontaria para afastar predadores de seu trabalho, que era o de atirar grãos de milho e arroz à cova aberta no solo, cobrindo-a com os pés desnudos. A abertura onde o pai ou irmãos mais velhos depositavam uma pequena porção de sementes, reservas da safra anterior, que daria origem a uma nova cultura. Uma reprodução de que o corpo da Terra é capaz e que os gregos antigos atribuíam a uma bênção de Deméter, deusa da terra cultivada, das colheitas e das estações do ano. Esta, segundo a mitologia grega, viajava em companhia de Dioniso, o protetor dos marginalizados sociais e símbolo do caótico, do que escapa ao acesso da mente humana e por isso só é entendido como uma ação imprevisível dos deuses. Uma dura sorte que gerações de agricultores conhecem bem.

Um campo promissor, com o solo devidamente tratado e semeado, pode trazer a tragédia em lugar da fortuna por variação nas condições de tempo: o sol duro e inclemente, a falta ou excesso de chuvas. Um garoto dedicado a ajudar o pai e os irmãos num retalho de terra do sertão não tinha noção dos mistérios que iria descobrir no corpo dos livros. O tempo, como o mistério da terra em frutificar a vida, fluindo e transformando o que seria no que apenas foi. A sucessão de grãos reproduzindo suas próprias formas, e as gerações de agricultores revolvendo a terra, desde que começou a ser trabalhada para produção de alimentos.

Para lavrar a terra, Seu Plinio e seus meninos primeiro deveriam roçar a mata mais rala. Em seguida, derrubar as árvores maiores, com madeira que poderia ser aproveitada numa infinidade de usos, entre eles a cerca que separa a cultura agrícola dos animais, e, então, para a limpeza final, o fogo com línguas vermelhas, devorando o que estivesse à frente. Plinio se lembra de uma dessas queimadas, em que o calor intenso aqueceu as águas do pequeno riacho que corria por ali e matou os peixes. Corpos prateados dos piaus, piabas, traíras e mandis flutuando na superfície, uma imagem congelada que permanece na memória.

A vida correndo lá fora e Dona Maria espreitando o marido e os filhos. De cenas como esta ficaram as imagens que o menino interpretou muito tempo depois no curso de Psicologia: "A mãe é sempre a culpada de tudo". E daí tirou uma conclusão: "Bata em sua mãe enquanto ela pode aguentar!" Depois disso, esqueça. A mãe, na memória dele, mulher dura que, em idade mais avançada, questionava os filhos ao ver seus netos e bisnetos livres de surras. Os filhos argumentavam que as crianças agora vivem num mundo diferente, e ouviam uma resposta crítica: "Mas vocês estão todos criados e saudáveis."

Plinio, embora tenha restrições, concorda em parte com os critérios da mãe ao dizer: "Menino às vezes parece que quer apanhar. A criança sabe quando faz alguma coisa indevida e, às vezes, se sente culpada e quer ser perdoada. Mas não precisamos usar o mesmo método. Uma boa conversa, na hora certa, justifica, é o suficiente." Esse foi o método que utilizou para educar os dois filhos, Tomás e Gustavo. A técnica dele, ao contrário do cipó ou chicotes cortantes ou da palmatória da mãe, foi o diálogo. Quando os garotos já estavam na cama, prontos para dormir. Uma criança fica menos defensiva quando deitada, analisa, abrindo espaço para uma conversa produtiva. Deu certo com os garotos: ao final do processo, eles derramavam lágrimas e se desculpavam. Sem palmadas.

A MÃE NO CENTRO DA VIDA DIÁRIA

A mãe, na descrição de Máximo Górki em seu romance de mesmo nome, é enigma e possibilidade de transformação. Piotr, protagonista de *A Mãe*, transpõe a tragédia familiar para compor, com sua progenitora Anna, a força épica da luta de classes. Uma mulher que trabalhou pelo marido e o filho, restrita ao universo doméstico, não imaginava que sua vida apagada seria iluminada pelo espírito libertário em idade tardia, quando o capote escuro da noite cobriria completamente o sol, e só pelos furos desse abrigo fosse possível enxergar as estrelas.

No sertão, as mulheres que organizam o ambiente doméstico sofrem uma opressão sofisticada, ainda que, paradoxalmente, mais primitiva. Ao menos foi assim, até recentemente, antes que o país completasse seu processo de urbanização e isso tenha tido sua importância para mudar o papel social feminino.

Durante a Primeira República (1889-1930), a base dos votantes era restrita, pela exclusão de mulheres, mendigos, militares e analfabetos. O voto feminino só se tornou possível pelo Código Eleitoral Brasileiro, publicado em 24 de fevereiro de 1932, após uma série de movimentos que se iniciaram em Mossoró, no Rio Grande do Norte, sob o governo de Juvenal Lamartine de Faria (1874-1956), advogado, jornalista e político, destituído e exilado pela Revolução de 1930. Nesse contexto, com papel social secundário, cabia às mulheres uma rígida educação dos filhos, praticamente a única fonte de reconhecimento social de que dispunham e a que, ao mesmo tempo, era limitada. Daí certa dificuldade em se perceber o que foi o passado e a lentidão com que as conquistas femininas avançaram.

Mesmo após a conquista do sufrágio, a opressão feminina seguiu permeando um cotidiano em que estavam presentes os alicerces históricos do coronelismo, enquanto supremacia do poder privado sobre o público. Interesses locais, não raro, eram decididos no confronto entre milícias adversárias, contando com a omissão do governo federal, que frequentemente preferia esperar pelo final dos combates para definir quem iria apoiar. No fogo cruzado, as mulheres lidavam com a adicionada pressão de zelar pela formação dos filhos para um futuro que, se não fosse brilhante, ao menos não descambasse para a truculência e fizesse deles assassinos ou vítimas.

No Pium, Plinio tem memória de dois atos de brutalidade relacionados ao poder despótico que sempre se viu acima da lei. Um deles envolveu o assassinato, aos 45 anos, do jornalista maranhense Trajano Coelho Neto então prefeito local, na noite de 13 de abril de 1961, em uma praça precariamente iluminada da cidade. Ele estaria voltando para casa e seus assassinos o surpreenderam numa situação em que não pôde se defender, ainda que estivesse armado. Na brutalidade coronelista do sertão, vale ao pé da letra a frase popular de que "a corda se rompe sempre em seu ponto mais fraco".

Coelho Neto, que entre outros pontos defendia a independência do Norte de Goiás como um Estado autônomo, tinha inimigos de sobra. Uma investigação mais rigorosa desvelaria sem maiores dificuldades essas lutas de bastidores. A abordagem formal, no entanto, para dar resultado conveniente, acusou um policial negro, um cabo da polícia local, que negou o crime mesmo sob tortura impiedosa. O policial ficou preso durante anos, antes de ser liberado, enquanto os mandantes do crime nunca sofreram qualquer restrição. A população da cidade, entre eles os que acompanhavam as ocorrências políticas mais de perto, sabiam que o acusado era inocente, mas sentiam-se impotentes para reverter a situação. Mais de meio século depois, qualquer morador que conheça o submundo político local declina, com a gravidade típica de uma tragédia, o nome de cada um dos criminosos, que nunca ajustaram contas com a lei.

Um segundo caso foi ainda mais impactante para o menino Plinio, e ocorreu em seguida ao Golpe Militar de 1964. Com a tomada do poder, os militares confiscaram armas da população, a pretexto de coibir a violência, ainda que o propósito verdadeiro fosse outro: impedir possíveis reações armadas por parte dos descontentes com o procedimento. Para garantir essas operações, soldados do exército foram enviados a praticamente todos os municípios, e Pium não foi excluído. Em pouco tempo os soldados cumpriram o que se esperava deles e já estavam sob as asas do avião da Cruzeiro do Sul, que fazia a coleta do cristal de rocha, quando foram fuzilados por um certo "Osvaldão". Não um guerrilheiro, como os militares temiam e que posteriormente tiveram de enfrentar. Mas um bruto descontente com as normas, um homem que se ofendeu com a iniciativa de ter de entregar as armas. E descarregou nos soldados que haviam feito essa operação toda a ira acumulada.

Juca Braga, hoje casado com Venilza, irmã de Plinio, havia pedido a um dos soldados que levasse uma carta para sua então namorada, que estudava em Porto Nacional. Com a fuzilaria de Osvaldão e seu bando, Juca teve de retirar do bolso da jaqueta do soldado morto a carta banhada em sangue que deveria levar uma mensagem de amor, mas acabou como símbolo de mais uma tragédia local.

Nesse contexto histórico de violência, sempre reafirmada em espaços isolados, Dona Maria do Plinio dividia o tempo de forma a caber nele todas as tarefas que deveria desempenhar. Além da parceria com o marido no cuidado da casa, ela fazia o que então se chamava de "roupas de carregação", o ancestral do *prêt-à-porter*. O "pronto para vestir", a roupa que ela costurava pedalando na máquina Singer, mas com duas diferenças básicas: a expressão em francês, com certa gravidade, tem ar de requinte, e o fato de, por trás desses produtos, estar sempre o nome de um costureiro famoso. Não a costureira de talento, que servia à sua família e aos vizinhos numa produção artesanal limitada.

Das roupas de carregação vieram influências na maneira de vestir da família. E isso porque as pequenas sobras de tecido eram aproveitadas para produzir diferentes peças a cada um. Plinio, com a timidez que sempre o caracterizou, fala das calças curtas e camisas que usou durante certo tempo, feitas com tantos tecidos e cores diferentes que deveriam atrair a atenção dos demais. Ao menos na concepção dele.

A mãe na cidade, tocando a vida e o pedal da máquina de costura. O menino, a certa altura, quando sua ida para estudar em outra cidade ficou inviabilizada pela falta de recursos, levava a cada semana da roça para a cidade as cargas de mantimentos: abóbora, carne de diferentes caças, arroz, feijão, fava e frutas. Laranjas, goiabas de pele clara, tendendo ao dourado, e a polpa de um vermelho carmesim, forte, brilhante e perfumado. A intensidade que expressa a composição das terras duras do sertão. Isso até as dificuldades serem superadas e eles se mudarem de Pium para Taguatinga, no entorno de Brasília. Então, a mãe, com filhos já crescidos, sem mais ninguém para cuidar, se ocupou de outras crianças. Crianças de fazendas, que ficavam com ela temporariamente, até o ponto em que fossem capazes de suportar seu temperamento difícil.

Religiosa, ela acendia velas para Nossa Senhora do Perpétuo Socorro e tinha evidências de que a virgem retribuía. Nossa Senhora do Perpétuo Socorro é um título dado à Virgem em agradecimento à sua constante vigilância e proteção à humanidade. Daí a expressão "perpétua" com significado de socorro eterno. Socorro materno, da mãe que não esquece nem abandona os filhos.

Quando Plinio teve malária — sempre, com ele, os acontecimentos mais trágicos! —, ela fez promessas. Agora para as almas. E, coincidência ou não, a febre passou logo após o cumprimento do prometido. A febre da malária é típica, espaça periodicamente suas manifestações, à medida que o organismo se recupera da invasão do protozoário causador da doença. Pode ter ocorrido uma coincidência entre as manifestações cada vez mais espaçadas da febre, típicas da doença, e os pedidos fervorosos da mãe. Mas ela nunca quis saber de coincidências incapazes de serem demonstradas de forma inequívoca. O que havia curado o menino, na avaliação dela, fora a força de sua fé. A fé que, para a gente do sertão, é uma forma de resistência. Talvez a maior delas. Um tronco em que se apegar para não ser levado pela turbulência das circunstâncias.

DESFILE PÚBLICO
PARA A PUNIÇÃO
A mãe, dura como rocha que aflora na terra bruta, impiedosa com o castigo e disposta a esclarecer quem definia as regras. Certa vez, Plinio e alguns amigos, incluindo irmãos, estavam em divertida pescaria no rio Pium. Um dos garotos, com a irreverência inconsequente da idade, levava uma garrafa com uma porção de cachaça e ofereceu aos outros. Uma brincadeira ingênua, quase uma pantomima, uma representação com gestos, expressões

e movimentos de um alcoólatra qualquer, dos muitos que se pode encontrar numa cidadezinha sem muitas perspectivas. Uma cachaça que não embebedaria nenhum deles por ser um pequeno volume. Não seria nada sério, se não passasse por ali um desses "crentes". Um moralista do tipo que se pode encontrar em qualquer lugar, disposto a fazer valer sua concepção do mundo independentemente das consequências que essa arbitrariedade possa trazer. Um desses tipos que enxergam o demônio ao sol do meio-dia, dissimulado em qualquer desvão do mundo. E ele fez chegar aos ouvidos de Dona Maria o que acontecia no rio, onde os garotos pescavam e se divertiam, com a ingenuidade e energia da idade.

Os meninos ouviram vozes gritando pelos seus nomes. O que teria acontecido? Plinio chegou a pensar em algum acidente. Uma morte, uma perda, daí a razão de estarem sendo chamados por vozes desconhecidas. Não era a tragédia em que chegaram a pensar, mas de outro tipo: ao voltarem para casa, prevenida pelo relato do homem que havia visto os garotos a caminho da pescaria, a mãe esperava por eles com a fisionomia carregada, de ocasiões em que o céu desaba com fúria sobre a Terra. Os moradores adivinhavam a cena, conhecendo o temperamento de Dona Maria e o castigo que esperava pelos garotos. Por isso Plinio e seus amigos desfilaram sob o que ele interpreta como humilhação pública, com toda cidade sabendo como aquela história iria terminar. E não se enganavam. Plinio tem da cena de retorno para a casa uma das primeiras sensações de humilhação. Das muitas que qualquer um pode experimentar em algum momento da vida: impotência para reverter os fatos, estabelecer uma conexão capaz de substituir a truculência pela inteligibilidade, sem nenhuma chance de sucesso. Na expressão do filósofo espanhol Ortega y Gasset, "o homem e suas circunstâncias".

Para Plinio, foi uma punição de que estava seguro ser improcedente e absurda. "Mas sobreviveram e estão todos bem", ele ouviria da mãe na idade adulta, ao comentar os castigos na infância. Como costuma ser o caso das justificativas que criamos, a frase doura um tanto a realidade: Sílvio, um dos irmãos de Plinio, morreu aos 38 anos. Um irmão arredio. De comportamento esquivo, fechado como uma concha.

Na idade adulta, foi capataz em grandes fazendas do Pará, propriedade de famílias abastadas de São Paulo. Um problema estomacal inicialmente sentido sob a forma de azia, mas que foi se tornando cada vez mais frequente e intensa. Até que decidiu procurar ajuda médica, e teve um diagnóstico mais sombrio do que imaginava.

A memória da humilhação sobrevive combinada às marcas gravadas nas pernas, tomadas por perebas que pipocavam, interpretada como possível reação alérgica à carne de animais selvagens — a "carne reimosa", como se diz em determinadas regiões. A que produz reações alérgicas no organismo.

Na cidade, no entanto, um exame mais cuidadoso revelaria que as feridas eram produzidas pela erisipela, infecção frequentemente conhecida como zipra, esipra ou zipla. Um desconforto provocado por bactérias, quase sempre estreptococos beta-hemolítico. A maior parte das infecções concentrada nas pernas, ainda que também possa aparecer no rosto, o que era comum no passado.

Na erisipela, a erupção cutânea, as feridas que se multiplicavam, é provocada por uma exotoxina, e não pela própria bactéria, que se encontra em áreas onde não há sintomas. A exotoxina é liberada pelo metabolismo e crescimento da bactéria, e pode não produzir febre. Mas com frequência provoca diarreia, perda de função neuronal e morte, em casos extremos. Uma reduzida quantidade de exotoxina pode provocar danos devastadores, pelo fato de ser altamente tóxica. É uma manifestação surpreendente. A infecção pode estar no nariz e garganta, mas a erupção cutânea se manifestar na face, nos braços e pernas. Isso tudo pode explicar uma característica do garoto Plinio, lembrado pelos familiares: "Um grande chorão, chorava por qualquer coisa", divertem-se, alguns com lágrimas que expressam a vida dura de um passado pobre, contraposto à alegria de comemorar as conquistas de cada um, em torno de uma mesa de café generosa, refletindo o acolhimento do sertão. Memórias dolorosas, amenizadas pelo prazer do primeiro dia na escola, quando Plinio encontrou personagens que ficariam para sempre em sua companhia. Uma delas, Dona Nini, com voz severa, sem nenhum impulso de ternura, chamava os alunos de "pequeno de droga", tratando-os com "bolos", reguadas, cocorutes e puxões de orelhas. Plinio encontraria mais tarde, em Schopenhauer, o sentido da educação para crianças pobres. A frase está no capítulo "Sobre a Leitura e os Livros", em *A Arte de Escrever*: "A ignorância degrada os homens somente quando se encontra associada à riqueza. O pobre é sujeitado por sua pobreza e necessidade: no seu caso, os trabalhos substituem o saber e ocupam o pensamento. Em contrapartida, os ricos que são ignorantes vivem apenas em função de seus prazeres e se assemelham ao gado, como se pode verificar diariamente. Além disso, ainda devem ser repreendidos por não usarem sua riqueza e ócio para aquilo que lhes conferiria o maior valor".

Essas memórias todas revistas também em outro ambiente: o décimo segundo andar de um simpático apartamento num bairro de classe média em Goiânia, com o sorriso complacente de Venuza, irmã mais velha, sua "segunda mãe", acolhedora e generosa. De tanto carregá-lo escanchado, chegou a criar calos! O contrário da memória que ficou da mãe. Se tivesse chance de se manifestar, no apartamento de Venuza, ou na casa ampla de Venilza, em Taguatinga, em torno da mesa repleta de filhos e netos, talvez Dona Maria do Plinio pudesse repetir alguns versos de Cora Coralina, a poeta que descreveu as profundezas de Goiás, num tempo em que o Tocantins ainda era um projeto no horizonte. Talvez ela vencesse certa timidez e mostrasse a doçura que manteve camuflada pela imagem de mãe dura e inflexível, para uma declaração que nunca teve chance de fazer.

Ocupada com o marido, os filhos, a costura e a determinação de fazer com que cada um deles tivesse futuro longe do sertão. O sertão imenso, selvagem e duro como o tronco da aroeira, que suporta com indiferença a umidade do brejo ou o castigo do sol. Determinada por uma natureza que não teve chance de escolher, mas que moldou nela a imagem de mulher quase rude, disposta a uma surra em quem ameaçasse sair do rumo que ela enxergava como aquele a ser alcançado a qualquer custo. Um custo a mais, numa vida que sempre foi cara como o ouro. O futuro distante como uma joia burilada, não as peças sujas e disformes que os homens arrancavam do chão com suspiros de esforços, craterando o solo como se fossem reproduzir a superfície da Lua. Se tivesse essa chance, talvez Dona Maria do Plinio começasse sua fala poética com uma frase inicial: "Mas todos vocês estão criados e saudáveis", como demonstração de que não traíra sua natureza, de que não fora consultada para escolher. E reafirmar o que pensaria ser o acerto de seu procedimento, por duro que tenha sido, uma analogia com a aroeira e sua indiferença ao meio. Determinada a resistir, como a determinação primeira e fundamental. Então, falaria, pela escrita poética de Cora Coralina:

> Eu sou a dureza desses morros
> revestidos
> enflorados
> lascados a machado
> lanhados, lacerados.
> Queimados pelo fogo.
> Pastados.
> Calcinados e renascidos.
> Minha vida,
> meus sentidos, minha estética,
> todas as vibrações de minha sensibilidade de mulher,
> têm aqui suas raízes.

3.
O Percurso de uma Longa Transição

*O que vale na vida não é o ponto de partida e sim a caminhada.
Caminhando e semeando, no fim terás o que comer.*

CORA CORALINA

Gurupi, junto à BR-153, no divisor de águas entre o Araguaia e o Tocantins, pode não agradar a um visitante, dependendo de sua bagagem interior. Se for um errante em busca de novos rumos, a cidade pode ser a água fresca sob um sol duro, como costumam ser os sóis do sertão. Mas alguém apenas de passagem, levantando a história daquelas terras só recentemente conquistadas, tem outra sensação. Um certo estranhamento pelo odor rarefeito e adocicado de sangue.

Com isso, a bagagem interior de cada um dos que chegam tem, de muitas maneiras, uma proposta. Os que decidirem permanecer por ali podem ter a chance de lançar raízes. Como uma planta. Os que estão só de passagem têm a recepção generosa do sertão. Mas saberão, desde o primeiro instante, que deverão partir. São passageiros no sentido estrito. E não haverá ofensa, mágoa ou ressentimentos de cada um dos lados.

Em Gurupi, o Araguaia corre a alguma distância a oeste, delimitando a divisa com Mato Grosso, enquanto recolhe as águas do Rio das Mortes, do Cristalino e de uma rede de outros fios d'água menores, numa ampla teia líquida. A leste, mais próximo, está o Tocantins, e foi dessa direção que a cidade começou a nascer.

Uma versão de conteúdo algo mítico diz que um certo Benjamin Rodrigues, antigo morador de Peixe, às margens do Tocantins, umas quinze léguas da atual Gurupi, chegou por lá no rastro de uma tropa de burros que escapara ao seu controle, por volta de 1932, quando a Segunda Guerra Mundial estava em gestação. Rodrigues, segundo os relatos, encontrou água farta em todas as direções por onde andou. Ninguém diz se localizou ou não os animais fugitivos, mas insistem que ele encontrou o paraíso que não esperava. Benjamin Rodrigues não foi o único. Moisés Brito e um segundo Benjamin, um Carvalho da Silva, seus vizinhos, também andaram por ali, ainda que não procurassem, ao menos oficialmente, por animais extraviados. Esses homens são considerados desbravadores daquelas terras.

Mas, quando os brancos chegaram, a terra não era um ermo de ninguém. Os donos eram os bravos avás-canoeiros, povo de língua própria e hábitos seminômades, o que fazia deles viajantes em constante movimento. Gente afeita à guerra, como costumam ser nômades e seminômades, documentos históricos indicam que as terras dos avás-canoeiros chegavam às proximidades de Niquelândia, em Goiás, pelo menos quatrocentos quilômetros ao sul. Uma única, das muitas possíveis referências aos avás-canoeiros: em 1798, com a ocupação crescente do entorno do rio Tocantins, rota fluvial estratégica para Belém do Pará, os conflitos entre índios e não índios se intensificaram. Uma expedição, supostamente de paz, foi enviada a partir do Arraial de Pontal, agora abandonado, a uns quarenta quilômetros de Porto Nacional. Mas aldeias localizadas nas Ilhas do Tropeço, eventualmente as Ilhas dos Canoeiros, entre os rios Paranã e Taboca, foram atacadas por eles, e os índios, massacrados, como aconteceu tantas vezes. Desde então, houve uma sucessão de outras mortandades. Até que se chegasse aos remanescentes desse povo numeroso no passado, agora com o desafio de sobreviver em território parcialmente inundado pela hidrelétrica da Serra da Mesa, abastecida pelas águas do Tocantins.

O cheiro adocicado de sangue, que um olfato primitivo pode sentir em Gurupi, é dos avás-canoeiros. Mas também dos acroás, xabriabás e xavantes, entre outros povos em recuo para evitar contato com invasores que chegavam cada vez mais numerosos do leste, navegando pelo Tocantins.

Um dos capítulos da história de Plinio Martins Filho está em Gurupi. A infância dividida entre trabalho doméstico, estilingue e uma bola improvisada: uma bexiga de porco recoberta por camadas sucessivas do leite da mangabeira, árvore típica da região. Um capítulo com memórias que o tempo reuniu, separou e voltou a reunir, numa noite, em fins de fevereiro de 2018.

Uma das características de Gurupi se mostra na arquitetura. Casarões enormes, alguns ao gosto duvidoso do gigantismo, ocupando quarteirões inteiros. Áreas com medidas no passado como um alqueire (24 200 m²) reservadas a atividades agrícolas. Ou maiores, o "alqueirão", que já existiu em Minas e Goiás, com o dobro dessa medida. Gurupi é dividida em ruas e avenidas. As avenidas com nomes bem definidos, como a Avenida Goiás, a principal. As ruas homenageavam personagens históricos, hoje relegados em benefício de números, bem mais fáceis de gravar e ordenar. Na esquina de uma dessas ruas com uma das avenidas, numa casa contida, pelos padrões locais, ainda que ampla, mora o engenheiro Joaquim Carlos Almeida Braga, amigo de Plinio desde a infância em Pium.

CRIATIVIDADE COMO SUPERAÇÃO

As famílias de Plinio e Braga, como o amigo é conhecido – no passado ele era o "Neto" –, estavam divididas por uma rua, em Pium. Uma casa em frente à outra, uma em cada esquina. Em comum, além do endereço próximo, a condição de renda modesta, quase no nível da sobrevivência. E isso, claro, não incluía uma cobiçada bola de futebol.

Bolas de futebol de couro eram luxo de meninos ricos, que podiam não ser, e frequentemente não eram, os craques de uma equipe improvisada em minutos. Mas eram os donos da bola e, quando se aborreciam, o jogo quase sempre terminava, pois levavam a peça central do jogo sob os braços. Não era o caso dos dois amigos. A eles, o que faltava em dinheiro sobrava em criatividade. Para resolver a carência da bola, a solução era inflar uma bexiga de porco, ou vaca, moldando a forma esférica. Os garotos não se atreviam a soprar diretamente a bexiga. Para driblar a resistência, usavam com habilidade de artesãos um canudinho do talo da mamoneira, planta comum e versátil por ainda fornecer, com seus frutos duros e espinhosos, projéteis que podiam ser usados em estilingues.

Com a bexiga moldada e inflada, o desafio era cobri-la com mais de uma camada do espesso leite da mangabeira, um látex de cor rosa. A árvore produz a mangaba, fruta consumida ao natural, mas hoje mais frequentemente utilizada em sucos, sorvetes, doces e mesmo em uma bebida que, no sertão, faz as vezes do vinho. Na infância dos garotos, era uma engenhosa solução para a sonhada bola de futebol.

A vida "no Pium", como dizem os amigos em torno da mesa, na cozinha ampla e receptiva da casa de Braga, tinha a monotonia das terras isoladas, carentes de inovação mesmo com a forma simples de uma bola de futebol industrializada. E se houvesse algumas, em lojas de cidades próximas, o preço alto fazia delas objetos de desejo distantes, mesmo para famílias de posses medianas.

Na ausência de atividades mais lúdicas, os garotos do Pium deveriam ajudar as famílias em várias tarefas na roça, entre elas a produção de farinha de mandioca, legado de povos indígenas absorvido por quem veio de longe, dos grandes vazios de terras que se estendem ao leste e ao sul. Os que chegavam do Norte estavam habituados aos costumes indígenas ancestrais, em que mandioca, banana, fava e milho, entre outros cultivos, integram a dieta diária mesclada com alguma carne de caça e pescados, além de uma eventual criação doméstica de porcos e cabras, os ovos de galinhas que não eram nunca vendidos, mas trocados, emprestados, doados, compartilhados. E com menor frequência a carne bovina, em dias de matança de gado, a menos que a família fosse numerosa, com alguma terra de criação ou que o alimento fosse partilhado, sob a forma de escambo. Mas mesmo as atividades domésticas tinham restrições, de que Braga se surpreende, tanto tempo depois, em sua cozinha confortável. As paredes imaculadamente brancas, as janelas amplas voltadas para um pátio interno, herança do passado. O ar condicionado no ponto ideal para umas garrafas de vinho, que destravam a língua, estimulam narrativas, memórias, reflexões e uma pequena discussão sem qualquer conotação agressiva. Ao contrário.

Na infância dos amigos não havia disponibilidade de raladores para processamento da mandioca e, por isso, as grandes raízes que cresciam em terras recentemente deflorestadas eram mergulhadas em água para simplesmente fermentar e apodrecer. E, então, amassadas e postas a escorrer em tapitis. O tapiti, cesto cilíndrico de palha ou de talas de taboca ou buriti, permite a desidratação num efeito combinado de pressão/gravidade. Ao final, a mandioca rudemente processada é posta para torrar. Se o pai de Plinio, à época ainda com sua cota de juventude, era vaqueiro/fazendeiro de pequeno porte, com cultura de subsistência, o pai do amigo não tinha perfil muito diferente. Dedicava-se ao garimpo de cristal de rocha, o material tornado estratégico no desenvolvimento de equipamentos eletrônicos como o radar, inovação que mudou o rumo da Segunda Guerra em benefício da Inglaterra. Sem o radar, viabilizado a partir da radioastronomia embrionária, historiadores consideram que a Alemanha teria levado a melhor na guerra com a Inglaterra.

Desde que entraram na guerra, depois de superar certa tendência ao isolamento, mas também desafiados pelos japoneses no ataque inesperado em Pearl Harbor, em 7 de dezembro de 1941, os Estados Unidos compravam toda a produção de cristal de rocha de Pium. E, para isso, havia a rota aérea que passava pela cidade, utilizando uma pista que não existe mais. Pium, pouco mais que uma vila, cruzada por meia dúzia de ruas, abastecia a guerra com o precioso cristal de rocha, capaz de absorver ondas de rádio. A pista de pouso local não era um pequeno luxo, o que uma concepção sumária pode supor. Nada de gente endinheirada, pilotando seus próprios aviões, que se tornaram populares tempos depois, com o fim da guerra, ainda que um ou outro fazendeiro de maior porte pudesse desfrutar desse privilégio.

O IMPACTO DA GUERRA NO SERTÃO
A Segunda Guerra Mundial (1939-1945) foi o maior conflito militar da história da civilização, e repercutiu intensamente em Pium, a ponto de gerar a fonte de recursos mais significativa da localidade. A guerra envolveu a maioria das nações e isso incluiu as grandes potências, organizadas em duas alianças militares. De um lado os Aliados, de que se destacaram os Estados Unidos. Do outro, o Eixo, que começou a tomar forma com um tratado assinado em 1936 por Alemanha e Japão, com adesão da Itália no ano seguinte. Mais de cem milhões de militares envolvidos, e toda potência econômica, industrial e científica a serviço da destruição e morte. O número exato das vítimas, mortos e feridos graves nunca será conhecido, mas estima-se entre cinquenta e setenta milhões de mortos. E a Pium dos meninos, que refletem o passado na casa ampla em que Braga recebe Plinio e os que viajam com ele, esteve intimamente associado a tudo isso.

Quando o engenheiro agrônomo Bernardo Sayão chegou às proximidades de Pium, na década seguinte ao final da guerra, liderando um grupo de trabalhadores que estendiam o leito escuro da BR-0153 como um tapete de rocha triturada e piche, o garoto Braga vislumbrou o futuro como motorista de caminhão. Antes disso, "não tínhamos história, não tínhamos noção de como as coisas pudessem ser. Estávamos contidos pela vida cotidiana", confessa ele.

Seu pai, José Otávio de Almeida Braga, era um "faz tudo", um polivalente, como muitos sertanejos, vindo da Bahia. Mas o espaço restrito da pequena Pium não permitia que se fosse muito longe, mesmo com toda inventividade. Ainda assim, o homem rompeu limites. Foi, ao mesmo tempo, fotógrafo, garimpeiro, dono de bar com um serviço de alto-falante e criador do primeiro refrigerante de que se tem notícia na localidade. À base de limão e bicarbonato de sódio, era capaz de produzir a efervescência de um similar industrializado.

A polivalência de José Otávio foi uma maneira de garantir a sobrevivência da família, combinada ao pequeno salário da mulher, professora primária. Ele teve uma sorveteria e utilizou o serviço de alto-falante para anunciar a qualidade do que produzia numa localidade conhecida pelo nome sugestivo de Cacete Armado. Ocorre que próximo ao acampamento de uma empresa que dava forma à BR-0153, sob o comando de Sayão, havia um pequeno restaurante, com entrada protegida por uma cancela que a maior parte do tempo permanecia levantada. A criatividade dos trabalhadores demorou pouco para batizá-la de "Cacete Armado". A expressão, no Nordeste e Centro-Norte do Brasil, agora define um bar ou restaurante montado sem estrutura, tolerante com a higiene e comida para estômagos fortes. É possível que a expressão tenha se disseminado a partir da construção da Belém-Brasília, onde se reuniram trabalhadores de uma ampla região do Centro, Norte e Nordeste do país. Braga diverte-se ao lembrar a capciosidade ingênua de uma comunidade que começava a abrir as portas para o mundo.

Como todos os garotos que enxergaram além do horizonte delimitado pelo isolamento, Braga também foi estudar em Porto Nacional. A mudança teve influência de Olívio, o irmão mais velho de Plinio e mentor informal do amigo. O pessoal que construía a estrada recrutando mão de obra tirou Olívio do Pium, e em 1970 Braga fez vestibular para engenharia civil na Universidade de Brasília, a UNB. O velho Plinio, pai do amigo de infância, também estimulou a mudança.

BERNARDO SAYÃO E A MODERNIDADE DE JK
A BR-0153 rompia o isolamento de séculos, daí o prestígio, a quase veneração por Sayão nas diferentes localidades cortadas pela estrada que ele abriu à frente dos homens que liderava. Até sua morte precoce, em janeiro de 1959, atingido por uma árvore derrubada de forma equivocada sobre o alojamento em que acampava na atual cidade de Ulianópolis, no Pará. A vida de Sayão está contada no livro *Meu Pai, Bernardo Sayão*, de Lea Sayão (1927-2011).

Os anos 1960 atraíram crescente ocupação para a região central do Brasil, em especial para as terras goianas, reflexo de iniciativas tomadas décadas antes. O governo de Getúlio Vargas (1882-1954) organizou, em meados dos anos 1940, a expedição Roncador-Xingu, que acabaria liderada pelos irmãos Villas-Bôas. A intenção inicial era abrir espaço para o que seria o leito, uma picada na expressão sertanista, da Belém-Brasília, ou a Transbrasiliana, como também é conhecida. A expedição, por um conjunto de razões, nunca chegou ao destino previsto. Mas, mesmo detida no Mato Grosso, deu contribuição fundamental para a preservação de povos indígenas agora abrigados no Parque Indígena do Xingu, reserva de vinte e sete mil quilômetros quadrados, equivalente à área do Haiti, criada por Jânio Quadros em 1961.

Há outra questão intimamente associada à ocupação do Brasil Central e relacionada ao que, à primeira vista, pode parecer exótico. Essa relação é rememorada por Braga na longa conversa com o amigo Plinio, quando ambos recuperaram memórias de uma época em que tudo era diferente de agora na vida em Gurupi.

O relato de Braga é de um acidente aéreo ocorrido em 1952, quando os amigos ainda eram bebês. A queda de um *clipper* da Pan American, um luxuoso Stratocruiser 377, produzido pela Boeing, que chocou a região e outras partes do país. Ao longo do tempo, entraria na memória deles como ocorrência traumática, pelos relatos que criou e alimentou. Em locais isolados, como a pequena Pium, no início dos anos 1950, a memória era longa e custava a se apagar. Plinio ouve o relato do amigo, que reencontra depois de anos de separação, como se o caso não tivesse relação estreita com sua história pessoal — mas tem. Braga, com sua formação concluída, retornou ao que é hoje o Tocantins. Plinio se distanciou. Suas memórias foram preenchidas por outros conteúdos. E isso explica certa hesitação entre o que Plinio se recorda e o relato que o amigo faz.

TRAGÉDIAS AÉREAS E POLÍTICAS
Ao final da guerra, com o mercado de cristal de rocha reduzido, haviam sido criados modelos de aeronaves de longo alcance. A guerra havia permitido essa ampliação de espaço

físico e mental. A Douglas, a Lockheed e a Boeing, empresas americanas, disputavam uma queda de braço quanto ao desenvolvimento de uma nova geração de aeronaves. A Boeing fez suas apostas no 377 Stratocruiser, entre eles o modelo batizado de Good Hope (Boa Esperança), conectando a América do Sul aos Estados Unidos. Esse trajeto, no passado, fora coberto por hidroaviões Sikorsky, produzidos pela Douglas, numa rota identificada em 1940 como PA 202. O voo que caiu na selva, a que se refere o relato de Braga, quatrocentos e quarenta quilômetros a sudoeste do município de Carolina, no Maranhão, saíra de Buenos Aires no início da noite de 28 de abril de 1952 e pousaria no começo da madrugada no Aeroporto de Galeão, no Rio de Janeiro. De onde deveria seguir para Port of Spain, capital de Trinidad e Tobago. Voando a quinhentos e oitenta quilômetros por hora, justificava a expressão *clipper*, com sentido de alta velocidade.

A bordo havia poltronas reclináveis e um bar movimentado no *deck* superior, sobre a primeira classe. O Good Hope era a última palavra em conforto e luxo para passageiros e tripulantes. Sob a noite calma, a tripulação pediu, e foi atendida, para voar sobre uma área inexplorada da Floresta Amazônica, deixando as aerovias convencionais, a caminho de Port of Spain. O voo confirmou sua posição no radiofarol de Barreiras, no Pará, e deveria ter o mesmo procedimento no radiofarol de Carolina, no Maranhão. Mas nunca fez isso. Com a queda, recorda-se Braga, houve boato de que a aeronave transportava grande quantidade de ouro e pedras preciosas, o que levou o então governador de São Paulo, Adhemar de Barros, a lançar um grupo de paraquedistas na selva. Um ato equivalente à pirataria em terra firme. Em 14 de maio, o grupo do governador chegou ao local do acidente, recolheu corpos e pertences sem autorização para isso. Mas, ao final, sem experiência na selva, teve de ser resgatado.

Num recuo, no tempo e no espaço, para um reencontro com o que deixou para trás, Plinio recupera relatos. Ainda que, com frequência, diga que não se lembra do que descreve o amigo. Ou tem memória fugidia, em outras passagens.

Lembra-se, no entanto, das passagens constantes do avião da Cruzeiro do Sul que fazia a coleta dos cristais de rocha e levava a carga para o Rio de Janeiro. Inicialmente chamado de Syndicato Condor Ltda., a Cruzeiro do Sul nasceu em dezembro de 1927, no Rio de Janeiro, herdeira da Condor Syndikat. Braga se recorda do tempo em que, garotos, ele e Plinio recolhiam as peças mais puras de cristal de rocha no leito das ruas de terra batida de Pium, toda vez que uma motoniveladora, popularizada como "patrola" (*patrol*), operava para tornar a rua mais transitável após as chuvas. Era o cristal puro, avalia, como se estivesse observando as pedras nas mãos. A coleta de "pirâmides" e "rolados", as peças de cristal de rocha de menor porte no leito das ruas de terra batida, era uma forma de os garotos reunirem suas próprias economias.

A família de Braga era maior que a de Plinio. Ele tinha dez irmãos. "O nível de exigência em que vivíamos era baixo. Éramos quase uma comunidade indígena", rememora Neto Braga. E os aviões da Cruzeiro equivaliam ao que Stendhal chamou de uma "promessa de felicidade" para a maioria das pessoas confinadas à terra. O sinônimo mais apropriado para conforto e eficiência. Conceitos que incluíam os garotos com bolas de futebol de produção artesanal.

Anápolis, a 760 quilômetros de Pium, uma hora de voo para os aviões da Cruzeiro, no passado exigia um mês de viagem por caminhos difíceis. Mesmo distâncias mais curtas, de cidades vizinhas como Cristalândia, a vinte quilômetros, custavam praticamente um dia inteiro, se os córregos não estivessem transbordando. Havia "um paradoxo interessante, numa observação feita ao longo do tempo", relata Braga: "Tudo era, comparativamente falando, muito mais tranquilo. Mas se matava por pouco. Se matava por cachaça ou disputa de egos", entre outras banalidades. A Belém-Brasília abria as janelas para o mundo, e, no espaço acanhado do Pium, começou a circular gente diferente, que pagava em dinheiro por galinhas, ovos e frutas, até então trocados entre vizinhos. Braga diz que o futuro chegou à região pelas mãos de Sayão, que atraía a população local para participar do projeto da estrada. Agora, lamenta-se, "não se consegue concluir sequer a Ferrovia Norte-Sul que passa pelas proximidades". "A velocidade dos trens", critica numa referência à corrupção que compromete a eficiência da ferrovia, "não supera os quarenta quilômetros por hora, sob pena de sair dos trilhos".

BEATLES, SERENATAS E REPRESSÃO

Ceres, em Goiás, está a 440 quilômetros de Gurupi, no Tocantins, às margens da BR-0153. Ligeiramente afastada, ligada a Rialma, ao lado da estrada, por uma ponte sobre o Rio das Almas, de águas avermelhadas pela perda de solos, sugerindo intensa atividade agrícola, é uma cidade em que Plinio passou um curto período.

José Bernardes Borges é um velho amigo de Plinio. Juquinha, como prefere ser chamado, é proprietário de uma loja de instrumentos musicais e também oferece *pen-drives* com músicas de sucesso. Mantém afeto pelo amigo como se nunca tivessem se separado.

Plinio chegou ali vindo de Taguatinga, cidade satélite da região administrativa da capital federal, no turbulento 1968, marcado por protestos e marchas pacifistas em boa parte do mundo. Em Ceres, que tomara forma a partir de uma colônia agrícola, para chegar à condição de cidade em 1953, a contracultura de 1968 era uma expressão sem sentido. Lá, Plinio trabalhou na loja de tecidos, sapatos e chapéus que pertencia a uma prima de seu pai.

O dinheiro era minguado, e a sociedade refletia a concentração de terras típica de áreas de fronteira agrícola: uma elite que pode ter dinheiro, mas não tem cultura. Mas havia compensações.

Matriculado no Colégio Estadual local, Plinio concluiu lá o ginásio, estudando à noite e trabalhando durante o dia, como faziam e ainda fazem estudantes em busca do futuro, mas que devem garantir o presente com pouco dinheiro nos bolsos. Assim fluíram os meses e anos de juventude, com ecos dos Beatles e dos Rolling Stones, e as pequenas e adoráveis aventuras que não duram a vida toda. Nesse caso estavam as serenatas, com vitrolinhas portáteis à base de pilhas, que derretiam corações... Por fim, na preparação da formatura, um incidente de que Plinio não se esquece: uma contestação na escolha do paraninfo, um governador do clã Caiado. O que lhe valeu, no dia seguinte, ser chamado para explicações na secretaria da escola.

O velho Juquinha de Ceres um dia também decidiu mudar-se para São Paulo, e mais uma vez os dois amigos se reuniram. Compartilharam um sobrado na rua José Maria Lisboa. Juquinha montou uma loja de discos e se associaram para comprar um carro, usado, porque um novo era proibitivo. Juquinha nunca dirigiu e Plinio era o motorista, ao menos durante o período em que foram sócios. A loja de discos tinha bons resultados, e num certo período Juquinha pediu a Plinio que o substituísse. Não deu muito certo, pois Plinio preferia ouvir os discos a vendê-los. O negócio durou mais algum tempo e, ao final disso, fechou, por várias e diferentes razões.

Juquinha batizou Gustavo, segundo filho de Plinio, e tornaram-se compadres. Em sua loja atual, em Ceres, ele não vende mais discos, as "bolachas" do passado, tocadas na vitrolinha a pilha. Nem os *long-plays*, os LPs, ou mesmo os CDs. "Essas coisas não vendem mais", diz ele com falsa indiferença. O que vende é MP3, cartão de memória e toda uma parafernália inimaginável à época das românticas serenatas. Ele já vendeu muito Roberto Carlos e comemora ter tido clientes que procuravam por Elomar, compositor e instrumentista do sertão da Bahia. Um ermitão e músico refinado, abastecendo-se da rica cultura popular do sertão lastreado nas raízes medievais a que se referem Ariano Suassuna e Câmara Cascudo, de quem muitos não têm conhecimento e assim não podem avaliar.

Juquinha se diverte ao recordar uma das falas da mãe do amigo: ele deveria "namorar uma garota que gostasse da mãe", uma garantia de que ela iria respeitar as outras pessoas. "E quase deu certo", ri, divertido, ao se referir a uma das namoradinhas de Plinio. A paquera estava indo bem, a não ser por um detalhe. O detalhe que quase sempre altera todo o contexto, apesar de ser apenas detalhe. A garota tinha um namorado bom partido, um médico, com o prestígio que os médicos desfrutam entre as famílias em pequenas cidades do interior. Ele pode ser um paspalhão, um sujeito que não leu meia dúzia de livros, que dorme se começar a ler, mas é um médico, com renda garantida. As pessoas adoecem, então, o que podem fazer? Procurar um médico, ainda que isso só possa ocorrer quando um caso não tenha mais solução. Mais prestígio que um médico, talvez um juiz: o homem supostamente incorruptível, com a lei debaixo do braço e que ninguém ousa desacatar. Plinio não era médico, nem juiz. Um estudante sem futuro previsível. A resistência dos pais da garota não demorou nada para se manifestar, mas ela não desistiu e o impasse estava criado. O que aconteceu em seguida é que a loja em que Plinio trabalhava fechou as portas. Com isso ele não tinha motivos para continuar na cidade e, então, com tudo minimamente definido, pegou o primeiro ônibus para Taguatinga. E as coisas ficaram assim, ao menos até algum tempo depois da mudança, quando ele recebeu uma carta da garota: ela convencera os pais. A maré havia mudado, como acontece com alguma frequência na vida: o que parecia impossível agora estava ao alcance da mão. Mas Plinio, assustado, mudou de ideia, se é que teve mesmo a intenção de um casamento que o deixaria confinado a uma pequena cidade do interior.

– Casar? Acho que não estou preparado – respondeu à garota.

Naquele momento, não tinha emprego nem a formação profissional que seria de esperar pelos padrões de uma cidade pequena, ou pelas exigências ainda maiores de uma cidade grande. Se a garota se casou com o médico, com um juiz, com um figurão ou um homem do povo, um agricultor bem-sucedido, capaz de assegurar a ela um padrão desejável de vida, nenhum dos dois sabe dizer. Como nas telas do cinema, uma história havia chegado ao fim. O herói montou em seu cavalo, fez uma discreta despedida com o chapéu e puxou as rédeas em direção à linha do horizonte. Faltou música. Mas essa era uma história real, da vida cotidiana.

Em Taguatinga, Olívio havia comprado uma casa onde toda a família vivia, exceto a irmã mais velha, Venuza, que já se casara e morava em Goiânia. Plinio iniciou o curso colegial. Olívio, no entanto, decidiu trocar Taguatinga por São Paulo, onde conseguiu um trabalho no depósito da Editora Perspectiva, sediada na Avenida Brigadeiro Luís Antônio, entre o então sofisticado Jardim Paulista e a Vila Mariana. À época Olívio era o suporte da família. Ainda desempregado após o retorno de Ceres, o futuro editor então escreveu uma carta a Olívio, para saber se haveria alguma chance de trabalhar com ele.

GRANDE, DESCONHECIDA

E FEIA Plinio Martins Filho chegou a São Paulo em fevereiro de 1971, com vinte anos e o primeiro ano colegial. Achou a cidade "muito feia" e teve dificuldades de se localizar. Para não se perder, costumava acompanhar a escavação do metrô que ia da Paulista, avenida por ele alcançada ao subir da Brigadeiro Luís Antônio, até a Vila Mariana. Os modernos escavadores subterrâneos, que a imprensa batizaria de "Tatuzão", ainda não estavam disponíveis: o leito das vias, por onde parte da atual Linha Verde do metrô estava sendo construída, foi cortado de cima para baixo, com suas bordas escoradas por estacas de madeira sustentadas por vigas de ferro, procedimento de séculos atrás.

O roteiro que Plinio seguia, da Avenida Paulista para a Vila Mariana, o levava ao Colégio Dr. Álvaro de Souza Lima, a atual Escola de 1º e 2º Graus, pela redefinição na rede escolar que viria em seguida. Lá ele dava sequência ao que então era o curso colegial. Ao mesmo tempo, havia tido sorte na Perspectiva, admitido como novo funcionário, e auxiliava o irmão no depósito da editora — ainda que isso contrariasse seu plano inicial, que era levar o irmão mais velho de volta para Taguatinga.

O depósito da Perspectiva ficava sob o piso principal, onde estavam a administração e a área editorial, incluindo o pessoal da revisão, que reunia vários funcionários. O período de trabalho para revisão, definido à época, era de seis horas diárias, quase sempre das 12 às 18 horas. Revisores que trabalhavam para editoras também costumavam trabalhar na redação de jornais, onde cumpriam cinco horas, o que significa uma carga mínima de ao menos onze horas diárias.

O recém-chegado à cidade grande, estudante de curso noturno e ajudante do irmão na Perspectiva, já estava fisgado pelos livros, ainda que não tivesse a consciência dessa relação. Achava "fascinante" a concentração silenciosa dos revisores, debruçados sobre as provas que comparavam e emendavam com os códigos específicos: sinais de separação, emenda, cortes, acréscimos, inversão de letras e outros procedimentos que então lhe pareciam arte de iniciados. Pela hora do almoço, sem dinheiro que assegurasse uma refeição mais completa, Plinio se satisfazia com pouca coisa no estômago e subia para a revisão fazendo perguntas e oferecendo-se para ajudar.

Os revisores trabalhavam em pares. Um deles lia e emendava a prova, enquanto o outro seguia sua leitura em atenta comparação com o original, para não deixar escapar nenhum "salto", a falta de um trecho que, por um problema qualquer, tivesse sido acidentalmente excluído na composição. Entre os códigos, havia ainda um sinal sonoro para se referir a situações como aspas, apontado com dois toques de caneta ou lápis na mesa. Um rápido "toc-toc" era sinal de começo e fim de um trecho aspeado, num texto sob rigoroso escrutínio. A revisão desapareceu nos jornais, como resultado de novos procedimentos industriais que simplificaram processos, mas que frequentemente motivam constrangedores "erramos" no dia seguinte.

Na Perspectiva, com as idas ao espaço da revisão, um dia alguém perguntou a Plinio se ele gostaria de "subir". Trocar o depósito de livros para trabalhar na preparação de originais e revisão de provas, que logo seriam livros. A resposta foi imediata e assim ele começou um novo estágio, trabalhando como revisor durante o dia e estudando à noite, com a firme determinação de concluir o colegial. Um "sufoco", rememora, ao lembrar dos temas então completamente desconhecidos que afloravam nos textos a ponto de se tornarem livros: semiótica, teatro, arquitetura, música, crítica literária, filosofia e sociologia, entre outras áreas.

Os acontecimentos dessa época estão gravados no *Memorial*, um registro do que foi sua vida, relato exigido para o concurso de professor-doutor que defendeu no departamento de Jornalismo e Editoração da Escola de Comunicações e Artes da Universidade de São Paulo (ECA-USP), em 2007.

Três décadas e meia depois dessas primeiras experiências na Perspectiva, Plinio registrou, com algum exagero, que "semianalfabeto, logo de cara teria de ler obras como *Gramatologia,* de Jacques Derrida, *Economia das Trocas Simbólicas,* de Pierre Bourdieu, *Morfologia do Macunaíma,* de Haroldo de Campos, *Prolegômenos a uma Teoria de Linguagem,* de Louis Hjelmslev, ou mesmo *Semiótica,* de Charles Sanders Pierce, filósofo, pedagogo, cientista, linguista e matemático americano, pilar da moderna semiótica".

Em curtíssimo tempo, mais que uma mudança de mundos, do depósito para a revisão, ao final de dois "compridos" lances de escadas, uma mudança de universos. O anterior, onde ele havia vivido toda sua vida, e o que acabava de descobrir. Num choque de realidades, chegou a pensar que estivesse delirando, tão pouco sentido aqueles textos faziam. As palavras eram apenas formas e sons. Ele não entendia quase nada e não se atrevia a perguntar a alguém que pudesse explicar o que era aquilo tudo. Nos poucos momentos em que arriscava alguma pergunta, Geraldo Gerson de Souza, chefe da revisão, com os óculos sobre a cabeça, não tirava os olhos do texto que lia para responder: "Te vira, cara, quem resolve dúvida de texto é dicionário e gramática. Aprenda a pesquisar".

Aquele era um tempo em que se começava a trabalhar numa editora pela revisão. O que também costumava acontecer em jornais. E havia, nos dois casos, diferentes níveis de competência: dos mais jovens e menos experientes aos veteranos, os iniciados nos mistérios da língua, habituados aos meandros da gramática e, mais que tudo isso, com vasta leitura, gente com noção clara do trabalho que fazia — resquícios de uma antiga estrutura das guildas, da Idade Média, erodidas pela Revolução Industrial. Algo como oficiais, meio oficiais e aprendizes. Uma estrutura que, em jornais e editoras, ruiu rapidamente pela subversão das novas tecnologias, com redução das exigências profissionais e todo um processo que levava a uma massificação do aprendizado e do refinamento cultural.

Tudo mudava rapidamente, ainda que o jovem aprendiz, recém-chegado à revisão da Perspectiva não desse conta desse ritmo. Plinio não queria perder a oportunidade de permanecer no ofício de produzir livros, descoberta que transformava sua vida. Lia obsessivamente, tentando assimilar o conteúdo do que passava pelos olhos, às vezes consumindo um dia inteiro, ou quase isso, restrito a uma única página, repleta de enigmas.

A insistência deu frutos, e eles foram colhidos com cuidado e determinação. Plinio foi dando conta do complexo processo de produção de um livro, decifrou os desafios da edição e da preparação, que anos depois compartilharia com generosidade de poucos no seu *Manual de Editoração e Estilo*. O significado de marcar um texto, trabalhar um original para que possa ser composto, e todos os outros procedimentos na arte de editar um livro, sem se desvincular do passado, o que de muitas maneiras vale tanto para um autor como para um editor. O que Khaled Hosseini, autor de *O Caçador de Pipas*, resumiu em algumas palavras: "Foi há muito tempo, mas descobri que não é verdade o que dizem sobre o passado, essa história de que podemos enterrá-lo. Porque, de uma ou outra forma, ele sempre consegue escapar". Ou de Charles Bukowski: "Que tempos penosos foram aqueles anos – ter o desejo e a necessidade de viver. Mas não a habilidade".

4.
De um Mundo Fechado a um Universo em Expansão

> *— Como se escreve isso aqui?*
> *— Consulte dicionários e gramáticas e aprenda!*
>
> **GERALDO GERSON DE SOUZA**

Dois anos depois de ter chegado a São Paulo, Plinio concluiu o colegial. O passo seguinte seria um curso universitário. Mas qual, dos muitos possíveis? Mais uma vez ele procurou o futuro no passado. Trabalhava em uma editora, os livros estavam por perto. Eram o envolvimento de cada dia, mas isso poderia ser uma oportunidade passageira, como os cenários de uma viagem pelo sertão.

A primeira viagem. De Pium para a capital, Goiânia, aos doze anos. Não viajou só, mas perdeu a lembrança de quem o acompanhou na caçamba metálica de um caminhão cegonheiro. Perigosa pelos desvãos, o metal da estrutura rangendo como uma infinidade de grilos na estrada de terra dominada por costela de vaca. O cegonheiro transportava carros novos para Belém e, na volta, trazia gente. Ninguém pagava. Bastava consultar o motorista, para uma resposta usual:

– Pode subir – e o diálogo estava concluído.

Quinze horas de estrada. Com parada para o motorista comer, recuperar forças e retomar a estrada, coberta de poeira, vermelha, cinzenta, branca. Cada uma, e todas elas, sufocando os pulmões.

Uma viagem até a casa de um padrinho, barbeiro, profissão que, no sertão, em mais uma das memórias medievais, se identificava como o mais próximo de um médico ou cirurgião. O Sul praticamente desconheceu o que sobrou do barbeiro-cirurgião, os que cuidavam dos ferimentos de soldados nas batalhas e eram a esperança de camponeses na Europa medieval. Quase sempre morando próximos a castelos, barbeiros-cirurgiões também atendiam gente abastada com seus instrumentos afiados de barbear. Na Inglaterra, em 1540, a Sociedade dos Cirurgiões foi agrupada com a Companhia dos Barbeiros, sem que nenhum dos dois grupos fosse de reconhecidos médicos. E isso durou ao menos até 1745, quando, sob pressão dos médicos-cirurgiões, os barbeiros foram afastados.

Plinio conheceu a ação do barbeiro enquanto médico, e isso dois anos antes da viagem no cegonheiro. Foi no casamento da irmã mais velha, Venuza, "onde rolou o Sangue de Boi", o vinho duro que castiga estômago, fígado e rins. Ele experimentara uma pequena porção, o suficiente para uma forte cólica. Remédio caseiro, como ingestão de cebola crua, não resolveu, e ele foi levado ao barbeiro. O homem localizou o problema com a facilidade de especialista: uma fragilidade do fígado, já afetado pela febre amarela. Um medicamento específico para o órgão e ele estava refeito. O barbeiro que aplicava injeções e ministrava purgantes para eliminação de lombrigas ou garrafadas de cipó-cururu ou cipó-santo para, ao menos uma vez ao ano, afinar o sangue. Medicina mestiça, medieval e indígena, num corpo único.

Em Goiânia, na casa do padrinho-barbeiro, o constrangimento de chegar empoeirado e "quase entupir o ralo do chuveiro" para buscar um diagnóstico de suas feridas nas pernas. Uma permanência de quinze dias quando, além da primeira viagem distante de Pium, ele também deveria comprar o primeiro par de sapatos. Até então só usara alpercatas feitas de couro cru, as "lambretas" ou "salga bundas". Um desastre, a experiência. Sofrimento que durou enquanto os sapatos resistiram. Plinio, tímido, desconfortável com os modos da capital, experimentou um único pé do par. O outro, calçaria depois, sem pressa, no retorno a Pium. Um doloroso equívoco. O segundo pé do par, dois números menor que o primeiro. O vendedor deve ter se dado conta disso, mas não poupou o menino que teve o pé mais apertado comprimido como se uma brasa estivesse colocada entre os dedos. Talvez um comprador inicial tivesse cometido o primeiro erro, números diferentes para um suposto par de números idênticos, e o vendedor teria evitado o prejuízo transferindo o sacrifício para um garoto que comprava seus primeiros sapatos.

A viagem da vida é mais longa que qualquer carona de um caminhão cegonheiro. Uma aparente infinidade de dias, quando é necessário tomar uma posição, firmar-se numa ocupação. Realizar um sonho antigo ou um que ainda deva ser sonhado. Uma pintura, um texto escrito. Um banco para descanso no fim do dia. Uma casa para viver sob o Sol. O que quer que seja. Que permita dormir com alguma serenidade a cada noite sem frio e sem fome. Até que os dias cessem de desfilar como numa viagem pelo sertão. Não mais o sertão conhecido, se é que isso é possível. O sertão de mistério abissal.

Veterinária, por que não? Ele não tinha a memória da fazenda, acumulada de experiências com animais, que tangeu, com que conviveu, que podiam ser chamados pelo nome, como se fossem gente? Seria uma vantagem comparada aos que viveram sempre na cidade sem nunca terem ordenhado uma vaca, uma cabra, nem montado o dorso nu de um cavalo para pequenos trabalhos, como viagens curtas pela vizinhança para transmitir recados, comprar uma necessidade. Tarefas comuns a garotos do campo. A vida, distinta de uma viagem convencional. Por mais longa que possa ser.

Não foi aprovado no vestibular, no curso que concebeu como conexão coerente com o fluxo da vida que havia vivido a maior parte do tempo, e que não seria uma ruptura, o corte do cordão umbilical com toda vida anterior. Aventura que ninguém com recursos limitados pode se dar ao luxo de tentar. Ao contrário, de certa forma uma continuidade, sob novas condições.

Ficou dois anos parado, com o resultado frustrado do vestibular. Sem iniciativa além do trabalho. Sem saber o que fazer. Ou sem saber que já estava em movimento, ainda que não tivesse consciência disso. Àquela época "a revisão era o setor onde se aprendia o ofício editorial", rememora Plinio. Várias pessoas interagindo em um pequeno espaço, com troca de informações, opiniões e juízos sobre a melhor solução. Foi acompanhando leituras, "observando o que os outros corrigiam, e como faziam as correções nos textos, que aprendi esse ofício tão importante e, ao mesmo tempo, tão mal compreendido", de revisor.

DESLIZE COMPROMETEDOR

O revisor, assegura Plinio "é o grande responsável pela qualidade do texto final. Com a particularidade de que o que ele faz de bom, nunca aparece. Milhares de livros são salvos pelo revisor, mas a má fama deles acaba justificada por pequenos erros, com a ênfase aniquiladora da lógica sumária. Em muitos casos, enfurecendo um autor menos compreensivo". Cita um caso envolvendo a revisão do livro *Os Mitos Amazônicos da Tartaruga*, de Charles Frederik Hartt, traduzido pelo polivalente Câmara Cascudo e editado pela Perspectiva. O autor, a certa altura, referia-se a uma mutação da Lua, que se transforma em uma moça para uma visita noturna a um índio seu escolhido. Em lugar de "moça", no entanto, o que entrou no texto foi uma "onça", visita muito diferente. Câmara Cascudo, no entanto, com senso dos meandros da produção de um livro, enviou uma carta à revisão agradecendo e alertando que "o gato tinha dado seu pulo", e que ele lamentava muito "a sorte do pobre índio". O "gato", além de uma referência à onça, é o nome que se dá a uma improcedência na revisão de um livro, como a troca da palavra "moça" por "onça". Mas há quem não tenha humor tão refinado. Um psicanalista, indignado com as mudanças feitas no original de um livro, escreveu uma carta à editora desejando que "a mão do revisor secasse". Sem a mínima condição de decifrar o que Freud chamou de "ato falho".

Na longa formação para se tornar editor, o que só começou a compreender a certa altura da vida, Plinio aprendeu "quase tudo" na revisão. Conta que "quase tudo" se justifica porque, em revisão, nunca se aprende tudo. Do encantamento com a revisão ele começou a tomar gosto pela feitura do livro e descobriu a arte da edição.

Na Perspectiva, quase toda produção era feita sob a forma de coleção, projeto que exigia equipe mínima. Aprovado, o livro vinha para o editorial com indicação da coleção que deveria integrar, e então teria marcação específica do texto. De acordo com a coleção, eram criados os títulos, citações, notas e realces gráficos. Em seguida, os originais enviados para composição, à época, o linotipo. Ou composição a quente. A linotipia é um processo de composição com uma máquina dotada de tipos de chumbo, o Linotipo, também referido como Linotype, desenvolvido em 1884 pelo relojoeiro e inventor alemão Ottmar Mergenthaler (1854-1899). Para muitos, "um segundo Gutenberg". A inovação de Mergenthaler foi feita em Baltimore, nos Estados Unidos. Com a linotipia, uma técnica agora confinada aos museus das artes gráficas, foi possível superar a lentidão das composições convencionais à mão, combinando tipos móveis um a um. Com uma Linotipo se compunha uma linha inteira de texto que, escrito no teclado da máquina, era moldada em chumbo líquido. Daí a referência a "composição a quente".

Como o jovem Plinio, Mergenthaler também era um aprendiz quando chegou a Washington, em 1872, para trabalhar em uma loja de instrumentos científicos. Ele deveria compor protótipos para as invenções de clientes, atendendo assim exigências do departamento de patentes dos Estados Unidos. A inovação foi fundamental para um avanço, um salto promissor na história das artes gráficas, superando o ritmo lento da composição manual, que limitava a tiragem e elevava os preços das obras disponíveis a um público potencialmente crescente. Numa palestra, Mergenthaler se disse convencido de que sua invenção dominaria o futuro, a menos que surgisse um sistema alternativo, em que os tipos não fossem mais necessários. Mergenthaler tinha uma visão clara do futuro. O equipamento dele recebeu o nome de Blower devido à ventoinha do jato de ar comprimido que levava as matrizes pelos canais devidos. A Blower Lynotipe foi utilizada pela primeira vez em 3 de julho de 1886 pelo jornal *New York Tribune*. O nome Lynotipe deriva da expressão *line-of-type*, cunhada pelo diretor do jornal, Whitelaw Reid, numa apresentação, a funcionários e leitores, do novo processo de impressão. Desde então, as inovações permitiram a impressão a custos menores, com impacto positivo tanto na informação de fatos de natureza jornalística quanto na educação. Antes disso, jornais e revistas eram escassos, finos e caros. E os livros utilizados em escolas atravessavam gerações, perpetuando conteúdo. Os Estados Unidos não teriam mais que setenta e sete bibliotecas públicas até a conclusão dos anos 1880, onde se reuniam um número não maior que uns trezentos livros cada uma. A inovação de Mergenthaler, mais eficiente e com economia de mão de obra, trouxe desemprego significativo na indústria gráfica. Mas, sem ela, não existiriam escritores como Ray Douglas Bradbury (1920-2012), autor de *Os Frutos Dourados do Sol*. Um autodidata que se formou em bibliotecas e defendeu a manutenção e ampliação delas ao longo de toda sua vida. A Elektron, máquina lançada em 1964, foi a última e mais sofisticada versão de composição a quente. Era capaz de produzir até quinze linhas de jornal por minuto, operada por uma fita de papel codificada, com opção de operação manual.

IMPACTO SOCIAL DA TECNOLOGIA

A Elektron foi proposta para facilitar as operações e acelerar ainda mais a produtividade. A composição a quente, no entanto, tinha um grave inconveniente para os trabalhadores que não haviam perdido seus empregos com a rapidez das transformações: a inalação de vapores do chumbo derretido, danosa para os pulmões. Por isso era costume que nas gráficas houvesse um farto consumo de leite como forma de amenizar intoxicações. No Brasil, a linotipia permaneceu até os anos 1970, quando tudo começou mais uma vez a mudar.

Na Perspectiva, como aconteceu nos jornais, a superação da linotipia colocaria em cena a fotocomposição, ou impressão a frio, com avanços na eficiência, economia e saúde dos operadores. Com isso, mais uma vez uma quantidade de trabalho maior ficou concentrada em número menor de mãos. A consequência foi uma nova redução da mão de obra necessária para imprimir jornais, revistas e livros.

Plinio perguntava tudo o que lhe interessava em visitas aos linotipistas e, assim, desvendou o processo de composição e impressão tipográfica, um aprendizado completamente empírico. E isso lhe valeu uma nova e estratégica promoção: de empacotador, no depósito de livros, havia subido para a revisão, e dali, passava a gerente de produção, o que reunia as habilidades de duas áreas estratégicas na indústria gráfica. Nessa posição permaneceu até 1988, quando deixou a Perspectiva para assumir o Departamento Editorial da Editora da Universidade de São Paulo – Edusp. A fotocomposição, que entrara em cena com o propósito de simplificar e potencializar o processo de impressão, chegou depois de quatro mil anos de escrita manual e outros quinhentos de composição tipográfica. Na verdade, essa técnica estava disponível desde quase o fim da Segunda Guerra Mundial, mas só se consolidou nos primeiros anos da década seguinte. Se na composição a quente a contribuição havia sido de um relojoeiro alemão, na composição a frio o mérito foi do engenheiro húngaro Eugene Porzsolt, que projetou o primeiro desses equipamentos, ainda em 1894, embora esse processo só tenha sido viabilizado comercialmente nos anos 1950.

O primeiro equipamento de fotocomposição foi o Lumitype, desenvolvido pelos franceses Louis Marius Moyroud e René Alphonse Higonnet, em 1947. O primeiro livro impresso sem uso dos clássicos tipos metálicos saiu em 1953. E esse foi um feito assegurado por uma Lumitype Photon 100. Equipamentos de fotocomposição de primeira geração não passaram de adaptações feitas a partir de versões anteriores de máquinas de composição mecânica. Mas as antigas matrizes do sistema anterior, com caracteres em alto-relevo, acabariam substituídas por versões que empregavam só as imagens dos caracteres. Assim, a unidade de fundição cedeu lugar a uma unidade fotográfica, o que deu origem ao Fotosetter, em 1947, à Fotomatic, em 1963, derivadas da Intertype, e a Linofilm, em 1950, a partir da Linotype. A Monophoto, que apareceu em 1957, tem origem na Monotype.

Na Perspectiva, o projeto pragmático das coleções tinha suas vantagens. Mas também era uma camisa de força a determinadas obras com restrições a essa pré-formatação. Alguns livros, recorda-se Plinio, "poderiam ser editados de outra maneira, com roupagem própria, caso de títulos ilustrados que deveriam ter projeto gráfico diferenciado, com formatos adequados". Cita, como exemplo, *A Bela Época do Cinema Brasileiro*, de Vicente de Paula Araújo, com primeira edição em 1976 e reedição em 1985. Essa obra, rica em imagens, acabou confinada à formatação da Coleção Debates. O livro, originalmente, tinha centenas de ilustrações, obtidas por meio de uma pesquisa demorada, que dariam outra dimensão à obra. Mas não foi viabilizada. Ainda assim, o trabalho do autor abrange um espaço inédito da memória cinematográfica no Brasil.

DESARMONIA DOS SANTOS

Quando chegou a São Paulo, alheio ao universo livresco e sem suspeitar de que havia encontrado o caminho que buscava, Plinio foi morar com o irmão, Olívio, em um galpão nos fundos da casa de Geraldo Gerson de Souza, seu chefe da revisão. O local havia sido sede de uma confecção de *lingerie* de sua esposa Valnira, na distante Vila Antonina, distrito da Vila Formosa, na zona leste da cidade, região habitada principalmente por trabalhadores da indústria têxtil.

O mais significativo em Vila Antonina, no entanto, era a pequena igreja local, a primeira erguida por ali, que tinha como padroeiros São Pedro e São Vicente. Eles partilhavam o prestígio e a fé da população. Nos anos 1970, no entanto, quando os irmãos ainda viviam ali, apenas São Pedro ficou como padroeiro, por razões não muito claras. Essa mudança, no relato dos fiéis, curiosamente era acompanhada de chuvas, toda vez que se realizava uma quermesse na igreja pequena, quase uma capela. Supostamente uma reação de São Pedro, associado a chuvas, talvez "magoado" pela eliminação de seu companheiro. Dois padres, Damião e Alfredo, acabariam resolvendo essa situação. Mobilizaram moradores e, juntos, construíram uma nova igreja, agora o símbolo de Vila Antonina. Um edifício ocre, cercado por grades metálicas, como ocorre em toda a cidade, na

Paróquia São Vicente Palotti. São Vicente retornou como nome da paróquia e isso, aparentemente, restabeleceu a unidade da fé, temporariamente ameaçada por uma obscura divisão de poder.

Na Vila Antonina havia ginásio, mas não colégio. Também não havia trabalho. Estudando na Vila Mariana, bairro relativamente próximo à sede da Perspectiva, Plinio chegava em casa sempre após a meia-noite. E deveria sair pela madrugada, às cinco horas, para cumprir o longo percurso no horário comercial. O resultado desse esforço continuado foi um acúmulo de cansaço, e ele caía no sono ao longo das viagens de ida e volta. Ou mesmo durante as aulas. A feliz coincidência é que descia no ponto final da linha, com conexão no Parque D. Pedro II — o cobrador, que já o conhecia, o acordava. Seguidas noites de sono insuficiente teriam um limite, e essa situação manifestou-se quando os irmãos decidiram abandonar Vila Antonina, trocando-a por um quarto num cortiço na Alameda Santos, que agora dá espaço a um conjunto de apartamentos para moradores de renda incompatível com as dos antigos ocupantes. O cortiço ficava a quatro quadras da Perspectiva, e era próximo ao colégio em que Plinio estudava. O que equivale a dizer que, ao menos as noites de sono pareciam asseguradas. Avaliação apressada e otimista. No cortiço, o que impedia o sono e o substituía pela insônia era a festa que os ratos faziam sob o assoalho, além das pulgas, com conivência tanto do locatário quanto da saúde pública.

Por essa época, Plinio tinha dificuldades em se organizar com dinheiro. Com sorriso indulgente, diz que até hoje não conseguiu superar essa situação. O salário "não dava para quase nada" e com isso ele passou fome e frio. Como não almoçava, desde que começara a aproveitar o horário do almoço para subir do depósito para a revisão, começou a se sentir fisicamente mal. À noite também se alimentava precariamente. Sentindo-se debilitado, procurou um médico que fez o diagnóstico num par de minutos, antecedido de uma pergunta: "Você não come, rapaz?" e fulminou: "Seu problema é fome. Você está subnutrido". A situação anterior, vivida na Vila Antonina, com longas viagens de ônibus e poucas horas de sono havia mudado. Mas não muito. Plinio e Olívio decidiram abandonar o cortiço e mudarem-se para uma pensão nas proximidades do bairro do Paraíso, dirigida pela irmã da gerente da Polígono, editora que partilhava espaço físico com a Perspectiva, também criação de Jacó Guinsburg. Alugaram um quartinho nos fundos, sob a cozinha do sobrado. A proprietária da pensão era enfermeira e, ao observar os medicamentos que o médico havia receitado ao novo morador, cuidou de um jantar mais nutritivo até ele recuperar as forças. A experiência de quem chega na cidade grande, sem raízes, poucos contatos, inexperiente e cauteloso, pode ter muitas cenas desagradáveis, mas também descobertas fascinantes sobre a natureza dos humanos.

A pensão fechou. Olívio estava de férias em Brasília. Plinio retirou as camas e levou para o depósito da Perspectiva, onde dormiu por algumas noites até um colega do curso colegial, Rafael Rodolfo Varela, descobrir e o levar para o apartamento de sua mãe, Dona Carmen. Quando Olívio voltou, alugaram o primeiro pavimento de um sobrado na rua José Maria Lisboa, 54, a duzentos metros da Perspectiva. Para ajudar no aluguel, convidaram Juquinha e um amigo, "Fradinho", que mais tarde tentou ser editor, dando calote nos direitos autorais de um livro do Papa João Paulo II. Não durou muito!

Essa mudança sugeria um certo conforto, mas Olívio não suportou a solidão e voltou para se casar com Nazaré, sua antiga namorada. Para continuarem morando tão perto da editora, sublocaram o primeiro andar para a família de uma namorada gaúcha de Plinio. Plinio e Juquinha mudaram para o porão da casa, com uma *Enciclopédia Mirador*, seu primeiro investimento, acomodada sob a escada. Hoje ela ocupa local nobre em sua biblioteca. E não havia um banheiro, o que os obrigava a usar durante o dia o banheiro de cima. À noite eram obrigados a descarregar a bexiga em uma garrafa e, no dia seguinte, esvaziá-la de forma conveniente.

Sem estudar havia dois anos, desde que concluíra o colegial e não fora aprovado no vestibular para veterinária, Plinio ouviu a sugestão de estudar Psicologia. Quem recomendou a ele que se dedicasse a essa área foi a revisora Alice Kyoko Miyashiro. Entrou em Psicologia na Faculdade Paulistana de Ciências e Letras, localizada na rua Madre Cabrini, no caminho que fazia em anos anteriores, quando completava o curso colegial. Ao longo do curso, Plinio fez várias descobertas e encontrou autores de quem nunca se esqueceria: Sigmund Freud, o pai da psicanálise; Eric Fromm, psicanalista, filósofo e sociólogo alemão; Carl Rogers, psicólogo americano e pioneiro no estudo da clínica psicológica. Além de Anna Freud, filha caçula de Sigmund Freud; Carl Gustav Jung, psiquiatra e psicoterapeuta suíço, aluno predileto e dissidente de Freud, criador da psicologia analítica; Georg Groddeck, também suíço, médico e pioneiro da medicina psicossomática; Melanie Klein, austríaca como Freud, e a quem se atribui um novo rumo ao legado freudiano. Wilhelm Reich, outro austríaco que também rompeu com Freud para desenvolver suas próprias ideias. Além disso, conheceu os livros editados pela Editora Progresso da Rússia, com autores como Marx, Engels, Trotsky e Mao Tsé-Tung.

PSICÓLOGO RETICENTE

Uma sucessão de descobertas, um espaço novo e ampliado, em que Plinio se encontrou e se descobriu. O menino que nascera em uma pequena propriedade, a Pau Ferrado, então nos confins de Goiás, passava por novas experiências. O sertão parecia definitivamente para trás. Ao menos é o que ele pensava, nos raros momentos em que refletia sobre o passado. O presente passava acelerado e ele ainda não enxergava o futuro. Mas retornaria ao sertão, em uma tentativa de se recompor, como se o mundo fosse um jogo de armar, em que habilidade, inteligência e determinação pudessem se combinar para compor a harmonia desejada. Um acerto de contas definitivo. O passado, a que não se pode regressar, e o futuro sob a linha do horizonte.

O curso de Psicologia funcionou como "terapia pessoal". Plinio fez o bacharelado, com especialização em psicologia clínica. Queria ser psicanalista. Mas havia um novo inconveniente: para começar a trabalhar nessa área "era preciso tempo e dinheiro", e ele "não tinha onde cair, vivo ou morto". Para atuar nessa área, era necessário pagar uma supervisão, e ele precisava sobreviver, sem dar-se ao luxo de despesas extras.

As irmãs dele haviam optado pelo magistério, escolha tradicional à época, e Plinio foi o primeiro membro da família a ter um diploma de curso superior. Mas logo se deu conta de que, com essa formação, não se viabilizaria profissionalmente. Com o desafio de obter o diploma superado, mas sem condições de atuar como psicólogo, continuou o trabalho na Perspectiva. Tudo havia se iniciado ali. Não por afinidade, ao menos no início, mas por "necessidade de sobrevivência". Mas, à medida que se envolvia com livros, foi sendo seduzido.

Na editora, depois da revisão, passou para a produção, o que o levou a acompanhar todas as etapas da edição de um livro. Isso tudo aconteceu "com a ajuda e paciência de Jacó Guinsburg, uma das pessoas que tive o privilégio e a honra de conhecer e conviver", declarou antes da morte do editor, em outubro de 2018. Às vezes, Guinsburg chamava a atenção se ele se atrasasse por cinco minutos no trabalho. Mas era capaz de ficar horas explicando, ou conversando sobre cultura com seu jovem funcionário. Plinio tentava assimilar o que podia, como o solo do sertão absorve água ao final de um prolongado período de seca. A Perspectiva tinha, e ainda tem, uma refinada preocupação editorial, que a diferenciava no mercado de livros, principalmente na definição de seu perfil, escolha de títulos, de autores, coleções, e rigorosa atenção às etapas da produção: tradução, preparação e meticulosa revisão dos originais.

Em um apartamento amplo, nas proximidades da sede da Perspectiva, um homem de grande porte, sorridente e receptivo recebe seus dois visitantes. Queixa-se brevemente da saúde, quase de forma protocolar, porque irradiava energia e fala com evidente prazer. É Jacó Guinsburg, o editor com quem Plinio aprendeu boa parte do que sabe.

Plinio chegou à Perspectiva quando a editora havia recentemente se mudado de seu antigo endereço, na Praça General Jardim, nas proximidades da rua Amaral Gurgel, dominada pela estrutura de concreto do Elevado Presidente João Goulart, de um lado, e a rua da Consolação de outro. Originalmente a sede da editora, na Avenida

Brigadeiro Luís Antônio, era composta de dois apartamentos, cada um com uma garagem. As quatro unidades deram origem a um único bloco, com as garagens transformadas em depósitos. Quem havia trazido Olívio, irmão de Plinio e a conexão dele com a Perspectiva, fora Geraldo Gerson de Souza (1934-2019), um antigo revisor e tradutor que viera do Ceará. Geraldo, um dos mentores de Plinio na revisão, havia trabalhado na Difusão Europeia do Livro, a Difel, com obras dedicadas a temas políticos e sociais.

Em linguagem aparentemente dura, estratégia para camuflar sua sensibilidade, Geraldo (ou "Gerson", como a ele se referia Guinsburg) relatou numa entrevista longa concedida a Thiago Mio Salla e Plinio, em 2015: "Quando o Plinio veio lá de Brasília eu o coloquei na Perspectiva, e aí está o editor hoje". Esquivo, esse cearense culto que também enfrentou adversidades disse: "Eu nunca chegaria onde o discípulo chegou. Ele tem outras qualidades que eu não tenho. Coloquei-o numa mesa e disse: 'se vira'. Nunca ensinei nada a ninguém. Quando eu era chefe de revisão, na Difel ou na Perspectiva, o cara perguntava: 'Como se escreve isso aqui?', eu dizia: 'Consulte dicionários e gramáticas e aprenda'."

Geraldo nasceu em Marco, nordeste de Sobral, cidade interiorana conhecida por ter sediado observações do eclipse solar de 1919 que confirmaram a Relatividade Geral de Albert Einstein. Quando nasceu, ele conta: "Marco era uma vila, não era cidade. Como não tinha padre, não era cidade. Porque no Ceará o negócio é regido pela Igreja. Quando você queria transformar em cidade, chamava um padre. Eu fiz as primeiras letras lá mesmo, com uma professora. Não era uma escola rural, porque Marco era como uma cidadezinha, uma vila, tinha algumas coisas. Minha professora era a Dona Júlia Neves, uma senhora. Nem sei que formação ela tinha."

O pai, ele define como: "Um homem de sete ofícios. [...] quando eu o conheci, e nem sei quando foi, fiquei sabendo. Ele foi barbeiro, sapateiro, pedreiro, comerciante, fazendeiro, comboieiro e ia para Acaraú, cidade litorânea que tinha porto e muita pesca, onde comprava peixe, botava nos burros e levava para a serra. Ficava uma, duas semanas viajando. De lá trazia rapadura. Como sapateiro, eu mesmo ajudei-o a bater prego. No ofício de barbeiro, também ajudei. Como pedreiro, disse ter aprendido o ofício com milhões de pedreiros da terra. Garantia que era bom pedreiro. O ofício de fazendeiro aprendeu com meus avós paternos, que eram donos de uma fazendinha. Meu pai criou gado e, depois, cabra".

Geraldo Gerson de Souza passou por muitas das privações vivenciadas por seu aprendiz, buscando espaço na vida para respirar. Como Plinio, também veio para São Paulo, terra da promissão para gente pobre do país inteiro. Geraldo fez de tudo, com sua inteligência e determinação. Um Graciliano cearense, seco e doce como o alagoano. Em São Paulo, foi metalúrgico numa indústria de torneiras domésticas, revisor em jornais e editoras, iniciado nas letras por Sérgio Buarque de Holanda, em *História Geral da Civilização Brasileira*: "Aprendi com ele. Eu fazia a revisão, ele corrigia, eu fazia de novo".

Plinio Martins Filho planeja editar um pequeno livro, com base na entrevista inédita de Geraldo Gerson de Souza, com título que pode ser algo como *O Último Revisor*. Um tributo à gente de cultura refinada, obtida em colégios católicos, boa parte deles dos jesuítas, ordem encarregada de catequizar o Novo Mundo, a América, depois do cisma que dividiu a igreja cristã por iniciativa de Martinho Lutero.

Jacó Guinsburg, a alma da Perspectiva, veio de um local ainda mais distante que seus dois auxiliares na empresa. Nasceu em 1921, na Bessarábia, nome com que o império russo identificava a porção oriental do principado da Moldávia, integrante do Império Otomano, que passou à Rússia em 1812, ao final da Guerra Russo-Turca. Sob dominação russa, organizou-se o Governo-geral da Bessarábia, e uma porção remanescente da Moldávia uniu-se à Valáquia, em 1859, o Reino da Romênia.

Guinsburg, um dos maiores editores do Brasil, chegou acidentalmente aqui aos três anos de idade, na companhia do pai, da mãe e de uma irmã. O destino da família eram os Estados Unidos, mas, a meio caminho, a imigração fechou e eles ficaram onde estavam. No Brasil, foram morar em Olímpia, oeste paulista, a 450 quilômetros da capital. Ali, Guinsburg conheceu a história dramática de alguém que justificaria um livro que ele nunca escreveu: Aníbal Vieira, com certo exagero chamado de "Lampião Paulista". A história de Aníbal está associada ao trágico destino de uma irmã, Leonilda, uma garota que vivia no campo e era atraída para a entrada do sítio sempre que ouvia o ruído do motor de um automóvel, dos poucos que circulavam por lá. Em uma dessas vezes, um dia de fevereiro de 1924, ela não retornou para o interior da pequena casa. Investigações localizaram a menina, de quinze anos, em Rio Preto. Ela havia sido deixada ali por pescadores bêbados, que a haviam raptado à beira da estrada. Eles a violentaram e a abandonaram num prostíbulo na cidade.

A VIOLÊNCIA POR TRÁS DE UM MITO

O automóvel que atraiu a menina, um dos poucos da região, era de um homem conhecido na cidade, Nestor Martinelli, e havia sido alugado por um funcionário público, conhecido como Jerônimo Martins, o Jerominho, para pescar na companhia de três policiais. Os membros desse grupo foram os raptores e violentadores de Leonilda. Aníbal e Ubirajara, dois dos irmãos da menina, juraram vingança. Alguns dias depois de decifrado o crime, o corpo de Jerominho foi encontrado furado de balas na Praça da Estação Ferroviária de Rio Preto. Para a fuga, os irmãos e um empregado do pai fretaram o mesmo carro de Martinelli para o retorno a Olímpia. No caminho, sob um pretexto qualquer, pediram que o motorista, o próprio Martinelli, parasse o carro próximo à ponte do Rio Turvo. O corpo dele foi jogado no rio, também varado de balas. O carro abandonado foi encontrado por um certo Balduíno Barbosa, acusado de ser o criminoso antes que tudo fosse esclarecido.

Aníbal Vieira lutou ao lado dos paulistas, na Revolução de 1932, mas acabou morto pela polícia em 1938, na cidade de Campo Florido, no Triângulo Mineiro, na companhia de um empregado fiel, Creolino. E deixou marcas na memória de Jacó Guinsburg, que recebia lições renovadas sobre os percursos da violência no Brasil.

Com humor e memória notáveis, Jacó Guinsburg interrompe suas lembranças para relatar que Plinio começou a carreira ao lado de Geraldo. Mas um dia Geraldo resolveu deixar a editora, decidindo trabalhar com a esposa em um empreendimento improvável para um revisor meticuloso como era: uma fábrica de *lingerie*. Piscando um olho, Jacó diz que lá "ele se deu bem na vida". Um comentário com ponta de ironia, talvez defesa emocional para a partida de Geraldo, que ele não conseguiu absorver. Acrescentou ironicamente que Geraldo "desprezou" a Perspectiva e devolveu a ele, Guinsburg, as ações que havia recebido de presente. A verdade pode ser mais complexa, mas não cabe desenvolvê-la aqui. O fato é que homens podem partilhar anos de solidariedade e em algum momento, por razões difíceis de compreender, se separam de um dia para o outro. E essa ruptura deixa marca. Uma fratura, com a evidência de um evento traumático.

Jacó Guinsburg fala, expansivo, observando sorridente seu antigo aprendiz: "Plinio tinha boa massa cinzenta e ficou apaixonado por livros, transformando-se em um editor muito melhor que seu antigo mestre". Ele é "um *self-made man*", assegura, "e tudo o que conquistou foi devido a ele mesmo". Enfatiza que "alguns ajudaram" nesse processo, "mas até determinado ponto".

Impossível um diálogo com o editor que abasteceu gerações de estudantes com pensadores como Umberto Eco e Thomas Kuhn sem se deixar fascinar pela sua vida longa e movimentada. Mas mesmo isso não impede que se perceba nele um certo lamento ao deixar escapar: "Quando ele [Plinio] saiu da Perspectiva, deixou para trás uma editora pequena, particular. Trocou por outra de grande responsabilidade, da principal universidade brasileira, a Universidade de São Paulo, a Edusp". Mas, reconhece, com o sorriso que não abandona, que seu pupilo "havia dominado todo o processo de edição de um livro".

Na apresentação do *Manual de Editoração e Estilo*, Jacó Guinsburg escreve, com evidente orgulho: "Plinio Martins Filho me faz um convite honroso, dando o prazer de me expressar a respeito do belo *Manual* que ora publica. É um trabalho que resulta de quase cinquenta anos de prática no campo da editoração, iniciados, para meu orgulho, na Perspectiva, e que o converteram em um dos melhores professores e editores em atividade não só em São Paulo e, porque

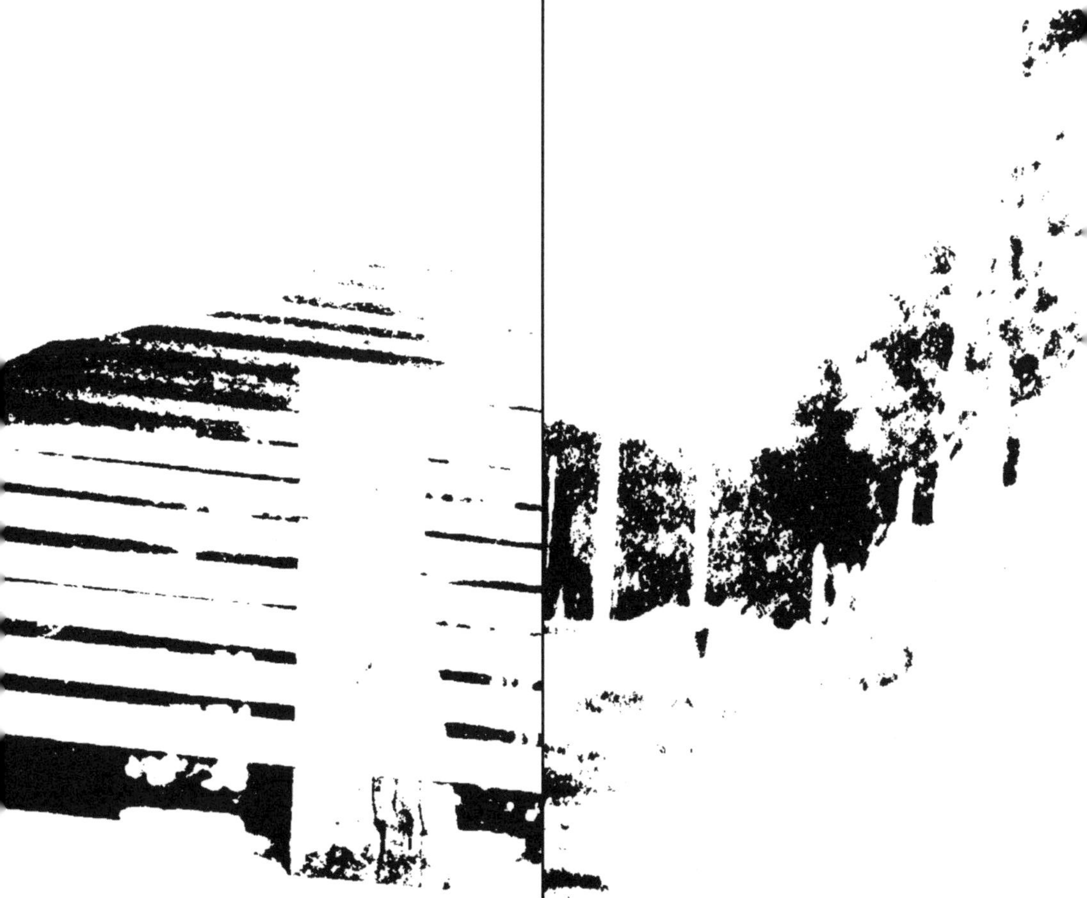

não dizê-lo, no Brasil, como evidenciam a sua folha de serviços na Edusp e na Ateliê Editorial.

"Se me foi dada essa oportunidade, só posso acrescentar aquilo que o leitor, especializado ou não, poderá comprovar, ao percorrer as páginas deste compêndio: tanto do ponto de vista técnico, isto é, editorial, e não menos didático, como sob o ângulo da personalidade que o concebeu, tem-se aqui uma contribuição das mais relevantes e úteis na bibliografia especializada em português.

"Estou certo de que assim sendo ela irá servir e beneficiar com enorme proveito alunos no seu curso e profissionais no seu labor. E não poderia deixar de desempenhar esse papel, pois seu autor imprimiu aí mais de um testemunho de seu gosto pelo estudo e criação das belas coisas e dos grandes produtos da cultura e da arte que o conduziram a esse grau de domínio de seu ofício e de sua disciplina na ECA. E, em igual nível, cumpre ressaltar ainda que o organizador incluiu o aporte do saber e da perícia de profissionais de alto quilate, como Geraldo Gerson de Souza, Vera Lúcia Belluzzo Bolognani e os demais participantes do empreendimento.

"Espero que, assim sendo, o tributo que presto à realização deste compêndio não seja levado à conta de um louvor gratuito. Pois, tenho certeza de que, quem quer que tenha noção do que seja o trabalho de preparação de texto, revisão e de diagramação, há de partilhar dessa avaliação e recomendar a quem esteja nesse campo de atividade munir-se deste *Manual*. Fazendo-o, ele terá por certo em mãos uma ferramenta valiosa, tanto para o aprendizado quanto para a prática de um mister, e mais que isto, de uma arte, porquanto, em essência, trata-se de uma arte que é aqui praticada, e que só se pode praticar com imenso amor ao livro nas suas formas e nos seus conteúdos."

Jacó Guinsburg, que poderia ser um chefe rigoroso, se as condições exigissem, era outro homem ao se referir a livros, amigos e à lealdade que eleva os humanos a uma condição invejável entre as criaturas que respiram na Terra. Uma das editoras pioneiras na publicação de trabalhos acadêmicos no Brasil, a Perspectiva sempre primou por manter um vínculo estreito com um admirável círculo de intelectuais. Essa conexão deu-lhe suporte intelectual, inserindo a editora em circuitos importantes da cultura universitária nacional. Em particular em áreas como arquitetura, teatro, semiótica, antropologia, cinema, filosofia, literatura, estética, psicanálise, história, estudos judaicos e abordagens afins. Esse cuidado ampliava os horizontes da editora e a integrava num movimento cultural maior, mesmo que, muitas vezes, a inserção comercial ficasse aquém do desejado, enquanto resultado de vendas.

Com essa vocação, "ancorada em um consistente projeto intelectual", Plinio avalia ter aprendido "a perceber o lugar do livro na dinâmica da história das ideias e dos movimentos culturais, políticos e sociais no Brasil". Ali, julga "ter aprendido a verdadeira função de um editor na formação e assimilação do pensamento de vanguarda em determinado período, além da relação desse pensamento com uma dinâmica social". Alguns aspectos estratégicos na definição de um planejamento editorial, que vai da escolha de um título ao cuidado com um original, estavam presentes de maneira clara na Perspectiva e em opções que envolvem pontos como privilegiar títulos avulsos ou coleções. Padronização de capas de coleções ou opções individuais, garantindo a identidade de cada obra. Plinio reconhece ter sido "um privilégio" trabalhar em coleções como a Judaica, Estudos, Debates, Elos, Signos e Khronos, que marcaram época na história cultural do país. "Ainda hoje", acrescenta, "esses são parâmetros importantes para os que trabalham com editoração".

O HERÓI E SEU MENTOR

Aos noventa e sete anos, no início de 2018, com um enfermeiro que o ajudava em tarefas mais exigentes, Jacó Guinsburg queixava-se de alguma dificuldade para locomoção. Mas exibia energia de um adolescente ao relatar casos, histórias e parte dos seus mais de setenta anos como editor. Num livro de contos, *O Que Aconteceu, Aconteceu*, de 2002, editado pela Ateliê Editorial, Jacó Guinsburg, com humor lírico e personagens cativantes, relata a saga de imigrantes judeus no Brasil para reconstruir seus destinos longe da guerra e de conflitos, retribuindo a hospitalidade brasileira com o que têm de melhor. Ele faz referência a um certo Saul, na defesa armada de uma estação de rádio que transmite a "voz do secretário do partido". Ocorre que Saul é ele mesmo, vestindo a pele de uma personagem. E o secretário a que o relato se refere é o militar e político Luís Carlos Prestes (1898-1990), o mitológico secretário-geral do Partido Comunista Brasileiro (PCB).

Jacó Guinsburg, "principal especialista em teatro russo e ídiche no Brasil, semiólogo e teórico do teatro, diretor de coleções e editor de obras indispensáveis sobre teatro pela editora Perspectiva", segundo Sábato Magaldi (1927-2016), foi ele mesmo um respeitável crítico de teatro, teatrólogo, jornalista, professor, ensaísta e historiador brasileiro. Magaldi registra ainda que Guinsburg colaborou com publicações da comunidade judaica nas áreas de artes, literatura e crítica de teatro. Posteriormente, criaria as editoras Rampa e Polígono, esta última dividindo espaço físico com a Perspectiva. Numa temporada na França, como bolsista, entre 1962-1963, Guinsburg fez cursos de filosofia na Sorbonne e teve contato com a produção cênica francesa e europeia. No retorno ao Brasil, deu sequência ao trabalho de tradutor e produtor editorial da Difusão Europeia do Livro – Difel. Traduziu volumes da *História da Civilização*, de Maurice Crouzet, e obras de Jean-Paul Sartre, Descartes e Platão. Na década de 1970, assim como Magaldi, Guinsburg começou a escrever sobre temas teatrais para o então prestigioso Suplemento Literário de *O Estado de S. Paulo*, criado em 1956 por Antonio Candido. Nos turbulentos anos 1960, Guinsburg já organizara, para a Editora Cultrix, na série dirigida pelo poeta José Paulo Paes (1926-1998), uma coletânea de textos de Diderot, reeditada pela Editora Abril na coleção Os Pensadores. Revista e aumentada, a obra sairia também pela Perspectiva.

A maior aproximação de Guinsburg com a arte dramática começou em 1964, na Escola de Arte Dramática (EAD), onde ensinou crítica teatral e, em 1967, no recém-criado Departamento de Teatro, mais tarde, de Artes Cênicas, da Escola de Comunicações e Artes da Universidade de São Paulo. Na ECA, ocupou-se de estudos, particularmente, em teoria e estética teatral, no teatro russo, judeu e ídiche, além de teatro do absurdo. Em 1985, ainda no registro de Magaldi, Guinsburg publicou, pela Perspectiva, *Stanislavski e o Teatro de Arte de Moscou*, baseado na sua tese de livre-docência. Em 1989, saiu *Leone de'Sommi, Homem de Teatro do Renascimento*, com a tradução da primeira comédia hebraica de autoria do próprio de'Sommi, seguido, em 1996, de *Aventuras de uma Língua Errante: Ensaios de Literatura e Teatro Ídiche*, reelaboração e desenvolvimento da tese de doutorado com o mesmo título, de 1973. Antes disso, em 1983, ele havia escrito, em parceria com Maria Thereza Vargas, uma das pioneiras na investigação histórica das artes cênicas brasileiras, o ensaio sobre Cacilda Becker "A Face e a Máscara", que integra o livro *Uma Atriz: Cacilda Becker*, de Nanci Fernandes e da própria Maria Thereza Vargas. Plinio participou da edição de todos esses trabalhos, como produtor, revisor e até capista!

Na área teórica e de análise estética, Guinsburg publicou, em 1986, *Semiologia do Teatro*. E, em 2001, *Da Cena em Cena: Ensaios de Teatro*, que trata de concepções e correntes estéticas. Magaldi aponta ainda que, entre estudos e ensaios relacionados ao tema e publicados em livros, jornais e revistas, destacam-se: *A Ideia de Teatro*; *Diálogo Sobre a Natureza do Teatro*; *Vanguarda e Absurdo, uma Cena de Nosso Tempo*; *Evreinov, o Teatro da Vida*; *Teatro-Studio*; *Tairov: Notas para um Teatro de Síntese*; *Meierhold e Grotowski*; e *Quarenta Anos de Habima*. Traduziu ainda, do repertório dramático, já em 1952, *Crimes e Crimes*, do romancista, ensaísta e contista sueco Johan August Strindberg (1849-1912), que Plinio republicou pela Edusp, em 1999; *O Dibuk*, de Sch. An-Ski, pseudônimo de Shloyme Zanyl Rappoport (1863-1920), importante dramaturgo e pesquisador russo-judeu, publicado em 1952, reeditado pela Brasiliense, em 1965, e pela Perspectiva, em 1988. E ainda *Pirandello: Do Teatro no Teatro*, que saiu pela Perspectiva em 1999.

Sobre o fundador e diretor presidente da Editora Perspectiva, o mentor intelectual de Plinio Martins Filho, o mestre que faria dele um editor de talento e sensibilidade, escreveu o ponderado mineiro Sábato Magaldi, "vem desbravando especialmente o campo da estética e dos estudos teatrais com notável linha editorial, cujos títulos já se constituem em bibliografia obrigatória". Aponta ainda que *Diálogos Sobre Teatro*, volume organizado por Armando Sérgio da Silva, em 1992, reúne, sob a forma de ensaios, "a maior parte dos temas acadêmicos que Jacó abordou e redigiu com seus orientandos e ex-alunos, abrangendo diferentes áreas da arte cênica, no âmbito da discussão teórica e da reflexão sobre a prática teatral e da arte e educação", editada pela Com-Arte – Editora Laboratório do Curso de Editoração da eca-usp, da qual Plinio é o coordenador.

Dos projetos editoriais de Guinsburg, alinha Magaldi, "fazem parte a organização e a publicação da larga e importante obra do filósofo, crítico e ensaísta, Anatol Rosenfeld (1912-1973), crítico e teórico do teatro teuto-brasileiro, trabalho em que teve a colaboração de Nanci Fernandes e Abílio Tavares". Aposentado pela eca-usp desde 1991 e reconhecido com o título de Professor Emérito da usp em 2001, Guinsburg recebeu, em 1975, a Medalha Anchieta da Câmara Municipal de São Paulo e o Prêmio do Mérito Intelectual Judaico, em 1983, pelo Congresso Judaico Latino-Americano. Para Magaldi, Guinsburg "é um ensaísta de primeira grandeza. Rigoroso, culto, conhecedor profundo de seu objeto de estudo, que se movimenta com desenvoltura pela estética, filosofia e arte, em que o teatro se tornou o foco privilegiado. Além de sóbria elegância no domínio do idioma".

Pela convivência diária, desde que chegou ao depósito de livros da Perspectiva, Plinio confessa ter tido, no versátil, refinado e culto Guinsburg, "o maior curso para formação cultural de que poderia dispor". Um aprendizado, detalha, "que nenhuma universidade convencional teria como oferecer, principalmente na tarefa da edição de livros". E não apenas em procedimentos técnicos-operacionais, mas também no "sentido amplo e profundo dos livros", a memória do que há de mais fascinante na produção e registro do conhecimento da humanidade. Um registro que, na forma escrita, começou na Mesopotâmia, entre o Tigre e Eufrates, há quatro mil anos, gravado em tabuinhas de argila, a escrita cuneiforme. Não que antes disso os homens não tivessem memória e encantamento pelo mundo. O registro que antecedeu os livros foi feito sob a forma de arte, no interior de cavernas, em pinturas rupestres que ainda permanecem em muitas partes do mundo, caso da fascinante coleção que resiste ao sol calcinante na Serra da Capivara, no sul do Piauí.

Na Perspectiva, Plinio conviveu não apenas com a cultura de Jacó Guinsburg e sua esposa Gita K. Guinsburg, com formação em Física. Havia também os amigos do casal, intelectuais reconhecidos, comprometidos com uma interpretação do Brasil com base na solidariedade e princípios de dignidade.

Sob o abrigo intelectual do casal Guinsburg, Plinio conheceu e teve convivência com homens e mulheres como Augusto e Haroldo de Campos, Antonio Candido, Anatol Rosenfeld, Nestor Goulart Reis, Aracy Amaral, Zulmira Ribeiro Tavares, Jerusa Pires Ferreira e Boris Schnaiderman, também de origem judaica, radicado no Brasil.

Frequentavam ainda a sede da editora Décio de Almeida Prado, Sergio Miceli, João Alexandre Barbosa, Davi Arrigucci Jr., Celso Lafer e José Mindlin, com quem Plinio estreitaria relações de amizade e afeto. Paulo Emílio Sales Gomes estava publicando um livro de contos, *Três Mulheres de Três Pppês*, com revisão que ele, Plinio, havia feito, e de quem nunca esqueceu pela maneira emocionada do autor em agradecê-lo quando relatou o quanto havia gostado do livro. O contato com essa constelação de notáveis "foi uma vivência interessante e enriquecedora". E o que o levou ao reconhecimento da Perspectiva como "a melhor editora do país naquele momento". Quando chegou ali para ajudar no estoque de livros, Plinio confessa que "não tinha a menor ideia disso. Só com o tempo fui compreendendo essa importância".

5.
O Homem e as Suas Circunstâncias

> *Nas nuvens escuras, os* cumulus nimbus
> *que trazem as tempestades nunca desaparecem.*
> ULISSES CAPOZZOLI

Quando concluiu o curso de Psicologia, Plinio se deu conta de que não se envolveria profissionalmente com essa área. Havia o viés econômico nessa constatação: os investimentos para montagem de uma infraestrutura operacional, que incluía a supervisão. E outro relacionado à autoavaliação. Ele não se via preparado o suficiente para desempenhar o trabalho que teria pela frente. Essa é uma dúvida natural de um recém-formado, ainda que boa parte deles possa seguir em frente sem maiores questionamentos. Não era o caso de Plinio. Mas, se não tinha confiança suficiente para se lançar como psicólogo, a dúvida não existia em relação aos livros. Não significa que estivesse tudo resolvido. Plinio considerou que, para se tornar um editor mais completo, deveria fazer um curso de letras ou de jornalismo, para lapidar seu interesse e inclinação.

Com essa disposição mais bem assentada, procurou segurança e definição em uma conversa com Jacó Guinsburg. E ouviu dele uma sugestão em forma de pergunta: Por que não fazer um curso de pós-graduação, em vez de recomeçar tudo por um curso de graduação? Mais uma vez Jacó Guinsburg, com a magia de sua cultura, apontava um caminho de que ele nem sequer suspeitava. "Por que não?"

A proposta tinha uma conexão de que ele se deu conta. Vários professores da Escola de Comunicações e Artes da Universidade de São Paulo (ECA-USP) haviam publicado pela Perspectiva livros em que ele trabalhara. Era o caso de Ana Mae Tavares Bastos Barbosa, Ismail Xavier, José Teixeira Coelho Netto e Antonia Fernanda Pacca de Almeida Wright. Ismail Xavier, em 2017, foi eleito professor emérito sênior do Departamento de Rádio e Televisão (CTR) da ECA. Coelho Netto, do Departamento de Biblioteconomia e Documentação (CBD), também é professor emérito. Antonia Fernanda Pacca de Almeida Wright era a mais antiga entre eles, com mestrado entre 1946-1947 sob orientação do professor, advogado e historiador Eurípedes Simões de Paula (1910-1977). Foi ela quem praticamente "intimou" Plinio a fazer a pós-graduação sugerida por Jacó Guinsburg. Na Perspectiva, Fernanda Wright havia publicado *Testando Leviatã*, obra incluída na Coleção Debates.

No dia definido para seleção ao curso de pós-graduação, Plinio não apareceu na ECA. Não estava interessado na vida acadêmica e concluíra que não faria sentido empenhar-se numa formação praticamente desenhada para a vida universitária. Mas Fernanda Wright fez contato e insistiu que ele deveria empenhar-se na pós-graduação. Disse, num tom que não incluía negativas, que Plinio iria fazer teste de proficiência em língua estrangeira, neste caso o espanhol, o que acabou ocorrendo na casa dela. O convite de alguma maneira rompia com as normas acadêmicas. Questões como essas não devem ser resolvidas de maneira tão coloquial. Mas os tempos eram outros.

Fernanda morava em um endereço elegante – a Alameda Gabriel Monteiro da Silva, que corta os Jardins, área bem arborizada, com os metros quadrados mais caros da cidade. Plinio foi até lá sem muita vontade. Mas fez a prova e foi aceito. Com o início do curso, no entanto, se deu conta de que havia caído em uma pequena armadilha. Inicialmente, descobriu que não era nada recomendável identificar sua orientadora entre alunos de pós-graduação. Por ser parente de um militar de alta patente, Fernanda Wright era vista com certa desconfiança na Universidade, onde reverberava uma incompatibilidade entre suposta liberdade acadêmica e restrição típica da caserna. Os reitores, com a reforma acadêmica conservadora de 1968, eram escolhidos pelo governo, o que ainda não mudou e está no centro de um conjunto de problemas que manietam a Universidade. Mas os tempos eram fechados, sombrios como uma alameda de bambus, e a oferta de mentalidades obtusas farta. Mesmo em uma universidade, por paradoxal que possa parecer.

    A segunda descoberta, nesse caso a surpresa se mostrou dupla, foi saber que, apesar de Fernanda Wright ser primeira titular em Editoração da ECA, nunca havia realizado trabalhos na área. Nessa unidade da USP, situações como essa não foram exatamente uma exceção, mas algo próximo à regra. Ela tinha planos para que ele colaborasse em suas aulas.

A PATERNIDADE
RECONHECIDA
Plinio deixou claro a impossibilidade dessa situação. Fernanda Wright, ainda assim, solicitou vários trabalhos a ele, que acabaram transferidos a terceiros, com uma comunicação prévia a ela. E nunca houve reclamação por esse comportamento. Plinio havia se incomodado com essa relação. Mas, quando pensou que as surpresas haviam terminado, soube de mais uma. Havia chegado a data da defesa, quando um pós-graduando fica com os nervos de um gato sob ataque de uma matilha. E Fernanda Wright teve um posicionamento que ele não esperava, mas que certamente refletia o relacionamento desde o primeiro momento, de franqueza e sinceridade. Um cooptador, desde que não seja um bruto, reconhece os méritos daquele que resiste às suas imposições. E Fernanda Wright era uma mulher inteligente. A certa altura da defesa, quando um orientador deve se pronunciar frente à banca, que tinha participação de João Alexandre Barbosa e Jacó Guinsburg, ela disse para surpresa geral:

    – Este trabalho só tem pai, porque foi feito solitariamente pelo candidato, sem qualquer participação minha.

    Honestidade intelectual, transparência pessoal, ou liberdade de dizer o que bem entendia, no contexto de poder em que ela estava.

O aluno e toda a mesa examinadora reconheciam isso. O candidato a mestre conhecia mais do assunto que o orientador, mesmo que, formalmente, essas posições estivessem invertidas naquele momento.

A Universidade, ainda que a maior parte das pessoas não suspeite, é um enorme campo minado, onde uma caminhada deve ser feita com cautela. Uma maneira de identificar minas plantadas que podem explodir sob pés incautos em enfrentamentos que não são batalhas declaradas, mas guerra de guerrilha. Dissimuladas, mas ferozes. A concorrência desleal, os egos desmedidos, os grupos de poder que competem entre si pelas melhores posições. Um conjunto de situações nada recomendáveis, mas que são reais como o sol do meio-dia. Essa situação, durante um bom tempo, desde a fundação da Escola de Comunicações e Artes da USP em 1966, foi comum.

A ECA, desde o início, é uma unidade concorrida entre os candidatos que prestam exame vestibular, e isso equivale a dizer que só os melhores alunos superam esse filtro. O quadro de professores, no entanto, tem perfil diferente dos alunos, ainda que esta não seja a regra geral.

Plinio era um recém-chegado, um novato, em ambiente dominado por gente calejada, o que não equivale a dizer que práticas desprezíveis sejam generalizadas. A Universidade como um todo, e a ECA não é uma exceção, tem também excelentes professores. A ECA fez Plinio pensar que, "pela primeira vez na vida, comecei a frequentar uma universidade que considerei de qualidade".

Ele teria demonstrações de situação embaraçosa. O tema de sua monografia de mestrado estava relacionado à experiência que havia tido na Perspectiva, mas circunstâncias impossíveis de serem previstas fariam com que ele mudasse também essa abordagem. A ECA, à época em que Plinio se aproximou dela, oferecia poucos cursos ligados diretamente à área de editoração. E um deles era ministrado pela professora Jerusa Pires Ferreira (1938-2019), envolvendo edições populares. Ela, uma professora que encantava os alunos, se mostrou indispensável ao envolvimento acadêmico que Plinio, em princípio, repelira. Foi Jerusa, outra das frequentadoras do círculo de Jacó Guinsburg, na Perspectiva, com sua ampla formação intelectual e generosidade, quem o seduziu para ser professor na escola. Inicialmente para conversar com os alunos dela. Em seguida, ela o sensibilizaria para prestar concurso para professor. Quando isso aconteceu, a autocrítica de Plinio foi reativada mais uma vez. Ele se achou despreparado e recusou o convite por dois anos seguidos. Mas Jerusa não desistiu. Até que, no terceiro convite, teve sucesso. Plinio ficou em segundo lugar no concurso, mas o candidato que havia se classificado em primeiro não pôde assumir. E a vaga foi ocupada por ele.

Com a maneira tímida de se expressar, Plinio relata que "dar aula foi fundamental para o meu desenvolvimento e creio que, até hoje, mais aprendi que ensinei". O que viria em seguida seria ainda mais desafiador. Após permanecer por dezoito anos na Perspectiva, recebeu um convite do professor João Alexandre Barbosa (1937-2006), então Pró-Reitor de Cultura e Extensão, para a Editora da Universidade de São Paulo, a Edusp, com a determinação de fazer dela uma editora universitária de fato. Escritor, crítico literário e professor de literatura, o pernambucano João Alexandre Barbosa também foi pesquisador em teoria literária e literatura comparada. Era o nome talhado para presidir a Edusp na administração do reitor José Goldemberg (1986-1990), que foi seguida no biênio seguinte por Roberto Leal Lobo e Silva Filho.

UMA NOVA PERSPECTIVA À VISTA
O gaúcho José Goldemberg já havia presidido a Sociedade Brasileira de Física (SBF) quando ocupou a Reitoria da USP. Fora Ministro da Educação, Secretário de Ciência e Tecnologia, o embrião do atual Ministério de Ciência, Tecnologia, Inovações e Comunicações. Em São Paulo, assumiu a Secretaria do Meio Ambiente. Foi quem decidiu abrir espaço para transformar a Edusp, de mera coeditora, em editora universitária de prestígio, em um processo que envolveria seu sucessor, Roberto Lobo.

Físico, como Goldemberg, mas carioca, Lobo, como era conhecido, renunciaria pouco antes do final de seu mandato. Ele havia sido diretor do Instituto de Física e Química de São Carlos, interior de São Paulo, de onde saíra para ser vice-reitor de Goldemberg. Além disso, havia dirigido o Centro Brasileiro de Pesquisas Físicas (CBPF), uma das instituições científicas brasileiras de prestígio interno e externo, berço da cosmologia no Brasil.

Lobo assumiu a Universidade no momento em que o então presidente da república, Fernando Collor de Mello, adotava um dos muitos planos econômicos visando uma estabilização monetária. Como os outros, marcado por forte recessão, o que afetou os planos de Lobo na USP. De qualquer maneira, e essa é uma das evidências do perverso jogo de poder na Universidade, em 1993 ele foi convidado pelo então governador Luiz Antônio Fleury Filho para dirigir a Secretaria Estadual de Ciência e Tecnologia. Roberto Leal Lobo comunicou o Conselho Universitário do convite, demonstrando que estava disposto a aceitar a proposta. Mas o governador mudou seus planos, e ele acabou se demitindo da Universidade. Definir o reitor de uma Universidade estadual não é um privilégio que um governador devesse ter. Ao menos na concepção de Universidade pensada segundo as propostas na Universidade de Córdoba, Argentina, em 1918, numa manifestação estudantil que abalou como um sismo todas as instituições da América Latina. No Brasil, foi contida pelo Golpe Militar de 1964 e reformulada segundo o padrão norte-americano.

Na USP, os opositores de Lobo rapidamente se organizaram em torno de um nome que defendiam e, mais uma vez, as regras que poderiam ter ampliado o espaço crítico da Universidade foram desconsideradas, dando início a uma série de administrações universitárias que, até agora, não se equiparam ao que foi a desenvolvida por Goldemberg. O caso Leal Lobo, para se referir às lutas de poder dentro da Universidade, não ficou suficientemente claro ainda hoje. Mas tem precedentes.

Entre 1967-1969, no auge do governo militar, a reitoria da USP foi ocupada pelo médico Hélio Lourenço de Oliveira (1917-1985), ainda que ele não fosse oficialmente o reitor, mas vice-reitor. Assumiu quando o reitor eleito, Luiz Antônio da Gama e Silva (1913--1979) que era da Faculdade de Direito do Largo São Francisco, da USP, se afastou para assumir o cargo de ministro da Justiça, no governo do general Costa e Silva. Lourenço de Oliveira acabou cassado do cargo por iniciativa do próprio Gama e Silva. Ao final do regime militar, Oliveira recebeu um "desagravo", termo acadêmico para expressar reparação por ofensa ou injúria por parte da Universidade, que decidiu incluir sua fotografia na galeria de reitores formais da USP.

Gama e Silva, como ficou conhecido, é uma metáfora dos tempos difíceis do regime militar e da relação de força entre Universidade e Estado. Foi ele o autor de uma das iniciativas mais truculentas do período, o Ato Institucional n. 5, o AI-5.

No turbulento 1968, com rebeliões, protestos e manifestações políticas em todo mundo, entre elas pelo fim da Guerra do Vietnã, o então ministro da Justiça, segundo os registros da época, chegou atrasado à primeira reunião para definição do AI-5, marcada para as onze horas de 13 de dezembro. O endereço era o Palácio das Laranjeiras, no Rio de Janeiro, antiga residência da tradicional família Guinle, transformada em sede oficial da presidência da República, por iniciativa do presidente Washington Luís (1869-1957), o último representante da República Velha.

Quando se sentou, um pouco esbaforido para o encontro, Gama e Silva trazia duas versões do AI-5, na pasta que carregava. Uma autoritária, e outra mais amena, ainda que ambas de feitio truculento. Ele apresentou, inicialmente, a versão mais radical, que defendia o fechamento definitivo do Congresso, das Assembleias Estaduais e mesmo da Câmara de Vereadores, para cada um dos municípios brasileiros, e também o recesso do Supremo Tribunal Federal. Era uma medida para a retirada do pouco oxigênio disponível para um mínimo de liberdades cidadãs.

No livro *1968 – O Ano que Não Terminou*, o jornalista carioca Zuenir Ventura relata que a versão mais radical apresentada na reunião, já na parte da tarde daquele 13 de dezembro, provocou risos mesmo entre os sisudos generais: "Assim não, Gama; assim você desarruma a casa toda", teria dito o general paraibano Aurélio de Lira Tavares (1905-1998), membro da junta provisória formada por três generais do exército que administrou o país durante sessenta dias, entre 31 de agosto e 30 de outubro de 1969, na transição entre o governo Costa e Silva, vítima de trombose cerebral, e do também general Emílio Garrastazu Médici (1905-1985). O autoritarismo proibiria a expressão "junta militar" e o trio de generais foi identificado, na expressão jocosa e corajosa do deputado federal e líder da oposição Ulysses Guimarães (1916-1992), como "os três patetas".

MAIS REALISTA
QUE O REI Rechaçada a primeira versão devido ao seu radicalismo, em reunião com Rondon Pacheco (1919-2016), chefe do gabinete civil da presidência, foi desenhada a versão menos autoritária, ainda que longe de liberal, por tolher a maior parte dos direitos individuais previstos na Constituição. O odioso AI-5 foi promulgado naquela mesma noite de 13 de dezembro de 1968, para ser extinto, também num mês de dezembro, uma década depois, no final do governo do general Ernesto Beckmann Geisel (1907-1996). Gama e Silva manifestou-se contrário a sua extinção, justificando que o AI-5 nada tinha de antidemocrático e era "uma boa advertência aos candidatos à subversão". A redação do AI-5 fez com que o ex-reitor da USP e ministro da Justiça ficasse conhecido como o "maluco", expressão que teria sido utilizada pelo general Golbery do Couto e Silva (1911-1987) para se referir à maneira como escreveu o documento, segundo o jornalista Elio Gaspari, no livro *A Ditadura Envergonhada*. Para as duas versões do AI-5, ambas autoritárias, mas distintas de um ponto de vista constitucional, ele se trancou num quarto e trabalhou durante quatro horas, sem consultar quaisquer obras históricas ou códigos penais. O AI-5, segundo seu criador, tinha como objetivo "restaurar a verdadeira democracia, a autêntica democracia", pregou ele durante reunião pela votação do ato que escrevera.

Gama e Silva fez pressões para a saída do ex-presidente Juscelino Kubitschek da Frente Ampla, movimento liderado pelo ex--governador Carlos Lacerda, em oposição à ditadura militar. E deu apoio incondicional a iniciativas capazes de constranger qualquer atividade organizada ligada à oposição ao governo dos generais. Exemplo disso foi sua reação ao discurso do deputado Márcio Moreira Alves (1936-2009) do MDB da Guanabara, Estado que existiu entre 1960 e 1975, no território do município do Rio de Janeiro em que esteve localizado o Distrito Federal, a personificação jurídica da capital nacional. Em um pronunciamento em 2 de setembro de 1968, Moreira Alves havia defendido um "boicote ao militarismo" no plenário da Câmara. Em parecer, o ministro Gama e Silva considerou a fala do deputado "uso abusivo do direito de livre manifestação do pensamento". Principal defensor de um pedido para a cassação dos direitos políticos de Moreira Alves, Gama e Silva foi derrotado na votação de 12 de dezembro do mesmo ano. No dia seguinte, veio com sua amarga vingança: o AI-5. Anunciou a medida pela televisão, na biblioteca do Palácio das Laranjeiras, brandindo o texto. Um homem tomado pelo ódio.

Gama e Silva permaneceu ministro até a posse do general Emílio Garrastazu Médici, quando foi substituído por Alfredo Buzaid (1914-1991), paulista de Jaboticabal. Na reunião de 13 de dezembro de 1968, ele havia defendido enfaticamente a versão mais dura do documento de Gama e Silva, repudiada pelos próprios militares, caso do general Lira Tavares.

Advogado formado pela mesma Faculdade de Direito da USP, Buzaid foi integralista e, em 1969, vice-reitor da Universidade. A Gama e Silva – no governo Médici, o ápice do autoritarismo – foi oferecido o posto de embaixador em Portugal, onde ele deve ter se sentido à vontade sob o Estado Novo, o regime autoritário português implantado em 1933. A Revolução dos Cravos, no entanto, que chegaria às ruas em 25 de abril de 1974, encerrou esse passado intolerante e levou Portugal à Constituição liberal de 25 de abril de 1976. Essa mudança foi motivo evidente de insatisfação para o reacionário Gama e Silva, que retornou ao Brasil em 1974 para retomar a carreira jurídica e acadêmica.

François Dosse, historiador e sociólogo francês, especialista em história dos intelectuais, em seu *O Desafio Biográfico*, cita James Boswell (1740-1795), advogado e biógrafo escocês, um dos maiores diaristas do século XVIII para dizer: "Não conheço método biográfico mais perfeito que aquele que não apenas associa, segundo a ordem de produção, os acontecimentos mais importantes da existência de um homem, mas entremeia-o com o que esse homem haja dito, pensado e escrito. Esse método permite ao leitor vê-lo viver, e vivenciar com ele cada um dos acontecimentos mais importantes."

Boswell, não por acaso, é autor de *Life of Samuel Johnson*, reconhecida como a mais sofisticada biografia no mundo da literatura. Quanto ao próprio Johnson (1709-1784), conhecido como Dr. Johnson, trata-se de escritor e pensador com notáveis contribuições como poeta, ensaísta, moralista e biógrafo, além de crítico literário e lexicógrafo (dicionarista), para muitos é "o mais distinto homem de letras da história da Inglaterra".

Essas considerações para dizer que o relato de uma vida, propósito de uma biografia, é também a contextualização em que essa vida se dá, ou se deu, o que o filósofo espanhol José Ortega y Gasset (1883-1955), em seu *Rebelião das Massas*, define como "o homem e suas circunstâncias". Uma mentalidade pode tanto adequar-se a um meio, num processo de certo mimetismo, como desenvolver e fortalecer princípios de resistência, como o da integridade moral e intelectual. Formas de enfrentar um processo de competição, em que o único critério é o da própria competição.

UM CALDO DE BUROCRACIA DETERIORADA

Quando Plinio chegou à Edusp, a editora era quase um formalismo. Não havia produção própria de livros, mas uma burocracia espessa para aprovação de obras de outras editoras, o que incluía a compra de uma parcela das edições, um negócio lucrativo para apenas um dos lados. E a Edusp não era a parte beneficiada na parceria.

Fundada já tardiamente, em 1962, em uma Universidade criada em 1934, a Edusp permaneceu até 1989, basicamente, como coeditora, sem definição de um projeto editorial autônomo, o que começou a mudar apenas na gestão de João Alexandre Barbosa na presidência do órgão, por decisão do reitor José Goldemberg, que teve a iniciativa de realizar uma profunda e ampla reestruturação para orientar, com os devidos propósitos, o perfil e a atuação da Edusp.

Como diretor editorial, ao conhecer a relação de títulos publicados em coedição, Plinio procurou por aqueles que eventualmente pudessem ser reeditados e então descobriu que não poderia fazer isso. Os direitos autorais eram todos de outras editoras. Algumas delas, como a Itatiaia, editora mineira com sede em Belo Horizonte, tinham verdadeiros catálogos montados nesse sistema de parceria, reunindo 248 títulos. E com direitos editoriais exclusivos.

A Edgard Blücher, com títulos concentrados na área acadêmica (administração, arquitetura, bioquímica, ciências ambientais, *design*, educação, engenharia, física, matemática e química), vinha em segunda posição, com 246 títulos e o privilégio dos direitos editoriais.

A Editora Pedagógica e Universitária (EPU) era outra privilegiada. Criada em 1952 como Herder Editora e Livraria Ltda., inicialmente foi uma importadora da editorial Herder, espanhola, e da Herder, alemã. Em 1973, a Herder transferiu sua participação para a Editora Klett, da Alemanha e, com isso, a EPU avançou nas áreas de psicologia, educação, medicina, enfermagem e idiomas. Dez anos depois, a sócia alemã se retirou da sociedade, e as cotas foram adquiridas pelos sócios Franziska Knapp e Wolfgang Knapp, passando a publicar exclusivamente autores estrangeiros. Assim, a EPU ocupava um nicho que a Edusp tinha toda condição de preencher e administrar. Mas, em termos de coedição, a EPU detinha a terceira posição: 236 títulos. Também com direitos editoriais exclusivos, como ocorria com a Itatiaia.

A prática entre a Edusp e as editoras privadas era sumária. As editoras interessadas na coedição enviavam uma proposta que, se aprovada, teria parte da tiragem comprada, quase sempre em torno de 50% do total, o bastante para cobrir os custos da edição, prática que a linguagem popular caracteriza como um "negócio de pai para filho". Ou, ainda, "um negócio da China", com o sentido de lucro extraordinário.

Essa prática, na administração de Goldemberg, com João Alexandre Barbosa na presidência da Edusp e Plinio Martins Filho como editor das obras, não teria continuidade. Ela dilapidava recursos públicos e inviabilizava a Edusp como editora da principal universidade brasileira, além de ser uma influência negativa para a emergência de quaisquer outras editoras universitárias com potencial para publicar suas próprias pesquisas, cobertas por recursos de impostos pagos pelo conjunto da sociedade. Mas, se esse estilo de negociação existia e era significativo, alguém deveria usufruir os lucros, e esse alguém, durante certo tempo, foi o nepotismo, expressão com sentido duplo. No primeiro caso, para indicar autoridade (e favorecimentos) exercida pelos sobrinhos ou demais parentes de um papa na administração eclesiástica. No segundo, favoritismo relacionado a parentes, especialmente na esfera do poder público. Como o papa não estava envolvido com publicações de livros na USP, a conclusão lógica neste caso é que apenas a segunda definição da expressão fazia sentido.

A propósito da política dessas coedições, é preciso reconhecer que se tratava de uma decisão antiga, mais especificamente de 1968, e esse fato está intimamente associado a um contexto político relacionado ao governo militar. A Edusp foi oficialmente criada em 9 de março de 1962, e nos primeiros dois anos publicou cerca de cem títulos, número razoável considerando a falta de tradição de editoras universitárias no Brasil. Com a Editora da Universidade de Brasília (UnB), eram as pioneiras nessa área e, nesse sentido, intrusas em um mercado dominado por editoras privadas. Nesse período, na Edusp, houve alguma hesitação entre a consolidação de uma estrutura com linha editorial própria, identificada como editora universitária, e uma atuação restrita a coedições com empresas privadas, na relação paternalista que o empresariado brasileiro sempre buscou à sombra do Estado. Essa situação foi definida em favor da segunda alternativa, em 1968, em conformidade com o espírito da época. E sem se esquecer de que o reitor naquele momento era Luiz Antônio da Gama e Silva.

A SOCIEDADE
PAGA A CONTA
Um projeto editorial, ou alguma coisa que pudesse ter esse nome, fora enviado ao reitor Gama e Silva já em 1963, por Mário Guimarães Ferri (1918-1985), inicialmente presidente da Comissão Editorial da Edusp e, depois, seu presidente, ao longo de mais de duas décadas. Nesse documento, Ferri justificava o fato de a editora ter publicado sete títulos próprios e outros 81 em coedição, como expressão da política de que "a editora privada pode, desta forma, ter a segurança que a edição daquela obra [cada uma das 81] não será um fracasso econômico". A velha receita de capitalizar lucros e socializar prejuízos.

O documento de Ferri, com respaldo logístico de Gama e Silva, era uma reação aos princípios que levaram à criação da UnB, em 21 de abril de 1962, por iniciativa do antropólogo Darcy Ribeiro, com elaboração pedagógica do jurista e educador Anísio Teixeira (1900-1971) e projeto dos arquitetos Oscar Niemeyer (1907-2012) e Lúcio Costa (1902-1997). A UnB foi pensada no contexto do que ficou conhecido como a Reforma Universitária de Córdoba, de 1918, na Argentina. Um movimento com impacto em toda a América Latina para democratização da universidade, dando a essas instituições caráter científico e autônomo. A proposta política embutida na UnB e o potencial da USP em assimilar essas posições eram o oposto do que representavam os propósitos políticos do Golpe Militar de 1964, deflagrado pelos militares, com quem o reitor Gama e Silva se identificava. Daí o sentido do documento enviado a ele por Mário Guimarães Ferri. Refutando a proposta adotada na UnB, o regime militar tratou de implantar o modelo norte-americano que faria a universidade ser avaliada em função da produtividade e de uma organização racional do trabalho, modelo estático e asfixiante de produção do conhecimento que não se alterou desde então.

Plinio não é um homem identificado com correntes políticas, no sentido de militância partidária. Ele insiste que não é e não deseja ser um "intelectual", ainda que o trabalho de um editor exija e, na prática, ele exerça, procedimento crítico que caracteriza o trabalho intelectual. Costuma dizer que sua política é o seu trabalho.

Quando chegou à Edusp, em 1988, não estava familiarizado com os procedimentos que teria pela frente, alguns deles surpreendentes, como a prática de coedições.

A Perspectiva tinha alguma parceria com a Edusp, o que acabou por provocar um atrito entre Jacó Guinsburg e Mário Guimarães Ferri, quando Guinsburg fez uma enfática e depreciativa recomendação relativa aos fundilhos de Ferri. Um pequeno destempero, sem dúvida, seguido de uma *vendetta*. A obra que havia sido motivo de discórdia ficou presa no depósito, com outras edições da mesma editora, sem seguir para as livrarias. O impasse só foi resolvido com a saída de Ferri. Já o livro da contabilidade da Edusp, relativo ao período entre 1962 e 1988, desapareceu, ou "foi guardado de maneira tão zelosa que ninguém nunca encontrou". A Itatiaia manifestou indignação com o final da política de coedição e quem personificou o inconformismo com essa mudança foi Pedro Paulo Moreira (1926-2008), seu proprietário. Certo dia, ele visitou João Alexandre Barbosa para uma sondagem de possível reversão. Ouviu dele que a prática havia chegado ao fim, com acréscimo de que esse comportamento camuflava corrupção. Moreira esboçou certa contestação, o que levou João Alexandre Barbosa a reagir:

– E você vai querer negar?

Não negou, mas justificou:

– Aqui ninguém entendia de livros e por isso eu imprimia os livros e mandava para a Edusp...

Muitos editores da geração de Pedro Paulo Moreira faliram. Mas não ele, que começou a relação com livros vendendo edições da José Olympio de porta em porta, como era comum num passado não distante. Um vendedor de livros que teve várias editoras, além da Itatiaia: Martins, Briguiet, Garnier, Villa Rica, com cerca de cinco mil títulos no catálogo. A política de coedição mantida com a Edusp numa parceria que convinha a apenas um dos lados deu sua valiosa contribuição a esse sucesso editorial.

Antes de 1988, alguma reação já havia sido esboçada para mudar os procedimentos na Edusp. José Carneiro, presidente da editora entre 1985 e 1988, tentou criar um Departamento Editorial limitado, sem uma proposta consistente para o futuro. Essa situação só começou a mudar com a determinação de João Alexandre Barbosa, que assumiu a presidência da Edusp em 27 de dezembro de 1988 e, no dia seguinte, adotou medidas para viabilizar o que seria de fato uma editora universitária nos padrões das mais reconhecidas no exterior e a primeira a se consolidar no Brasil, transferindo consistência e prestígio a outras editoras nas diversas universidades públicas brasileiras. O projeto incluía identidade visual, a partir de uma logomarca, concepção de edições e capas de livros, além de um Departamento Editorial nos moldes que Plinio conhecera na Perspectiva, e que agora estava sob a coordenação do menino, filho de um vaqueiro e uma dona de casa costureira, que tomara contato com o alfabeto a partir da letra F que identificava a Fazenda Pau Ferrado. A pequena Pium, que produzira cristal de rocha para abastecer a eletrônica de equipamentos de ponta, também dava sua contribuição ao mundo editorial.

Durante a administração de João Alexandre Barbosa, com Plinio como diretor do Departamento Editorial, e mesmo depois, quando veio a assumir a presidência da Edusp, a política de coedição não foi suprimida. Ela tem suas vantagens, quando a parceria é pensada para o benefício comum. Na nova divisão de tarefas, a Edusp tinha direito de republicação da obra caso a coeditora não tivesse mais interesse no título, que passaria automaticamente para a Edusp para, com isso, integrar um fundo editorial. Essa conquista, feita pela Edusp, teve efeito positivo para todas as editoras universitárias que, aos poucos, tomavam forma. Mas as surpresas ainda não haviam terminado.

O reitor José Goldemberg, comparado a Gama e Silva, só tinha em comum o fato de ocupar o mesmo cargo. O ex-reitor era um extremista de direita, como deixou claro em sua atuação pela deflagração do AI-5, que mutilou, como nenhum outro instrumento jurídico, os direitos mais elementares de cidadania. Já Goldemberg, que também foi vice-presidente e presidente da Sociedade Brasileira para o Progresso da Ciência (SBPC) entre 1979 e 1981, teve atuação destacada na resistência ao autoritarismo militar.

Antes da chegada de João Alexandre, Goldemberg já havia tomado a iniciativa de recuperar o tempo perdido em relação à Edusp.

Criou um Núcleo de Produção na tentativa de editar alguns títulos, mas sem planejamento detalhado. De qualquer maneira, daí saíram as primeiras publicações, resultado de pesquisas feitas na USP: a Coleção Teses, sem qualquer coedição. Essa situação começou a alcançar outro patamar quando, já com a presença de Plinio, foi organizado, em parceria com a Universidade Estadual de Campinas (Unicamp) e a Universidade Estadual Paulista (Unesp), um seminário com editoras americanas e inglesas, entre elas, Oxford e Cambridge, ambas de tradição reconhecida.

Editoras particulares também se interessaram em participar do encontro, que somou mais de uma centena de inscritos. Além disso, João Alexandre visitou várias editoras universitárias americanas em busca de referências capazes de dar à Edusp a abrangência desejada. Era a primeira vez que uma universidade, no Brasil, fazia um investimento logístico para consolidar uma editora à altura de sua importância na pesquisa científica em todas as áreas do conhecimento. Assim, ele mostrou a determinação de criar um espaço novo em termos editoriais no interior da universidade. Acompanhado de Plinio, que trazia bagagem ampla e sólida de suas quase duas décadas na Perspectiva, num relacionamento próximo com Jacó Guinsburg e valendo-se de suas conexões com o meio acadêmico, estava montada uma parceria promissora.

Na Edusp, Plinio proporia uma política editorial diferente da que estava habituado na Perspectiva, já que as condições e as finalidades eram distintas. Não havia, por exemplo, a necessidade de padronização em coleções. Ao contrário, a exigência, agora, era de diversificação para abranger e tratar da maneira mais adequada a ampla produção da universidade. O que significa dizer que a Edusp acenava com a liberdade de criação, oportunidade nem sempre ao alcance das mãos. Ainda assim, com cenários e compromissos novos, a primeira coleção proposta foi a Texto e Arte, ilustrada, com embasamento sólido, mas promissor em termos de criatividade: a valorização de texto e imagem, em formato grande (23 cm x 23 cm). Nesse projeto, a mancha tipográfica ocupava menos da metade da página, com texto em corpo 12 e entrelinha 15.

Era o início da Edusp como editora do porte da Universidade em que estava inserida, com responsabilidade de inspirar a criação e a consolidação de outras editoras universitárias no país. Um cenário promissor que, sob muitos aspectos, se realizou. Mas nuvens escuras, os *cumulus nimbus* que trazem as tempestades, nunca desapareceram da linha do horizonte. E Plinio nunca duvidou de que, um dia, elas pudessem desabar com toda a fúria da energia que acumulavam.

6.
O Desafio de Criar uma Editora Universitária

> *Vemos no reino acadêmico um espetáculo pouco edificante quanto o que testemunhamos na política.*
>
> LINDSEY WATERS

A Editora da Universidade de São Paulo (Edusp) começou a tomar forma em 2 de abril de 1962, uma segunda-feira, quando Plinio Martins Filho, que seria seu principal editor, iniciava o ginásio, em Porto Nacional, às margens do rio Tocantins, a 1 800 quilômetros de São Paulo.

Naquele dia, nada sugeria uma conexão entre pessoas distanciadas no tempo e no espaço. Em São Paulo, o Conselho Universitário (CO) se reuniu no *campus* principal, na capital, para o que seria uma sessão, pautada quase sempre por assuntos burocráticos, envolvendo verbas para pesquisas e pendências acadêmicas que exaltavam alguns e traziam sono a outros. Nesse encontro, uma questão se destacava: a criação de uma editora para a Universidade de São Paulo, o que faria da reunião um encontro com certa singularidade.

Em 1962, a USP, legado da Revolução Constitucionalista de 1932, que opôs paulistas a mineiros, gaúchos e paraibanos, chegava aos 28 anos. A opinião de seus diretores na época era que, sem suporte de uma editora capaz de publicar a produção científica e cultural que emergia dali, a Universidade não seria percebida pelo conjunto da sociedade. Cientistas e acadêmicos, em geral, ainda que possa não parecer, primam pelo ego. Produção científica à parte, havia a necessidade de um reconhecimento social por parte da comunidade acadêmica, base de prestígio político.

O reitor da Faculdade de Medicina, Antônio Barros de Ulhoa Cintra (gestão 1960-1963), defendia entre seus colegas a ideia de que só uma editora universitária, com as características específicas que devem ter, poderia repassar para a sociedade não só o conhecimento acumulado desde a fundação da USP, mas o que viria com o futuro. Falando à comissão que ele mesmo havia indicado para cuidar da fundação da editora, Ulhoa Cintra justificou que a iniciativa "representa um passo inicial para a solução do problema do livro dentro da Universidade". A princípio, argumentou, "o plano poderá parecer bastante amplo, pois menciona quantias elevadas. Mas, executado com as possibilidades de que dispõe, ou do que vier a dispor a Universidade, sempre será uma forma de atender a um mínimo de demandas e necessidades que, nesse campo, vêm marcando nitidamente a vida universitária".

O que o reitor explicitou com a proposta de criação de uma editora para a USP é que a carência de livros em português, cobrindo as diferentes áreas do conhecimento, começaria a ser alterada. Com a vantagem de fazer isso a custos baixos, o que significa dizer livros a preços mais acessíveis. A ideia era boa e os propósitos, mais que razoáveis. Mas mesmo essas razões não foram suficientes para criar, de imediato ou ao final de certo tempo, um projeto editorial adaptado às necessidades de uma editora universitária. A proposta do reitor Ulhoa Cintra foi aprovada. Mas condicionada a que a futura editora não competisse com suas congêneres privadas, a menos que, nesse caso, estivessem presentes situações bem específicas, entre elas a defesa do interesse do autor em relação à remuneração de suas obras, a promoção rápida de livros científicos, a renovação de textos voltados para o ensino médio e superior, eventualmente para edição de livros de vários autores, e os procedimentos indispensáveis para redução de preços dos livros, tornando-os acessíveis a pesquisadores, estudantes e outros interessados.

Ao longo de dois anos, desde a reunião de abril de 1962, a comissão que deveria viabilizar a criação da editora universitária se reuniu na sala da diretoria da antiga Faculdade de Filosofia, Ciências e Letras. Em 30 de outubro de 1964, o encontro dos membros da comissão passou para o sexto andar do prédio que ficaria conhecido como Antiga Reitoria. Sem que ninguém pudesse saber, naquele momento, a futura sede do que viria a ser a Edusp.

Em 26 de setembro de 1962, o arquiteto Paulo de Camargo e Almeida, que partilhava com o biólogo Isaías Raw a direção executiva do projeto em desenvolvimento, comunicou à reitoria a contratação de um jornalista, Samuel Santos, para secretariar a comissão e dar um primeiro passo no que foi considerado uma "profissionalização do trabalho", com intenção de deflagrar o processo editorial. Empenho e boa vontade, sem dúvida, mas o que um lógico consideraria "condição necessária, mas não suficiente". O processo editorial é mais complexo do que pode imaginar alguém não afeito ao engenho e à arte da produção de livros.

Sem a infraestrutura necessária, que os membros da comissão desconheciam, chegou, ainda por meio de Camargo e Almeida, uma proposta da Companhia Editora Nacional – CEN, à época uma das mais tradicionais, sobrevivente de dificuldades econômicas, o que fazia de seus responsáveis gente de prudência e visão de futuro. A CEN, que originalmente havia sido uma iniciativa de Monteiro Lobato (1882--1948), propunha à Edusp uma participação, sob a forma de coedição, para a publicação de *Genética*, obra organizada pelos pesquisadores universitários Antônio Brito da Cunha e Crodowaldo Pavan. Sugeria que a Edusp comprasse um terço da edição, com a última parcela do pagamento coincidindo com a entrega da obra. Nada mau, consideraram os membros da comissão.

Em seguida à proposta da CEN, veio uma "oportuna" oferta da embaixada americana, a edição de uma coleção, Clássicos da Democracia, financiada pelo governo americano. Uma forma pouco sofisticada de doutrinamento ideológico em meio à tensão da Guerra Fria. A Edusp arcaria apenas com os custos da tradução da obra e receberia quinhentos exemplares de cada edição, caso houvesse mais de uma. A embaixada americana cumpria com esmero sua função de influenciar as mentalidades como julgasse mais apropriado. Os membros da comissão consideraram que essa também era uma proposta conveniente e o negócio foi concluído.

CONCORRÊNCIA
TEMERÁRIA Em meio a essas propostas iniciais de coedição, que de várias formas supriam a falta de experiência editorial na Edusp, permaneceria o princípio de não concorrer com empreendimentos privados, com base na lógica unilateral de um capitalismo patrocinado pela sociedade, que sempre fez sucesso no Brasil.

Essas ofertas, recebidas com certo entusiasmo, eram entendidas como uma forma de simbiose, princípio da biologia em que duas formas de vida associadas, duas plantas, ou uma planta e um animal, se beneficiam mutuamente de um relacionamento comum. Se na biologia esse processo é conveniente para as espécies, na economia e nas relações sociais nem sempre funciona bem. Ainda assim, o que em princípio foi algo fortuito e interessante, acabou se transformando em uso e costumes degenerados e criou uma regra, com poucas exceções. Uma regra incômoda na história da Edusp, prisioneira da política de coedições.

Quando a Edusp ainda tomava suas primeiras formas, em 9 de março de 1962, sob os cuidados de uma comissão presidida por Jayme Cavalcanti, diretor da Faculdade de Medicina, também se definiam os caminhos tortuosos que a editora iria seguir. No terceiro de um conjunto de itens estabelecidos pela comissão ficava estabelecido que "a editora não terá interesse comercial e será organizada como autarquia administrativa e financeira". Com isso, os recursos para suas atividades viriam da Universidade ou de doações e subvenções nacionais e estrangeiras. Além disso, a editora deveria procurar "manter equilíbrio, com prejuízo possível máximo de 20% das suas dotações anuais".

Pode parecer razoável, no contexto da época e em se tratando de uma universidade pública e gratuita, mas, observa Plinio num recuo no tempo, "esse seria o calcanhar de Aquiles, na fragilidade da Edusp", até porque, no quinto item do mesmo parecer, estava grafado com todas as letras que "a editora poderá publicar livros que darão prejuízo certo, desde que isso se justifique para a fiel execução de seu programa". O que significa dizer: a Edusp não fora pensada para atuar como editora, mas como publicadora oficial de livros em associação com editoras privadas.

A política de coedição, que legitimava essa relação, na avaliação de Plinio, "talvez tenha sido pensada a partir da crença de que permitiria a edição de uma maior quantidade de títulos e ampliaria o mercado de distribuição sem ônus para a Edusp". E, além disso, baratearia o preço final de exemplares das obras, por meio de subsídios e descontos, de 10% a 15%. Abriria, ainda, espaço para a edição de livros de valor cultural e científico de difícil comercialização. Um ovo de Colombo, com a particularidade de que não pararia em pé, para justificar a origem dessa história.

Os números mostrariam o equívoco dessa estratégia a partir, mais acentuadamente, de 1964, quando as coedições superaram em muito as edições próprias que deveriam refletir tanto a produção quanto as necessidades internas da universidade. Antes disso, entre 1962 e 1963, perto de uma centena de obras havia saído como títulos próprios da Edusp. A primeira delas, *Simpósio Sobre o Cerrado*, organizada e prefaciada por Mário Guimarães Ferri, do Departamento de Botânica da Faculdade de Filosofia, Ciências e Letras.

Enquanto se esforçava para construir uma identidade própria, a Edusp já demonstrava o quanto estava carente dessa definição. Uma evidência da condição de "financiadora editorial" a que estava restrita aparece em carta enviada ao reitor Gama e Silva referente à situação econômica limitada com que trabalhava. Comunicava que a comissão havia decidido editar à custa da Universidade o que chamou de "obras de real valor" e subvencionar a "publicidade de outras, de igual valor, em andamento com as editoras particulares". A carta foi escrita por Mário Guimarães Ferri, que havia sido presidente da Comissão Editorial e, em seguida, presidente da Edusp. Plinio enxerga dois pontos fundamentais e opostos nessa carta de Ferri. No primeiro, a preocupação em oferecer à comunidade livros a preços acessíveis. No segundo, o cuidado em resguardar interesses de editoras particulares quanto a um eventual "fracasso econômico". O que nos leva de volta a uma situação inicial: a Edusp deveria ser uma editora com um projeto editorial próprio ou apenas uma agência financiadora para editoras privadas? A resposta chegaria no turbulento 1968, com a Edusp restrita à prática de coedições.

Antes disso, ainda por volta de 1964, Guimarães Ferri se queixou ao reitor de dificuldades financeiras e ausência de infraestrutura básica para sustentar os trabalhos da editora. A Comissão Editorial havia pedido demissão coletiva, com uma carta de afastamento assinada por Paulo de Camargo e Almeida. Mas só cinco meses depois o reitor formalizou o afastamento do grupo, que incluía, além de Paulo de Camargo e Almeida, Isaías Raw, Abrahão de Moraes, Cândido Lima da Silva Dias, Crodowaldo Pavan, Eurípedes Simões de Paula, Orlando Aidar, Oscar Sala, Sérgio Mascarenhas de Oliveira e Simão Matias, uma reunião de notáveis que já desfrutavam de prestígio no ambiente acadêmico.

OS PECADOS DE UMA PRÁTICA VICIADA

O reconhecimento formal pela reitoria do pedido de afastamento do grupo pioneiro foi acompanhado, na mesma data, e já sob a presidência de Guimarães Ferri, da composição de uma nova comissão, que incluiu Miguel Reale, Luiz Antônio Brito da Cunha, Walter Borzani e Carlos da Silva Lacaz. Dos cinco membros da comissão, três foram da escolha do reitor. Os outros dois, indicados pelo Conselho Universitário, composição que manteria a política já estabelecida de coedições. A exemplo do primeiro grupo, o segundo também reunia nomes de prestígio. Agora, na primeira metade do século XXI, essa é uma notável exceção.

Em *Edusp – Um Projeto Editorial*, trabalho assinado por Plinio e Marcello Rollemberg, então diretor de redação do *Jornal da USP*, e que, originalmente, foi a monografia de mestrado de Plinio, há uma avaliação de que se o sistema de coedições ajudara a consolidar o nome da Edusp no meio acadêmico/editorial num primeiro momento, em seguida deveria permitir que ela pudesse "voar por conta própria". Mas isso não aconteceu. A política de coedição "criou e sedimentou desvios e obstáculos" que estiveram presentes na estrutura da editora até final dos anos 1980, quando essa situação começou a mudar.

A prática das coedições adotada pela Edusp também se refletiu no sistema de comercialização. Como não havia intenção de lucro na parceria com editoras privadas, a Edusp não dispunha, desde o início, de recursos humanos especializados em comercialização, distribuição e outras áreas estratégicas de uma editora. Na realidade, a Edusp "não compreendia bem" o que fazia. Com isso, as vendas se limitavam ao espaço dos *campi*, tanto na cidade de São Paulo quanto no interior do Estado, sem preocupação com distribuidores e vendas parceladas, capazes de ampliar a comercialização das obras. Em conjunto, isso fez com que, fora da Universidade, a Edusp tenha sido "quase uma abstração". Apenas as editoras privadas, com os direitos de edição, faziam a distribuição e venda no mercado fora da Universidade. Essa situação já havia se manifestado no curto período da administração de José Carneiro e se mostrou inaceitável com a chegada de João Alexandre Barbosa.

O fato de os livros coeditados e mesmo o número menor de edições próprias terem distribuição restrita aos *campi*, e serem quase sempre superiores à demanda da comunidade acadêmica, resultou, em 1988, em um estoque de mais de quatrocentos mil exemplares relativos a apenas uma das editoras que publicavam títulos em regime de coedição, a Itatiaia. Um volume capaz de ameaçar a estabilidade financeira de uma editora privada. No caso da Edusp, esse acúmulo não havia sido avaliado como ameaça. A administração de João Alexandre Barbosa, no entanto, tinha outro olhar para os estoques acumulados. A solução encontrada para esse caso foi o que popularmente é conhecido como "queima de estoques". Vendas a preços baixos, que abriram espaço nas prateleiras, trouxeram recursos antes considerados a fundo perdido e que, também, estimularam outras mudanças de um conjunto proposto para mudar o perfil da editora – torná-la independente e autossuficiente.

Em íntima conexão com os quatrocentos mil exemplares em depósitos, havia uma outra situação que pode parecer surpreendente. Os atendentes, nas livrarias dos *campi* da USP, nunca foram treinados e sensibilizados para um trabalho eficiente. Deslocados de outras unidades para desempenhar uma função que desconheciam, com o humor típico de certo funcionalismo público, faziam com que a compra de um único exemplar em uma das unidades da universidade fosse um teste de nervos. Os livros permaneciam trancados em prateleiras de vidro que permitiam sua visualização, mas não o contato típico de um leitor na compra de um livro – um folheio de páginas, consulta ao índice, leitura do texto de orelha, avaliação do peso do volume e mesmo o cheiro da tinta característico que, para um comprador de livros, equivale a sentir o buquê de um vinho recém-aberto. Um comprador não podia fazer, nas livrarias da USP, nada do que estava habituado em livrarias privadas. Às vezes ocorria de um interessado procurar por uma obra e o vendedor responder que ela não estava disponível, para não se dar ao trabalho de abrir uma prateleira e procurar o exemplar solicitado. Anos de pesada e empoeirada burocracia haviam criado uma odiosa barreira entre o livro e seus leitores.

Ah, sim! Havia uma cota específica para cada comprador, que poderia levar apenas dois exemplares de um mesmo título. A justificativa para a exigência? Não havia. Simplesmente as coisas haviam se "organizado" dessa maneira. Era frequente um interessado perguntar por um determinado título e ouvir do vendedor se ele, comprador, estava mesmo disposto a fazer a compra. Só após uma resposta inequívoca e algo intimidatória o funcionário se dispunha a apanhar as chaves e abrir o armário onde estava o livro. Com uma única ponta de dúvida, um deslize qualquer, o potencial comprador ouvia do vendedor que o título que procurava estava esgotado. Ou que não estava disponível naquela livraria. A pergunta do vendedor costumava ser teatralmente repetida e devidamente confirmada antes que a prateleira fosse aberta. Muitos compradores, irritados com os atendentes, desistiam da compra, e esse era um comportamento conhecido nos *campi*.

A Edusp fora pensada como forma de, entre outras funções, permitir que a produção acadêmica chegasse ao conjunto da sociedade. Um fluxo natural e justificável, em especial por se tratar de uma universidade pública, o que significa dizer, custeada com os impostos pagos pela população. Os desvios de rota a que esteve sujeita, no entanto, levaram a absurdos. E isso fez com que trabalhos produzidos por pesquisadores da Universidade só tivessem acesso à Edusp por coedições com editoras privadas, situação parecida à pilhéria de que a cauda conduz o cão, e não que um cão conduz a cauda.

A ANTITESE, NA VISÃO DE ANTONIO CANDIDO A publicação de teses, forma de expressão da produção acadêmica, era vedada na Edusp. Plinio Martins Filho espanta-se ainda hoje com o fato de que uma universidade do porte da USP se recusasse até mesmo a examinar sua própria produção para possível edição. A alternativa, em casos assim, por parte de um pesquisador, era extrair das teses suas características acadêmicas, que poderiam "denunciar" sua natureza original, como lamentou o professor e crítico literário Antonio Candido de Mello e Souza. Ele se envolveu em muitas discussões com a Comissão Editorial da Edusp pelo que ironicamente chamava de determinação "antitese". Por essa época, no entanto, a Edusp lançava coleções como a Reconquista do Brasil, com o relato de viajantes, anteriormente editados pela Editora Martins, posteriormente transferida para a Itatiaia. A partir daí a coleção passou a incluir a reedição de cronistas, sem critérios editoriais definidos, apenas com a característica comum de estarem esgotados. Assim, nem mesmo as características editoriais originais eram alteradas nas reedições sob forma de coedições. O que significa dizer que eram verdadeiras edições reimpressas, sem quaisquer justificativas que devessem trazer em relação às obras originais. Aqui havia um manifesto descaso, um prejuízo intelectual para o conjunto da sociedade, em relação a pesquisadores e especialistas da Universidade. Era como se a instituição universitária não existisse. A lógica da reedição era absolutamente pragmática, em termos de pura maximização de lucros.

Um caso tristemente clássico, que sempre foi lembrado por João Alexandre Barbosa, foi a reedição de *Brasil Pitoresco*, de Charles Ribeyrolles, jornalista e político francês (1812-1860), exilado por Napoleão III, que viajou ao Brasil em 1858. As observações colhidas ao longo da viagem foram publicadas na França originalmente em fascículos, com o mesmo título com que foi publicado aqui (*Brésil Pittoresque*). Ocorre que a tradução, sem qualquer menção na edição que levou à reedição pela Edusp, contou com a colaboração de um certo Machado de Assis, o suficiente para demonstrar o porte da omissão e, assim, a indevida desconsideração, movida apenas por interesses econômicos.

De qualquer maneira, ameniza Plinio, segundo muitas opiniões, essa coleção foi o melhor que se fez na Edusp naquele momento. Dela fazem parte outros dois títulos praticamente clássicos, que pesaram positivamente na boa avaliação da Reconquista do Brasil. O primeiro deles, *A Vida de Dom Pedro I*, do advogado e escritor Octavio Tarquínio de Sousa (1889-1959), membro de um grupo de intelectuais que despontaram nos anos 1930 e que inclui, entre outros, Gilberto Freyre, Caio Prado Júnior e Sérgio Buarque de Holanda. A outra obra importante da coleção é o refinado *Viagem Histórica e Pitoresca ao Brasil,* de Jean-Baptiste Debret (1768-1848), integrante da missão artística francesa que criou, no Rio de Janeiro, uma academia de Belas-Artes e Ofício, posteriormente a Academia Imperial de Belas-Artes, onde Debret foi professor.

Como se não bastassem os casos anteriores, o descaso com que todas essas obras foram tratadas – ignorando fatos significativos, como no trabalho de Ribeyrolles – é indicativo do menosprezo, o quase repúdio, ao potencial da Universidade em um trabalho que envolvesse uma releitura delas por parte de pesquisadores. Esse cuidado indispensável daria um sentido novo a essas publicações, contextualizando ambientes e ocorrências que permaneceram estáticos e limitados, quando, a partir de uma reinterpretação, seriam dinâmicos e inovadores.

Plinio não vê surpresa nesses fatos que, de muitas maneiras, são desoladores. Para ele, ocorre que "o programa de coedição adotado pela Edusp não demonstrou qualquer preocupação criadora. Essa foi uma iniciativa com finalidade exclusiva de barateamento do preço de capas".

O livro tratado como um objeto qualquer, quase como um banal utensílio doméstico, não como uma obra indispensável ao aprimoramento crítico, sob vários aspectos, entre eles do próprio questionamento do que, afinal, é um livro. O interesse dos editores privados, neste caso, foi basicamente financeiro, custeado pelos impostos pagos pela sociedade. A política de coedições da Edusp, na avaliação de Plinio, deve ter sido ainda mais prejudicial do que possa parecer à primeira vista. E a razão disso é que a opção por esse caminho teria amortecido a "capacidade inventiva dos próprios editores privados. A aludida prática alterou as programações editoriais em benefício da estratégia de coedições, bem mais seguras e, por isso mesmo, mais rentáveis. Mesmo nos casos menos promissores".

Antônio Brito da Cunha, um dos membros da Comissão Editorial que substituiu o grupo original presidido por Paulo de Camargo e Almeida em 1964, e também um autor coeditado, a certo momento considerou um acontecimento "editorialmente fantástico" o fato de 50% dos livros editados em parceria com a Edusp terem se esgotado, para concluir que, "se venderam bem, não poderiam, evidentemente, ser considerados de venda difícil". Mas mesmo essas evidências não foram suficientes para levar a uma mudança de rumos ao longo do tempo em que se privilegiou as coedições.

LABORATÓRIO PARA DESFRUTES PRIVADOS
Na verdade, a lógica parcial dos editores privados, entre outras razões que julgavam acima de quaisquer suspeitas, indicava que o papel de uma editora universitária deveria ser o de um laboratório editorial. As editoras universitárias deveriam "experimentar os autores" e, se eles se mostrassem promissores, passar para a órbita da iniciativa privada, conforme chegou a considerar Sérgio Lacerda, filho do político Carlos Lacerda, editor da Nova Fronteira e um dos mais influentes editores e intelectuais brasileiros. Lacerda lançou no Brasil escritores como o tcheco naturalizado francês Milan Kundera, o italiano Umberto Eco e a francesa Marguerite Yourcenar, além dos brasileiros Pedro Nava e João Ubaldo Ribeiro.

Nas eleições de 1990, Lacerda chegou a ser considerado para concorrer ao governo do Rio, numa disputa com Leonel Brizola, adversário político do pai. Mas já enfrentava uma batalha contra o câncer havia dez anos e, assim, desistiu da vida política. Morreu em fins de dezembro do ano seguinte, aos cinquenta e dois anos.

Organizada de forma improvisada e amadora no interior da Universidade, até 1989, a estrutura da Edusp permaneceu atrelada a uma portaria, a de número 356, de 17 de dezembro de 1975, que estipulava, com rigidez burocrática, a seguinte estrutura: Comissão Editorial, Presidência e Divisão de Administração.

Onde estava o Departamento Editorial? Ele simplesmente não existia. O conceito da Edusp era algo parecido ao projeto de um avião, com um detalhe: não haviam levado em conta a necessidade de que fossem consideradas as asas. Assim, a chance de que pudesse decolar e se sustentar em voo era nenhuma. A metáfora da ausência de asas no projeto de um avião é a evidência clara de que a tarefa de produzir livros, função de uma editora, não havia sido considerada essencial. Interpretada como parte da administração central da Universidade, a Edusp era, e ainda continua, diretamente subordinada à Reitoria, mesmo que dirigida pela Comissão Editorial, órgão deliberativo que nos anos de 1980 era formado por cinco membros, três deles de livre indicação do reitor e dois eleitos pelo Conselho Universitário (CO), órgão legislador de maior poder de decisão em uma Universidade.

Ao CO, sigla ligeiramente alterada por motivos óbvios, cabe definir as diretrizes da Universidade e supervisionar sua execução, além de fixar, a cada ano, o número de vagas para concurso vestibular e aprovar a criação de novas unidades, caso de faculdades, institutos e escolas. O CO pode ainda emendar o estatuto da Universidade e decidir sobre a criação ou extinção de cursos de graduação, entre outras atribuições.

O presidente da Comissão Editorial é escolhido pelo reitor. E o presidente da Comissão Editorial era também o presidente da editora. Essa situação acabou alterada. Até a primeira administração de Sergio Miceli, o presidente assumia também a Presidência da Comissão, acumulando funções políticas, administrativas e editoriais. Essa situação também mudou. Atualmente, dos oito membros da Comissão Editorial, quatro são indicações do reitor, incluindo o presidente, o que significa dizer que o reitor define cinco indicações. As três restantes são escolhidas pelo Conselho Universitário.

A estruturação da Edusp mudou radicalmente a partir de 1989, na presidência de João Alexandre Barbosa. Antes disso, como ficou demonstrado, a função da editora não era exatamente a de edição de livros, atividade atribuída a editoras privadas, no sistema de coedição. À Edusp estava reservada a posição de livraria, ou financiadora pública, posição passiva, ainda que no interior de uma Universidade, supostamente uma usina de reflexão e produção de conhecimento. Uma alienação surpreendente, tanto em relação à editora quanto à Universidade. Mas funcionou assim por mais de duas décadas.

O livro *Mário Guimarães Ferri e sua Obra* avalia o próprio Ferri como "um grande editor". A verdade, no entanto, descontando os encômios frequentes da vida universitária, em que o reitor tem tratamento de "magnífico", o papel de Ferri não foi esse. Ferri nunca atuou como editor, no sentido preciso dessa palavra, e é necessário que isso seja claramente reconhecido. Ele presidiu a Comissão Editorial de 1964 a 1985 e era também seu presidente, período em que a Edusp coeditou perto de dois mil títulos. Mas coeditou e não editou, o que é muito diferente. Quem editou foram as empresas privadas que recebiam suporte financeiro da Edusp e, nessa condição, se apossaram da totalidade dos direitos editoriais, ativo precioso de qualquer editora.

A MARCA
DE UM EDITOR
Quando se fala de editoras, é frequente a associação com nomes que ficaram na história do livro. É o caso, por exemplo, da *Revista de Occidente*, fundada pelo filósofo e jornalista espanhol José Ortega y Gasset, em 1923, em Madrid, publicação cultural e científica com produção tanto na Europa quanto na América Latina. A *Revista de Occidente* publicou e traduziu filósofos

contemporâneos como Bertrand Russell e Edmund Husserl e teve como colaboradores escritores e ensaístas como Ramón Gómez de la Serna, jornalista e escritor prolífico; Antonio Espina, poeta, narrador e ensaísta; o escritor Francisco Ayala; Rosa Chacel, escritora da chamada "Geração de 27", ou "mulheres sem chapéu"; Máximo José Kahn, escritor, ensaísta e romancista de origem judaico-alemã, nacionalizado espanhol em 1934 e radicado na argentina em 1944. Além de Ramiro Ledesma Ramos, intelectual, ideólogo e político espanhol, fundador do Movimento Nacional-Sindicalista, que se opunha tanto ao capitalismo quanto ao marxismo e defendia a unificação de conceitos como pátria e justiça social. Como se vê, apenas no caso da *Revista de Occidente*, há a aglutinação editorial de uma constelação inteira.

No Brasil emerge o nome de Ênio Silveira (1925-1996), editor e militante do Partido Comunista Brasileiro. Diretor da Editora Civilização Brasileira, sob a ditadura dos generais publicou numerosos títulos de oposição à truculência política. Ou o cativante Octalles Marcondes Ferreira (1899-1972), agora nome de escola na periferia de São Paulo, que persuadiu Monteiro Lobato, de quem fora auxiliar, a criar outra editora, quando a Monteiro Lobato & Cia. entrou em colapso financeiro.

Da proposta de Octalles emergiu a Companhia Editora Nacional (CEN), e nela o fascinante relato de Hans Staden, aventureiro alemão, *Meu Cativeiro Entre os Selvagens Brasileiros*, com tiragem de cinco mil exemplares, número respeitável ainda hoje. Ou mesmo a Nova Fronteira, de Carlos Lacerda, a Perspectiva, de Jacó Guinsburg, e a Record, de Alfredo Machado, além de editoras que levavam o nome de seus fundadores, caso da José Olympio e da Jorge Zahar. À Edusp ficaria associado o nome de Plinio Martins Filho.

Advogado de formação, escritor e crítico literário, João Alexandre havia enfrentado problemas políticos em Recife, à época do regime militar e de lá se transferiu para São Paulo. O afastamento da presidência da Edusp minou seu ânimo. Com saúde abalada, morreu aos sessenta e nove anos. Foi sucedido, na presidência da Edusp, pelo sociólogo Sergio Miceli, que introduziu na USP o pensamento do também sociólogo e filósofo de formação Pierre

Bourdieu, de origem camponesa e conhecido por trabalhos na área da dominação, com posicionamento enfático contra o liberalismo e a globalização.

Miceli foi o criador que Ferri não pôde ser e pediu "carta branca" ao reitor Flávio Fava de Moraes (gestão 1993-1997) para as ações que pretendia desenvolver. Com essa liberdade conquistada, investiu em um conjunto estratégico de novas coleções para cobrir diferentes áreas do conhecimento. De obras voltadas para o curso médio a títulos na área de artes, da arte brasileira e mesmo de artistas da USP, no último caso, atraindo tanto professores quanto alunos. Miceli quebrou o paradigma de não editar livros de arte, parte das reminiscências da Edusp como editora acanhada e que ainda não havia sido completamente eliminada, mesmo com o empenho de João Alexandre, que editou, na área agrícola, a *Enciclopédia Agrícola Brasileira*, em sete volumes, em torno de seiscentas páginas cada um, no formato 21,5 cm x 29 cm, coordenada por Júlio Seabra Inglez de Souza (1915-1998), especialista em viticultura da Escola Superior de Agricultura Luiz Queiroz, da USP. Trata-se de uma obra que só uma editora universitária se atreveria a fazer. A logística para a produção dela, trabalho que reuniu dezenas de especialistas, os custos envolvidos e o fato de ser uma abordagem especializada na área agrícola não atrairia nenhuma editora privada. Mas é um tesouro tanto para o campo que aborda quanto para interessados de forma geral, cobrindo toda a produção, com detalhes que vão da identificação de uma fruta a uma diversidade de culturas, instalações e equipamentos, além de referências à composição de solos e uma infinidade de outras referências.

A Edusp nunca, em sua história anterior, havia mergulhado tão profundamente na divulgação de uma amplitude de trabalhos relacionados à produção ampla da Universidade. Com Sergio Miceli, a Universidade perdeu certa sisudez e identificação preferencial com as áreas de exatas e saúde, incluindo a agropecuária valorizada por João Alexandre, para avançar nas humanidades. A estratégia de renda industrial para autofinanciamento, livre de prejuízos, estabelecida ainda na administração de João Alexandre, se mostrou acertada, mas incomodou o médico e reitor Marco Antonio Zago, no período 2014-2018. Ele tentou retirar essa renda da editora, mas foi obrigado a retroceder. Uma conquista havia sido feita, e o editor Plinio Martins Filho, que sucederia Miceli, não estava disposto a retornar aos procedimentos do passado.

Ainda em relação a editores, o que à primeira vista pode parecer personalismo, pelo fato de o nome de uma editora ser associada a um editor, quase sempre seu criador, na avaliação de Plinio "é, na realidade, uma forma de garantia de coerência editorial, atrelado a um projeto de perfil bem definido". Além dos casos anteriores para justificar essa interpretação, ele cita a Brasiliense, associada à personalidade do editor Caio Graco. Quando ele faleceu, em um acidente de motocicleta, numa trilha em Camanducaia, no sul de Minas Gerais, a Brasiliense literalmente perdeu o prumo.

Quanto a João Alexandre Barbosa, que iniciou a transformação da Edusp de quase repartição pública a editora universitária de prestígio e referência, certamente é o caso de acrescentar que, ao transferir-se para São Paulo, fugindo da ditadura militar responsável por inviabilizar sua permanência da Universidade Católica e Universidade Federal de Pernambuco, teve, aqui, o apoio estratégico e afetivo de personalidades como Antonio Candido, José Mindlin, Roberto Schwarz e Augusto de Campos.

AMADORES E DILETANTES

Entre Ferri e Carneiro, a editora foi administrada por um brevíssimo período por Oswaldo Paulo Forattini e Carlos da Silva Lacaz. Forattini editou ao longo de quarenta anos a *Revista de Saúde Pública*, de que também foi um dos seus fundadores, com apoio da Faculdade de Saúde Pública. Já Carlos da Silva Lacaz, médico como Forattini, foi diretor da Faculdade de Medicina da USP, onde atuou na área de medicina tropical. Escreveu em torno de mil e duzentos artigos de divulgação científica, boa parte para o jornal *Folha de S.Paulo*. Mas editar uma revista especializada e escrever artigos de divulgação científica é muito diferente de estruturar e dirigir uma editora. A verdade é que a atuação de Forattini e de Lacaz na Edusp foi quase uma emergência, para evitar que ela naufragasse antes mesmo de atingir o alto-mar. Foram sucedidos por José Carneiro, professor de histologia do Instituto de Ciências Biológicas por decisão do reitor Hélio Guerra Vieira. Especialistas de várias áreas, de alguma maneira com afinidade e identificação com o reitor que administrava a Universidade como um pequeno imperador. Mas nenhum editor. A Edusp permanecia como um navio sem capitão, sem rumos e segurança de navegação.

Quando o físico José Goldemberg assumiu a reitoria, no período 1986-1990, teve resistência de pelo menos um dos membros da Comissão Editorial, que defendia edições "diretas", a partir dos originais, sem qualquer tratamento e concepção de projeto. A ideia era resolver essas questões "fora da universidade". A divisão e o clima criados por essa situação fizeram com que o professor Carneiro não tivesse alternativa a não ser demitir-se da presidência da editora, em 1988.

Como tudo começou? Numa tarde de verão em 1988, quando o país inteiro comemorava a primeira vitória do piloto Ayrton Senna e os presidentes José Sarney e Raúl Alfonsín, da Argentina, se preparavam para assinar um tratado que abriria uma área de livre comércio entre os dois países, o reitor José Goldemberg convocou o professor de teoria literária João Alexandre Barbosa para uma conversa em seu gabinete. A sala do reitor ficava no prédio conhecido como Antiga Reitoria e que voltou a abrigar a direção da universidade ao final de uma reforma. Dali se tem uma visão ampla da Praça do Relógio e da entrada arborizada do lado sul do *campus*.

  O reitor iniciou o diálogo:

– João Alexandre, gostaria de convidá-lo a ser o novo presidente da Edusp, a nossa editora – expôs de maneira objetiva.

– Coeditora, o senhor quer dizer – devolveu João Alexandre e emendou –, a USP não tem uma editora.

– Mas é exatamente isso que quero. Transformá-la em editora. Quero que a Edusp se torne algo novo, ágil – insistiu Goldemberg.

– Bem, neste caso, aceito o convite.

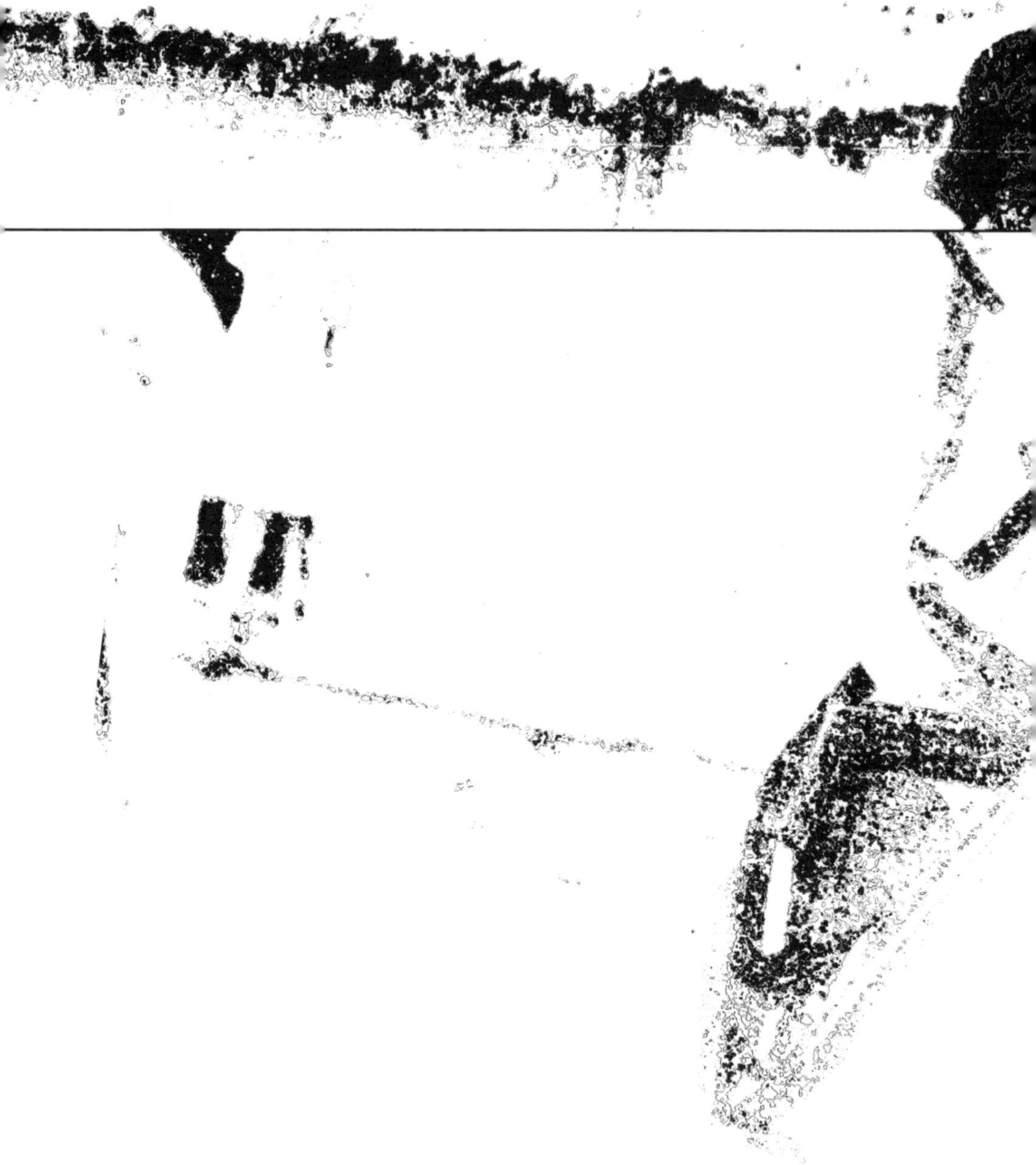

O diálogo não está gravado. Trata-se de uma conversa algo informal, ainda que objetiva, e foi recuperada de memória pelo professor João Alexandre a um interlocutor que ele também abordou para participar do projeto.

O reitor reconhecia que os presidentes anteriores da Edusp não eram pessoas sintonizadas com o trabalho editorial. Poderiam ser pesquisadores talentosos e administradores honestos, mas isso não fazia deles bons editores, e era de bons profissionais na área de edição que a Edusp precisava.

Goldemberg relataria depois que as obras que saíam da editora eram coisas do "século XIX, envolvendo expedições antigas e coisas do passado" e deveriam ser mais ousadas, "com aproveitamento melhor dos professores, a exemplo do que faziam em Princeton, universidade da elite americana, onde Albert Einstein foi professor e ele mesmo, José Goldemberg, havia lecionado".

João Alexandre Barbosa, com seu inseparável cachimbo e a maneira nordestina de se expressar que nunca deixou de lado, tomou posse como presidente da Edusp e permaneceu no cargo até fins de 1993. Aos primeiros colaboradores que reuniu, entre eles Plinio Martins Filho, o primeiro editor, de fato, da Edusp, ele disse: "Temos de inventar uma editora para dar a ela a face que ainda não tem." Em discurso de posse repetiu a frase e acrescentou: "Começaremos estudando o tripé administração, coedição e comercialização." E detalhou: "No que se refere à editoração, pretendemos publicar séries de livros, coleções e obras de professores da Universidade. No setor de comercialização e administração, a intenção é agilizar e modernizar as livrarias, que hoje adotam um sistema arcaico." A Edusp continuava e ainda se mantém subordinada à Reitoria, sem autonomia administrativa, ainda que tenha sua própria renda industrial, tanto como editora quanto como coeditora. Inicialmente auxiliado pelo poeta Duda Machado, João Alexandre Barbosa iniciou o projeto da Edusp como editora universitária de fato, e uma de suas preocupações era a coedição. Ele não desejava romper com essa prática, mas fazer dela uma relação mais compensadora para a Universidade. Em entrevista ao *Jornal da USP*, ele declarou que "não faremos mais coedições no mesmo esquema anterior, em que a Editora da USP não passou de um escritório de financiamento. Convidaremos editoras que trabalham com livros universitários e avaliaremos a possibilidade de um trabalho em comum".

REMOVENDO AS PEDRAS DO CAMINHO
Não era tão fácil concretizar essas metas e João Alexandre sabia disso. A primeira providência foi criar um Departamento Editorial, iniciativa óbvia em uma editora, mas que, até então, fora negligenciada. Para dirigir essa área ele escolheu Plinio, que, além de sua larga experiência, era professor no Curso de Editoração da ECA. Foi Plinio quem organizou esse departamento, com as áreas de revisão, criação, composição, produção e divulgação, infraestrutura indispensável a uma editora.

O passo seguinte foi a seleção de obras, o que incluiu a compra de direitos autorais de editoras estrangeiras que passaram a ser traduzidas e editadas de forma autônoma pela Edusp. E para viabilizar essa iniciativa foi indispensável organizar a comercialização e retirar a poeira espessa da inanição acumulada nas livrarias. As estantes envidraçadas que separavam os compradores dos livros foram eliminadas e a prática de limitar as compras a dois exemplares de um título desconsiderada como improcedente. Além disso, as livrarias foram informatizadas sob um sistema que João Alexandre chamou de "Hermes", o mensageiro dos deuses.

A informatização foi uma medida indispensável para reverter o passado. Com ela era possível a imediata localização de um título, a livraria em que a obra estava disponível e, além disso, rápido e eficiente controle de estoques. Em uma entrevista em setembro de 1990, João Alexandre comentava orgulhoso os feitos, dele e da equipe que reuniu: "Mudamos aquele jeito acanhado e a inacessibilidade aos livros e fizemos a informatização das vendas, o que permitiu uma agilidade no atendimento e maior controle sobre os estoques, incluindo as vendas a prazo." Com uma ponta de humor, arrematou:

"Somos o único órgão público a vender por cartão de crédito, o que chegou a gerar certa polêmica jurídica." Ele havia retirado a editora dos domínios de uma mentalidade quase medieval.

Mas ainda havia o desafio da distribuição, gargalo que, no Brasil, ainda restringe e inibe a produção e venda de livros. No caso da Edusp, no entanto, a questão era vencer os muros da Universidade. As vendas continuavam restritas às livrarias dos *campi*, e foi feito um trabalho para que elas se estendessem a livrarias comerciais, compartilhando aí as vendas com produção de editoras comerciais. O impasse seguinte foi livrar-se do enorme estoque deixado por compras excessivas na política de coedição. E isso foi resolvido em uma enorme feira, com os títulos oferecidos a preços quase simbólicos.

A primeira dessas vendas, entre 16 e 20 de agosto de 1989, ofereceu 149 mil exemplares, número astronômico para livros no Brasil, reunindo exemplares da coleção Reconquista do Brasil, em coedição com a Itatiaia. Essa iniciativa marcou o começo da Festa do Livro. Plinio tem alguma dúvida quanto à possibilidade de a comunidade ter compreendido claramente o gesto de João Alexandre com as feiras, no sentido de que foram um ato de rejeição à política anterior de coedição. Mas diz que, "agora, isso pouco importa". O essencial é que essas vendas permitiram a um número razoável de pessoas acesso a preços de custo àqueles livros, e, além disso, os depósitos da editora começaram a se esvaziar rapidamente. No final de 1989, uma segunda feira foi organizada e, desde então, a Edusp organiza esse evento a cada ano. Elas abriram um mercado novo, com uma dinâmica que nunca existiu na comercialização da Edusp.

A transformação da Edusp, de uma agência de financiamento para editoras privadas em uma editora de verdade, seguia sem resistências internas e com o apoio inédito da Reitoria. Àquela altura havia uma política editorial organizada em torno de cinco pontos:

1. Publicação de obras consistentes e de valor, que contribuíssem para sedimentar a cultura, nas diversas áreas do conhecimento.
2. Essas obras deveriam estar relacionadas às necessidades dos estudos e pesquisas feitas na universidade.

3. Deveriam, ainda, estar incluídas, neste caso, obras nacionais e traduzidas com finalidade de ajudar alunos de graduação e pós-graduação de universidades brasileiras.
4. Em acordo com esse amplo critério, deveriam ser publicadas obras de autores acadêmicos, tanto da USP quanto de outras universidades.
5. A rede de distribuição de obras da Edusp deveria ser consolidada e ampliada em escala nacional, num esforço para aumentar o número de leitores.

Num retrospecto para avaliar como as transformações ocorreram, na passagem dos anos 1980 para a década de 1990, Plinio divide o tempo em três momentos: no primeiro, um estágio de reformulação de princípios da política editorial, estabelecido em 1988; em seguida, uma fase que envolveu a seleção de títulos e a criação de coleções, o que ocorreu em 1989; e, finalmente, a execução das publicações, que tomou lugar a partir do início dos anos 1990.

Mas nada foi fácil como pode parecer. Em um depoimento, registrado em *Edusp – Um Projeto Editorial*, o jornalista Manuel da Costa Pinto, que também trabalhou como assessor de João Alexandre Barbosa entre 1991 e 1994, diz: "No começo, muitos professores não tinham confiança em nosso trabalho e essa confiança só foi conquistada aos poucos, a partir do momento em que apresentamos a qualidade dos livros e o apuro gráfico de nossas edições. Além da desconfiança, professores da Universidade não viam a Edusp como primeira opção para publicação de seus trabalhos e havia resistência do pessoal mais burocrático e acomodado."

Um exemplo de burocracia explícita, citado por Costa Pinto, agora é parte do folclore da USP. Quando os primeiros títulos começaram a ser comprados no exterior, a assessoria jurídica da USP solicitou um documento de titularidade para uma compra que estava sendo feita junto à universidade inglesa de Cambridge, na Inglaterra. A exigência do departamento jurídico foi que Cambridge demonstrasse formalmente que era proprietária dos direitos autorais do título que ela mesma editara. O poeta Duda Machado, que por essa época assessorava a presidência da Edusp, se indignou e questionou se ao comprar um carro da Volkswagen, por exemplo, alguém deveria exigir um certificado para se assegurar de que o veículo, de fato, pertenceria à montadora.

Mas a lógica evidente do argumento não persuadiu a memória burocrática e a confirmação teve de ser solicitada junto à Universidade de Cambridge. Os responsáveis por atender essa exigência na Inglaterra devem ter dado um sorriso de indulgência. E considerado o pedido como um certo exotismo tropical.

7.
Conquista com Base em Experimentos

> *O design faz a diferença. É claro que existe uma diferença entre o que é legível e bem organizado e o que não o é. E para aqueles que têm um senso estético bem desenvolvido, há um prazer adicional a descobrir no design tipográfico.*
> **MARY MANDELL**

Para tornar as edições da Edusp mais atraentes, o que incluía sensibilizar potenciais e desconfiados autores acadêmicos, Plinio decidiu investir em *designers* iniciantes, com uma vantagem que poderia compensar eventuais limitações. Eles estariam abertos a novas formas e fórmulas, ao contrário do que ocorreria com profissionais consagrados no mercado, que trariam soluções pessoais, com tendência a se manterem inalteradas. Os jovens evoluiriam com a própria editora e assim seria possível construir uma identidade nova. Boa parte dos jovens eram estudantes do Curso de Editoração da ECA-USP. Com essa iniciativa, a Universidade também abria espaço de formação profissional para seus alunos. E havia ainda uma terceira e boa razão para essa opção: os bons profissionais na área editorial são, ao menos eram, mais difíceis de serem contratados por um conjunto de restrições burocráticas, relacionadas aos procedimentos de remuneração. Esses impedimentos fizeram dos jovens profissionais uma opção interessante.

O tempo confirmou que com esses procedimentos combinados o Departamento Editorial da Edusp abriu possibilidades e criou projetos inovadores e diversificados, o que foi duplamente interessante. Os principais *designers* da Edusp saíram do Curso de Editoração da

Universidade – com destaque para Marina Mayumi Watanabe, que projetou as principais coleções e capas bem resolvidas, valorizando o título e o tema abordado, evitando a lógica reducionista de soluções fáceis. Para isso também foi indispensável a criação de uma identidade, o que incluiu a concepção de um logotipo, peça estratégica nessa operação. "Um livro vende também como resultado de soluções criativas. Obras caracterizadas pelo apuro estético não são de modo algum superficiais e por isso mesmo têm seus apreciadores", justifica Plinio.

Com política editorial e de produção bem estruturadas, a Edusp conquistou e manteve relativa estabilidade operacional ao longo do tempo e isso permitiu que pudesse permanecer imune a interrupções que certamente ocorreriam durante as mais diferentes administrações universitárias. Esse período de consolidação possibilitou o lançamento dos primeiros títulos e coleções próprias, inserindo a editora no circuito editorial nacional. O que antes era apenas uma editora coadjuvante passou à posição de destaque. Um astro com luz própria.

Em função de sua natureza, exclusivamente acadêmica, a Edusp pôde criar e implantar projetos interessantes não apenas por seu conteúdo, mas também por propor o livro como mídia, experimentando formas e conteúdos. As visitas que João Alexandre fez a editoras universitárias no exterior influenciaram esses experimentos e decisões. Mas a edição de coleções trouxe a marca da experiência de Plinio na Perspectiva. A opção inicial por esse modelo tinha como objetivo criar mais rapidamente uma identidade visual e ao mesmo tempo agilizar a produção.

A Coleção Ponta foi pensada como solução para cobrir diversas áreas do conhecimento, com a publicação de títulos com abordagens atualizadas em cada uma delas. As obras foram escolhidas a partir de consulta feita aos professores, convidados a indicar que títulos seriam essenciais em suas áreas de atuação. Com as indicações feitas, a Edusp adquiriu os direitos de traduções de editoras estrangeiras e, com isso, obras em áreas como física, química, astronomia e engenharia, entre outras que poderiam ter permanecido longe do interesse de editoras privadas, foram lançadas e abriram uma perspectiva nova de exploração e formação intelectual, uma ponte que, de outra maneira, exigiria travessias mais difíceis, com menor número de interessados. Na avaliação de Plinio, essas iniciativas foram "uma oportunidade única e privilegiada de se começar uma editora".

Uma segunda coleção, a Coleção Base, foi elaborada, em princípio, para abranger dez áreas. Com a ajuda da comunidade acadêmica, textos produzidos ou sugeridos por professores e pesquisadores poderiam ser o ponto de partida em cada uma delas. Lamentavelmente, a Coleção Base não teve a mesma repercussão da Coleção Ponta e, talvez, não houvesse razões para surpresas com esse resultado. As pessoas estão, quase sempre, habituadas a leituras ligadas às suas áreas, postura bem diferente da comunidade acadêmica de países socialmente desenvolvidos, onde essas conexões existem por razões de interação e multidisciplinaridade, comportamento nitidamente mais rarefeito por aqui. As coleções Ponta e Base tratariam de necessidades distintas, mas complementares.

Essa interação/conexão entre a base e a fronteira do conhecimento, segundo Plinio, "ao menos em princípio e ainda que sem os resultados esperados, definiu para a Edusp o exercício de uma das dimensões sociais da cultura". O menino sertanejo com dificuldades de digerir leituras que num primeiro momento pareceram exóticas, herméticas e intransponíveis, vencera uma corrida de obstáculos e se movimentava com destreza entre o que antes pareciam adversidades. Era alguém que sabia o que estava fazendo, com a segurança que traz esse reconhecimento, e colocava em prática soluções para viabilizar desafios que, de muitas maneiras, eram coletivos.

ESPAÇO PARA A ARTE

A Coleção Texto & Arte tratou de obras as mais diversas no domínio das artes, caso da poesia, teatro, fotografia e artes plásticas, entre outros, com textos ilustrados, o que permite tratamento gráfico diferenciado. O legado do antigo mestre Jacó

Guinsburg esteve presente também aí e Plinio reconhecia essa influência como solução criativa e criadora, não repetição ou imitação. A Texto & Arte editada em quatro cores, com formato e tipos grandes, procurou estabelecer um diálogo entre linguagem visual e escrita.

Essa coleção deu os resultados que não apareceram com a Coleção Base. Exemplo disso foi *A Invenção de Hélio Oiticica*, de Celso Favaretto, pesquisador formado em filosofia, abordando a obra de um escultor, artista plástico e performático de inspiração anarquista. Oiticica (1937-1980), considerado um dos artistas mais destacados da história da arte brasileira, teve educação iniciada em casa pelos pais e herdou a inclinação anarquista do avô, José Oiticica, intelectual, filólogo, jornalista e escritor. O trabalho de Favaretto ganhou os prêmios Jabuti e da Associação Paulista de Críticos de Arte (APCA), como melhor livro de 1992.

Com articulação mais eclética, a Coleção Criação e Crítica se abriu para a diversidade cultural. Com isso poderia abrigar tanto um ensaio do crítico Lourival Hollanda sobre Graciliano Ramos quanto uma coleção de contos húngaros, organizada pelo tradutor, revisor e crítico Paulo Rónai (1907-1992), húngaro naturalizado brasileiro.

Dedicada à divulgação de "mestres modernos" nas diferentes áreas do conhecimento, a Coleção Clássicos, desenvolvida na gestão de Sergio Miceli, reuniu abordagens em antropologia, história moderna, sociologia, teoria literária e ciência política, entre outros campos. Algo como uma recusa à compartimentação, um certo engavetamento do conhecimento por uma percepção de cultura esquartejada de que nem a Universidade está livre.

Essa interação estendeu-se à Coleção Acadêmica, que agrupou autores das ciências humanas em seus múltiplos campos de expressão: histórico, literário, antropológico, psicológico e sociológico. Uma biblioteca básica e interativa de um vasto e fascinante ensaio contemporâneo. A Edusp desenvolvia seu próprio saber, que viria a fertilizar as novas gerações de editoras universitárias espalhadas por todo o país. Uma árvore que frutificava com as devidas adaptações na ampla diversidade do território nacional, um processo que continua, sem data para terminar.

Sergio Miceli, sucessor de João Alexandre, foi o responsável pela ampliação editorial, em particular nas áreas de antropologia, artes plásticas, história moderna, sociologia, teoria literária e ciência política. Em depoimento ao *Caderno de Leitura* da Edusp, de março/abril de 2008, Miceli relata: "Quando entrei na presidência, já havia começado um processo de modernização na Edusp. A editora estava em uma situação politicamente muito favorável na Universidade e eu tinha total apoio do reitor Flávio Fava de Moraes para fazer um programa editorial."

Na Edusp não havia, segundo Miceli, "nenhuma constrição de dinheiro, de recursos e isso é uma coisa rara, que possibilitou a compra de muitos livros estrangeiros, a montagem de coleções novas, um certo capricho editorial, coleções que eram caras, como Artistas da USP e Artistas Brasileiros, porque exigiam imagens em cores. Mas acabou sendo viável fazer tudo isso". Acrescenta que "não entrei numa Edusp que tive de inventar do nada. Existia lá uma divisão de trabalho, existia um setor comercial, as coisas estavam de pé". E, referindo-se indiretamente a um desencontro político do então dirigente da editora com o reitor, admite que "talvez o João Alexandre Barbosa não tenha tido esse céu de brigadeiro o tempo todo, em termos de recursos". Daí, justifica, com lealdade, a possibilidade de viabilizar as coleções que ele criou ao suceder o antigo diretor-presidente da editora.

A Coleção Acadêmica ofereceu a alunos de graduação em nível superior manuais de curso, o que significa dizer títulos com texto criativo, fluido e consistente, conteúdo específico e de rigor conceitual para a diversidade dos diferentes departamentos da universidade. Era a superação de um desamparo com lacunas incapazes de ser satisfatoriamente preenchidas de um ponto de vista didático.

Foi criada uma série imprescindível sobre arte brasileira, a sofisticada Coleção Artistas Brasileiros, com a função de fonte documental tanto crítica quanto biográfica envolvendo a trajetória de artistas nos mais diversos domínios, com preferência pelos menos atendidos por uma bibliografia apropriada. Candido Portinari, Lasar Segall e Maria Clara Machado foram alguns dos artistas considerados. Por essa época muitas pessoas se surpreendiam, por exemplo, com o fato de o físico Mário Schenberg (1914-1990), que trabalhou com alguns dos físicos internacionais mais importantes de sua época, ser também crítico de arte. Qual a relação entre arte e ciência?, uns poucos ousavam perguntar. Pois bem: essas coleções, em conjunto, ajudaram a fazer uma ponte mais ampla e, ao mesmo tempo, uma conexão mais íntima entre as diversas áreas do conhecimento.

RECONHECIMENTO DE UM NOVO *STATUS*

A Coleção Artistas da USP teve dupla finalidade. Num primeiro momento, oferecer uma retrospectiva do trabalho de artistas plásticos atuantes na Universidade, acompanhada da determinação de conceder um novo *status* aos materiais, procedimentos e artigos derivados da atividade artística, retirando delas um suposto posicionamento subalterno para reposicioná-lo em uma condição cultural autônoma. Dessa série participaram Ana Calzavara, Atílio Avancini, Ermelindo Nardin e Eugênia Gabriela, além de Francisco Maringeli, Hélio Vinci, José de Souza Martins, Laura Vinci, Laurita Salles, Lygia Eluf, Marcelo Cipis e Marco Buti.

A Coleção Didática se abriu para textos de importância estratégica produzidos por professores e pesquisadores da Universidade, voltados para o Ensino Médio. A intenção, nesse caso, foi estabelecer um padrão de qualidade acima da média das obras dos livros didáticos utilizados nas escolas nacionais. Aqui foram incluídas *A Biologia e o Homem*, de Myriam Krasilchik, Isaías Raw e Lelia Menucci, com 408 páginas. *Geografia do Brasil,* de Jurandyr Luciano Sanches de Ross, Francisco Capuano Scarlato, Sueli Angelo, José Bueno Conti e Ariovaldo Umbelino Oliveira, com 1044 páginas (Prêmio Jabuti 1997). *História do Brasil*, de Boris Fausto, com 668 páginas, já havia conquistado o Jabuti de 1995; *Literatura Brasileira: Dos Primeiros Cronistas aos Últimos Românticos*, de Luiz Roncari, com 664 páginas. *Gramática da Língua Portuguesa Padrão: com Comentários e Exemplários*, de Amini Boainain Hauy, com 1344 páginas (Prêmio Jabuti 2015).

A Coleção Críticas Poéticas, com sete títulos, entre produção local e traduções, ampliou o horizonte de leitores em relação a escritores, sobre o fazer poético e a crítica literária. O foco dessa coleção está na peculiaridade do diálogo crítico entre escritores e literatura. Quanto à Coleção Música Brasileira, foi um esforço para suprir uma carência editorial de partituras musicais trazendo ao público obras representativas de momentos específicos da história da música no Brasil, desde o período colonial.

A Coleção Correspondência de Mário de Andrade, que na USP envolveu o Instituto de Estudos Brasileiros – IEB, teve o propósito de apresentar, em edições com a coerência necessária, diálogos originais mantidos pelo criador de *Macunaíma* com escritores, artistas plásticos e músicos, estrangeiros e nacionais, entre outras personalidades relacionadas com a história e a cultura brasileira.

Dentre essas coleções, destacam-se aquelas dedicadas ao conhecimento do mercado editorial e de seus atores. A Editando o Editor, coordenada por Jerusa Pires Ferreira, é uma iniciativa pioneira e estratégica de resgate da memória editorial brasileira, sem o que se correria o risco de perder um registro sobre os editores, os livros e o percurso deles no Brasil. Aqui, alguns dos editores mais relevantes na cena brasileira relatam experiências e desafios pelos quais passaram e passam na tarefa de suprir a cultura e inteligência nacional de obras imprescindíveis.

A Editando o Editor foi viabilizada sob a responsabilidade da Com-Arte – Editora Laboratório do Curso de Editoração da ECA-USP. Intimamente associada a essa coleção estão outras duas: a Memória Editorial, uma espécie de complemento da Editando o Editor. O sentido dela? Publicar trabalhos relacionados à história da editoração nacional, o percurso dos livros desde que foi permitida a produção deles por aqui, com a chegada da Corte portuguesa ao Rio de Janeiro, em 1808, fugindo da invasão napoleônica na Península Ibérica. Nela também se registra o percurso de editoras que contribuíram, das mais diversas formas, para o desenvolvimento e a consolidação do nosso mercado editorial.

Além dela, a Reserva Literária, coordenada pelo professor José Paula Ramos Jr., teve como preocupação a edição de obras esquecidas ou fora de circulação. O título que iniciou essa série foi *Contos Cariocas*, do maranhense Artur Azevedo (1855-1908), irmão de Aluísio Azevedo. O livro havia tido uma única edição, póstuma, em 1928. A segunda obra foi *Marta*, de Medeiros de Albuquerque (1867-1934), funcionário público, jornalista, professor, político, contista, poeta, orador, romancista, teatrólogo, ensaísta e memorialista. O romance estava fora de catálogo desde sua terceira edição, em 1932. Em seguida, *Mau-Olhado*, de Veiga Miranda (1881-1936), engenheiro, professor, jornalista e político, além de escritor. Veiga Miranda teve intensa atividade literária em periódicos, autor de romances, livros de crônicas, contos e novelas, além de uma peça de teatro, e volumes de ensaios biográficos e crítica literária. *Mau-Olhado* é o segundo romance dele, publicado pela primeira vez em 1919 pela Livraria Editora Leite Ribeiro, reeditado em 1925 pela Cia. Graphico Editora Monteiro Lobato.

Além de cumprir sua função original de editar livros, a Edusp abriu espaço a alunos do curso de Editoração da ECA e outras unidades para estágio nos diferentes departamentos editoriais: revisão, produção, criação e divulgação. A ideia, neste caso, desde um primeiro momento, foi a de trazer para a Edusp a energia típica de estudantes que descobrem, aos poucos, suas áreas de formação e interesse. Essa prática, no entanto, como outras, estava e permanece sujeita a mudanças e reinterpretações por parte de cada uma das administrações da universidade. A abertura de espaço a estudantes não foi importante apenas para consolidar a Edusp como editora de ponta na produção de livros no Brasil sob a forma de laboratório de experimentos novos e aprendizados estratégicos que devem caracterizar a atuação da universidade pública. O ensino e a pesquisa e, de certa forma, também a extensão, neste caso pela difusão e envolvimento com livros, também foi uma conquista. Enquanto esteve na direção da Edusp, até 2018, Plinio se esforçou para manter um processo que conciliou edição e divulgação da produção acadêmica, sem esquecer de outros setores estratégicos da vida cultural que não atraem atenção de editoras privadas, caso da produção acadêmica sob a forma de livros cobrindo os diferentes campos da ciência, arte e cultura. Para viabilizar esses projetos foi necessário reformular e, na maior parte dos casos, praticamente criar práticas gerenciais e administrativas frequentes em editoras privadas, mas que, até então, não existiam nas poucas editoras universitárias brasileiras.

NÃO BASTA EDITAR

Não basta publicar livros, enfatiza Plinio. Essa seria uma posição relativamente confortável, necessária, mas não suficiente. É indispensável, diz ele, "fazer com que os livros cheguem às mãos dos leitores". Estratégica, neste caso, foi a profunda reformulação na rede de livrarias universitárias no *campus* de São Paulo, e nos diversos *campi* pelo interior. Em artigo publicado na edição de outubro de 1989 do *Caderno de Leitura Edusp*, com o título "Da Ponta à Base, o Papel Social da Edusp", João Alexandre Barbosa comemorou as conquistas: "Aos poucos, mas de modo firme, vai a Editora da Universidade de São Paulo configurando o sonhado projeto de se transformar na editora que a USP merece ter", avaliou. E descreveu que as transformações, neste caso, "são internas e externas, oferecendo-se à percepção do professor, do aluno ou do funcionário da Universidade". Apontou, entre as conquistas, "uma importante transformação de ordem interna, a criação do Departamento Editorial, agora sob o comando de experimentado editor que certamente dará existência concreta ao projeto de, ao lado das tradicionais coedições, instaurar espaço para a publicação de obras, tanto de professores da Universidade, quanto de pessoas por eles indicadas, identificando finalmente a Edusp como uma editora da Universidade e não apenas uma financiadora de edições propostas pelas editoras privadas". Para ele, "basta entrar em qualquer uma das livrarias da Edusp para se dar conta de uma importante mudança de ordem externa: o Sistema Hermes de automação, que reduziu a segundos a entrega da nota fiscal ao consumidor, ao mesmo tempo que registra os títulos existentes nas diversas livrarias, tanto no *campus* de São Paulo quanto nos do interior". E mais que isso, entusiasmou-se, "as livrarias da editora começam a ter jeito de livrarias, com títulos muito variados das principais editoras do país".

Essas conquistas, no entanto, observou, "seriam muito pouco para um perfil de verdadeira editora da USP, não houvesse dois projetos editoriais em andamento que vêm se juntar ao já existente da Coleção Teses, uma Coleção de Ponta e uma Coleção de Base" e se dedica, ao longo do texto, a explicar as funções de cada uma delas acrescentando a decisão de publicar, desde apontamentos de aulas introdutórias sob a forma de livro, até a publicação de obras traduzidas. A Edusp passava por uma transformação radical com o empenho determinado de João Alexandre, o respaldo assegurado pelo reitor José Goldemberg e a experiência de um editor que, até então, ela nunca havia tido.

Em depoimento à mesma edição do *Caderno de Leitura,* José Goldemberg rememora: "A ação que tomei em relação à Edusp se enquadrava em uma tentativa mais geral". E justifica esse posicionamento: "Integrei a lista para ser escolhido reitor da USP com a bandeira de reerguer a Universidade e fui o primeiro reitor, depois do período autoritário, escolhido no regime democrático".

Na avaliação de Goldemberg, "uma editora universitária tem uma missão maior que ser apenas uma editora universitária". "É claro", considera ele, "que ninguém deseja criar um órgão que só dê despesa, mas também uma editora que só dê lucro é uma concepção limitadora demais para uma editora universitária". "Então", emenda, "o ponto fundamental era esse. Era uma convicção antiga porque eu já havia ficado impressionado, antes de ser reitor, com a Editora da Universidade de Brasília, que publicava livros muito interessantes e que não sairiam por uma editora puramente comercial. Eu achei que a nossa editora deveria abandonar a ideia clássica da coedição, que dava um ranço comercial para as atividades dela e isso tinha um significado claro. Tinha de pôr dinheiro nela. Era preciso dotar a editora de um orçamento".

Essa lógica, três décadas depois, num retrocesso político que remete às práticas do regime militar, tem sido refutada. Goldemberg disse, com lógica cristalina, que "em relação à Edusp, o modelo neoliberal não funciona. Dentro da Universidade, há obras que efetivamente podem dar muito retorno, mas há muitas outras que não têm nenhuma possibilidade de retorno comercial". Ele se refere, especificamente, "a algumas teses de doutorado feitas dentro da universidade" para dizer que "a editora deve ter a coragem de fazer isso. Eu acredito que quando Spinoza escreveu os primeiros livros dele, ninguém queria publicá-los".

A VISÃO AMPLA DE GOLDEMBERG

José Goldemberg diz que, como reitor, tentou criar órgãos com maior autonomia em relação ao gabinete do reitor e do próprio reitor, resultado de uma "herança de viés autoritário". Pondera que "não que não deva haver, digamos, canais estruturados de administração e prestação de contas, o que é indispensável. Mas para os institutos e a editora funcionarem era preciso mais autonomia".

A abertura política trazia ares de renovação. No caso de Goldemberg, no entanto, a experiência como professor na Universidade de Princeton, nos Estados Unidos, teve influência significativa. Ele lembra de diálogos com antecessores de João Alexandre que se queixavam do encalhe de obras clássicas, ao que ele respondia: "Escuta, o que você esperava? É melhor que encalhe e que pelo menos algumas pessoas tenham acesso ao livro do que pessoa nenhuma tenha". Ao que seus interlocutores respondiam: "Mas isso tem um custo". E ele devolvia: "Mas é para isso que o poder público existe, não é para subvencionar todo mundo, mas para atender a essas situações". Tempos promissores aqueles em que mentalidades se abriam em lugar de se fecharem quando provocadas, comportamento típico de ostras.

O sucesso das coleções, implantadas num esforço conjunto que emergiu da lucidez de um reitor, fez com que autores olhassem para a Edusp de outra maneira e ela passou a ser a primeira opção para publicação dos pesquisadores universitários, quando, no passado, era quase sempre a última, ao final de resultados frustrados junto às editoras comerciais. João Alexandre Barbosa, com seu estilo direto, certa vez interpelou um pesquisador ao saber que a Edusp era a quarta editora que ele procurava para publicação de um livro: "A Edusp deve ser a primeira editora a ser procurada, não a última", descarregou sua indignação no interlocutor, sem noção clara quanto às funções de uma editora de Universidade pública.

Ruy Laurenti (1931-2015), professor da Faculdade de Saúde Pública, à época da consolidação da Edusp como editora universitária, explicitou a importância estratégica dela ao dizer que "a Edusp publica teses e obras que outras editoras nem sequer cogitariam e isso é o que lhe dá personalidade". Primeiro ouvidor-geral da USP, Laurenti traduziu, com uma equipe da saúde pública, um título que uma editora comercial não pensaria em publicar: CID 10 – *Classificação Internacional de Doenças*, publicação da Organização Mundial da Saúde – OMS, um dos maiores sucessos da Edusp, com mais de cem mil exemplares vendidos.

A ideia da criação de coleções, iniciada ainda na administração de João Alexandre, permaneceu e foi intensificada com Sergio Miceli, entre 1994 e 1999. Nesse período, foram criadas também as já citadas coleções Artistas Brasileiros e Artistas da USP. Em ambas, a iconografia predominou em relação ao texto. Essa ousadia editorial produziu dois frutos: "um saboroso e outro nem tanto", diverte-se Plinio. O primeiro, os prêmios que a Edusp recebeu como "Melhor Editora de Livros de Arte", atribuído pela APCA. O segundo, convites que componentes do departamento editorial passaram a receber para trabalhar em editoras especializadas. Na verdade, foram ambos acontecimentos saborosos e comemorados com entusiasmo, rememora Plinio. A Edusp estava no percurso certo em direção ao sucesso e à alta qualidade profissional do grupo de estudantes da ECA, agora atraídos para editoras privadas de livros de arte.

Para incentivar a produção de livros didáticos, Sergio Miceli implantou uma política de adiantamento de direitos autorais de R$ 1500,00 ao pesquisador contratado para produzir uma obra e isso ajudou na atração de autores da Universidade. Em 2001, dois títulos beneficiados com esse incentivo ganharam o prêmio Jabuti. O primeiro, *Astronomia – Uma Visão Geral do Universo*, organizado por Amâncio Friaça, Elizabeth dal Pino, Laerte Sodré Jr. e Vera

Jatenco-Pereira. O segundo, *Energia Elétrica para o Desenvolvimento Sustentável,* organizado por Lineu B. dos Reis e Semida Silveira, premiados como as melhores obras em ciências exatas. Essa coleção – a mais premiada – permitiu a publicação em língua portuguesa de livros de física em nível mais elevado do que os disponíveis no mercado, "o que só uma editora acadêmica poderia fazer", na avaliação de Silvio Salinas, ex-diretor do Instituto de Física da USP e, ele também, um dos autores da Edusp. Mas todo um trabalho realizado na área editorial, na avaliação de Plinio, ainda que necessário, não seria suficiente para consolidar a identidade de uma editora reformulada para desempenhar novas funções na principal Universidade brasileira, uma das grandes instituições da América Latina.

CONSTRUÇÃO DE UMA IDENTIDADE

Plinio cita *La Comunicación en Acción*, do pesquisador espanhol Joan Costa, especialista em estudos de comunicação para quem "toda identidade é construída pela personalidade, filosofia, tipo de negócio e capacidade empreendedora, os valores éticos e vocacionais da empresa". Costa compara a identidade empresarial a um arranjo genético, o que sugere a consideração de que a Edusp, ao cumprir sua vocação de editora da maior Universidade latino-americana, tinha essa função de alguma maneira codificada geneticamente e com potencial de se manifestar. Ao desenvolver esse raciocínio, Plinio lembra que, "durante mais de duas décadas, a imagem da editora esteve associada diretamente ao prestígio da Universidade e a evidência disso foi a presença constante nas capas dos títulos de coedições apenas do brasão da USP".

Aqui é o caso de recordar que, na curta gestão de José Carneiro, houve uma tentativa frustrada de criar uma logomarca para a Edusp, iniciativa não viabilizada, ainda que tenha sido a primeira sugestão, em um pequeno conjunto de mudanças propostas. O logo, conjunto formado pela representação gráfica do nome de determinada marca, era composto por seis livros vistos de cima, com as lombadas voltadas para o centro de uma elipse, sugerindo uma projeção em múltiplas direções a partir de um ponto central. Essa ideia pode ter sido uma primeira percepção relativa a uma ampliação de horizontes da editora, na tentativa de livrar-se das amarras imobilizadoras da política de coedição. Plinio, no entanto, avalia que "essa solução gráfica ainda estava carente de uma personalidade mais consistente e, de certa maneira, havia nascido antiquada, superada, a uma boa distância da modernização e atualização que se esperava da Edusp". Assim, a solução foi continuar a busca pela definição da entidade.

A alternativa foi a organização de um concurso nacional para a escolha de um conceito que refletisse a imagem que se esperava da editora com a eficiência de um espelho, tarefa que, à primeira vista, pode parecer simples e imediata. Mas não é. Antes de tudo, relata Plinio, "era necessário que o logotipo seguisse os padrões contemporâneos de identidade visual e que isso fosse obtido pela síntese de uma sílaba, de uma única letra. Ou mesmo de uma cor. E para que todo esse conjunto tivesse uma conjugação harmoniosa e dinâmica era imprescindível a interação de vários fatores: a qualidade, a cor, a letra, a forma, a utilização e o meio". Quem conhece a arte refinada de criação de logotipos sabe, no entanto, que isso não se resolve em um passe de mágica. Um logotipo é mais que um nome ou uma marca. É uma expressão mais forte e envolvente de um signo.

O uso e as circunstâncias em que o logotipo deve ser usado, considera Plinio, "são extremamente importantes" e esse conjunto de necessidades acabou não aparecendo de início. Mas, ao final de duas tentativas fracassadas, uma terceira teve sucesso. Em mais de quinhentos trabalhos inscritos, uma comissão julgadora com participação de representantes do Museu de Arte Contemporânea da USP; da Faculdade de Arquitetura e Urbanismo – FAU, da Associação dos Designers Gráficos e da própria Edusp, chegou-se a um projeto proposto pelas artistas cariocas Maria da Glória Afflalo e Sulamita Danowski. É o logotipo criado por elas que, desde o início dos anos 1990, aparece em todas as capas de livros da Edusp e identifica sacolas, *folders* e toda papelaria relacionada à editora.

Tudo pode parecer relativamente fácil. Plinio diz que não foi exatamente assim. A implantação desse logotipo exigiu definições, normas e critérios em meio a um cipoal de formalidades para aplicação devida tanto na estrutura básica relacionada à nova imagem da Edusp quanto a tratamentos gráficos devidos a inúmeros suportes e outras aplicações. Só assim, considera, "seria possível garantir a criação e manutenção de uma clara e convincente identidade visual". No interior da Universidade, essas normas e critérios são controlados rigorosamente pelo Setor de Arte do Departamento Editorial, área responsável pela implantação inicial do projeto e, desde o início, uma espécie de guardião de sua devida aplicação.

Os procedimentos que caracterizam as práticas editoriais são, de muitas maneiras, universais. O que pode ser diferente, entre os mais diferentes países, é certa particularidade, típica de cada editora. Na Edusp, no entanto, tudo foi uma grande inovação, quase uma completa descoberta, quando foi criado o Departamento Editorial. O amadorismo, ao menos a não profissionalização, havia feito da Edusp um caso à parte. Em pouco mais de uma década, no entanto, o que significa dizer, no início dos anos 2000, a editora já havia atingido um nível de profissionalização comprovado com a produção de setenta títulos, produção que seria comemorada em qualquer editora privada nacional.

As características editoriais da Edusp foram aprimoradas segundo as necessidades, e isso incluiu procedimentos como os cuidados editoriais e gráficos.

"A Edusp tem a responsabilidade adicional de demonstrar, também do ponto de vista editorial, a excelência da Universidade", argumenta Plinio. Assim, os cuidados com a seleção de títulos a serem editados, critérios aplicados, preparação, projeto gráfico e revisão dos originais e até mesmo a atenção com a qualidade da tradução devem ser considerados com o devido cuidado.

VALORIZAÇÃO DA
PRODUÇÃO ACADÊMICA
Quando abandonou a postura de mera coeditora para privilegiar edições próprias, a Edusp optou por priorizar trabalhos produzidos pela comunidade acadêmica a que estava ligada. Essa opção foi tanto uma solução quanto um problema. A solução evidente, ao menos em princípio, foi a oferta de trabalhos qualificados dos pesquisadores universitários. Quanto ao problema, o desafio esteve em selecionar os trabalhos que deveriam ser publicados, o que pode parecer algo relativamente simples. Mas está longe disso. Sem contar que os direitos deveriam ser os mesmos para todos os membros da comunidade acadêmica em um universo de mais de cinco mil potenciais autores. As escolhas eram desafiadoras. O procedimento adotado foi uma criteriosa seleção de títulos. Isso resolveria em definitivo a questão? Pode parecer que sim. Mas a resposta verdadeira é relativa, o que significa dizer: a boa solução dependia do filtro da Comissão Editorial que, em última instância, reflete a postura de um grupo, por diferentes razões, sempre sujeito a críticas. O critério de seleção leva em conta a qualidade de uma obra e em quanto ela pode contribuir para a consolidação da literatura disponível em cada uma das áreas consideradas. Mas, como a Edusp está ligada a uma Universidade em que todas as áreas do conhecimento são importantes, é quase impossível fazer escolhas sem risco de erros. Na verdade, considera Plinio, o acerto está em editar títulos de todas as áreas, e foi isso que a Edusp procurou fazer, em um amplo espectro de escolhas. Ainda que essa estratégia não evitasse a ocorrência de problemas e, entre eles, esteva a queixa de pesquisadores nas áreas de biológicas e de exatas, ao menos até meados dos anos 1990. O questionamento era que a editora privilegiava a produção na área de humanidades, o que Plinio refuta. Em todo caso, a criação da Coleção Acadêmica foi pensada para atender, com certa especificidade, as duas áreas que se sentiam não atendidas.

Muitas soluções foram encontradas, mas nem todas. Um dos problemas esteve relacionado à eventual recusa de um autor com base em critérios de qualidade, o que pode levar a situações constrangedoras. Um caso ilustra bem essa situação. Certa vez, um trabalho foi recusado e, tempos depois, seu autor recebeu um convite para dar parecer sobre uma obra em fase de avaliação por parte da editora. O pesquisador recusou o convite e devolveu o texto sem qualquer outra consideração, com uma justificativa definitiva: se não poderia ser um autor da editora, também não deveria ser um parecerista de uma obra para a editora. Outro autor, da área de Direito, a ter sua obra recusada alegou que ele como professor tinha os mesmos direitos de ser publicado. O critério adotado para minimizar esses problemas foi o de encaminhar a obra a especialistas na área e, com o parecer em mãos, a comissão manifestar sua opinião. Esse critério passou a valer tanto para trabalhos originais quanto para traduções.

Ao passar de coadjuvante para editora de prestígio na área acadêmica, a Edusp enfrentou um conjunto de desafios. Um dos mais inesperados foi o do direito autoral, comportamento padrão em editoras comerciais privadas. Como coeditora, a Edusp não tinha nem mesmo uma equipe de autores contratados, a exemplo do que ocorre no mercado, sem nunca ter adotado a prática de aquisição de direitos autorais. Além disso, mesmo autores acadêmicos da USP, com publicações em regime de coedição, estiveram comercialmente relacionados às editoras privadas com as quais assinaram acordos que asseguravam, por exemplo, os direitos. As transformações em curso obrigaram a Edusp a reformular todo seu procedimento e os direitos autorais foram parte desse processo.

O direito autoral tem sua complexidade por envolver um conjunto de interesses entre pelo menos quatro atores principais: autores, editores, tradutores e herdeiros de uma obra. O direito autoral considera, entre suas premissas, que nenhuma propriedade é tão pessoal quanto a produção intelectual. Ele assegura a autores e artistas o direito de propriedade sobre suas obras, garantindo-lhes participação em todos os ganhos em função do uso que se faça delas. A participação tem certa flexibilidade, dependendo do tipo de contrato entre as partes. De modo geral, assegura 10% sobre o preço de capa ou de venda de cada exemplar. No caso da Edusp, em tiragens superiores a três mil exemplares, os direitos autorais subiam para 12%, com prestações de contas semestrais.

O princípio básico que rege os direitos autorais considera que a titularidade sobre determinada obra é, em primeiro lugar, do autor, e só pode ser transferida em definitivo a seus eventuais herdeiros. Além disso, o direito autoral protege a obra e seu autor sob a forma de expressão de ideias, mas não as ideias em si. O período de proteção posterior à morte do autor varia e depende de legislação específica, mas, quase sempre, é de setenta anos, como ocorre no Brasil. Plinio, no entanto, aponta exceções que levam a situações exóticas. Um desses casos é o de Stephan Joyce, neto de James Joyce (1882-1941), autor do enigmático *Ulysses*, romancista, contista e poeta irlandês. Plinio teve problemas quase insolúveis com ele quando editou, pela Ateliê Editorial, *Finnegans Wake*, o último romance de Joyce, publicado em 1939. O filósofo americano Donald Davidson (1917-2003) publicou um livro sobre o uso da linguagem nesta obra, o que o filósofo francês Jacques Derrida (1920-2004) fez com *Ulysses*. O neto do escritor, no entanto, seu único descendente, foi um problema para biógrafos, artistas e intelectuais, além de editores.

Em 13 de janeiro de 2011, quando foram completados setenta anos da morte do escritor, sua obra passou para o domínio público, condição que o neto de Joyce tentou refutar com a ajuda de advogados. Em 2004, ele já havia pressionado o governo irlandês para proibir a leitura de *Ulysses* num festival. Alguns anos antes, em 1988, destruiu uma coleção de cartas escritas por sua tia, Lucia, filha de James Joyce. Ele costuma dizer que está apenas protegendo a reputação de seus avós, James Joyce e Nora Bernacle, mas tem concedido permissões para uso de trabalhos do avô por valores considerados extorsivos. No entanto, Stephan Joyce não foi o único caso. Merlin Holland (1947), biógrafo, editor e o único neto de Oscar Wilde (1854-1900), escritor, poeta e dramaturgo irlandês conhecido, especialmente, por *Retrato de Dorian Gray*, também encontrou um atalho jurídico para lucrar com as obras do avô, mais de um século após a morte dele, forçando editoras a ceder aos seus interesses o que, por certa tradição legal, não teria direito. Até porque, como ironiza Plinio, "fama e talento não são, necessariamente, legados hereditários".

CRITÉRIOS PARA COMPOSIÇÃO DO *COPYRIGHT*

Para assegurar os direitos do autor e, ao mesmo tempo, demonstrar que a editora está cumprindo com seus deveres do ponto de vista legal, a indicação do *copyright* internacionalmente aceita é feita pela composição de três elementos. O símbolo do direito autoral formado pela letra © em maiúscula, no interior de um círculo; o ano da primeira edição e do registro da obra e o nome do detentor do *copyright*, o direito do autor. As normas exigem ainda que a indicação do *copyright* deva ser feita em local de destaque na página de créditos, no verso da página de rosto de uma obra, de modo legível e claro. Em alguns países essa menção é obrigatória para que a obra referida tenha e mantenha proteção legal. O uso de uma obra protegida só é possível com a autorização do detentor dos direitos autorais e a violação a essa proteção por qualquer meio equivale a um roubo punível com os rigores da lei.

Os direitos autorais são garantidos por contratos e registros. Com a longa experiência, Plinio interpreta que "o contrato não é apenas conveniente, mas indispensável, por definir, de forma sintética, a natureza do trato feito". Editoras de pequeno porte, diz, "com alguma frequência se restringiam a um contrato verbal com autores ou tradutores, o que não é recomendável a nenhuma das partes". A vantagem de um contrato bem-feito, acrescenta, "é definir a cada um dos envolvidos exatamente o que lhe cabe na edição de uma obra, evitando possíveis desencontros em negociações e prazos, o que também inclui eventuais problemas futuros com herdeiros". Plinio reconhece que "não há um contrato ideal, uma peça jurídica capaz de satisfazer nos detalhes os interesses das partes", mas dá uma sugestão a autores: "em um contrato editorial a prática demonstra que, para o autor, um contrato relativamente desfavorável com uma editora séria ainda pode ser mais conveniente que um contrato aparentemente favorável com uma editora inescrupulosa".

Contratos entre autores/tradutores e editoras variam como é de esperar, mas, de modo geral, podem ser resumidos em dois casos:

1. *Contrato definitivo de direitos autorais do* copyright. Esse modelo pode ser desfavorável tanto a autores/tradutores quanto a editores. Se o livro for um fracasso de vendas, por exemplo, "ninguém terá pena do editor, mas se ocorrer o contrário, e a obra for um sucesso, autores/tradutores poderão reclamar, alegando que foram prejudicados". Atualmente é raro esse tipo de contrato, ainda que ele seja permitido pela Lei dos Direitos Autorais, de fevereiro de 1998.
2. *Contrato com sistemas de porcentagem.* Na avaliação de Plinio, a melhor alternativa e a que tem sido mais adotada.

Outro dos cuidados para tornar a Edusp uma editora real, não quase virtual como foi durante anos, incluiu a edição de textos. Um livro pode ter todos seus componentes muito bem resolvidos, mas, se o texto apresentar falhas, o destino dele estará comprometido. E isso faz da preparação do texto uma tarefa tanto primorosa como indispensável. O que é uma preparação de texto? Um conjunto de procedimentos que incluem revisão de estilo, ortográfica, normalização e marcação, tudo aquilo que deixa um texto original em condições de se transformar na essência de um livro. Uma narrativa, seja do que for, bem-cuidada e com estilo que um livro deve ter.

Aqui também, cada editora costuma ter padrões, organizados em manuais de estilo, nem sempre escritos, mas adotados pelos responsáveis pela preparação dos originais, com frequência ainda referidos como "manuscritos". Não se trata, argumenta Plinio, no caso da preparação de originais, de "ensinar um autor como escrever". Na verdade, certa condescendência da parte dele, e isso porque, em alguns casos, os originais podem ser sofríveis em termos de narrativa ou de linguagem, ainda que tenham densidade de conteúdo que justifique a publicação. Mas também esse é um trabalho refinado, pois um preparador deve ter o máximo respeito pelo texto original.

O nível de intervenção de um preparador de texto, em especial quando envolve estilo, "deve ser proporcional à finalidade intrínseca de cada original", adverte Plinio, acrescentando que a tarefa do preparador é "facilitar a vida do leitor, conferindo unidade e clareza não apenas às ideias, mas a todos aspectos gráficos e materiais do livro". Porém, antes que esse trabalho seja iniciado, o editor responsável deve ler os originais, orientar o tipo de intervenção a ser feita e apontar o profissional mais adequado para essa tarefa. Se for uma tradução, o texto deve sempre ser cotejado com o original, linha a linha, para evitar desvios.

É comum, relata Plinio, que os autores, ao entregar os originais, garantam que "está finalizado e dispensa intervenções". Ingenuidade acreditar nessa versão que, de certa maneira, revela os "ciúmes" do autor com seu escrito. Por talentoso que seja, sempre haverá alguma coisa a ser reparada, ainda que seja da mais elementar normalização. Mas há casos extremos. Uma obra de uma editora paulistana há algum tempo teve de ser recolhida quando se descobriu que tinha perto de dois mil erros tipográficos. Resultado da passagem de uma tecnologia de composição para outra – da linotipo para a fotocomposição. Foi um caso que driblou certos controles e chegou até o final desastroso para uma editora. Entre uma quase infinidade de regras que orientam um revisor de estilo, Plinio cita as que devem ser seguidas como um mantra para evitar o caos: "Atenção cirúrgica, paciência bíblica, humildade franciscana e, jamais, alterações ditadas pelo puro capricho ou achismo."

ENGENHO E ARTE
DA REVISÃO DE PROVAS
Com o livro preparado, passa-se para a composição e revisão de provas, a partir do texto composto, nos primórdios, a cargo de uma dupla de revisores para conferência da fidelidade do texto composto com o original. Plinio diz que "muitas vezes o revisor que trabalha com as provas é considerado o encarregado desse trabalho". Mas essa, avalia, "é uma caracterização que não faz justiça à real função". A função desse profissional é mais ampla e complexa por entender que "essa pessoa deve, por exemplo, conhecer a técnica de composição tão bem, ou até melhor, que o próprio operador dessa tarefa".

Finalizada a revisão da primeira prova, seguida das emendas devidas, é necessária uma segunda revisão, terceira revisão, ou quantas forem necessárias, feitas por alguém que não trabalhou nas anteriores. Todo cuidado é pouco na edição de um livro. Os erros podem ser sutis, camuflados como um hábil predador. Por isso mesmo a feitura de um livro é uma interação de arte, talento e puro refinamento, combinando doses de prudência, vigilância e determinação.

Toda essa ampla escala de procedimentos teve de ser pacientemente implantada na Edusp que, como coeditora, jamais havia se envolvido com esse labirinto de complexidade. Daí a crença, até certo estágio de sua existência, de que qualquer um poderia se ocupar de sua consolidação. A Universidade, por uma questão de princípio e metodologia científica, deveria ter se dado conta disso. Mas nem sempre o que se espera de uma situação se manifesta. Na Edusp, só a profissionalização das funções foi capaz de implantar métodos de um lado e descartar vícios de outro. Ao menos até certa altura, porque, na mesma Edusp, sob influência de situações políticas, tudo isso também pode mudar. Projetos gráficos podem ser subestimados, conteúdos desconsiderados e rumos alterados sem a referência dos pontos cardeais.

Para Plinio, "o livro deve ser projetado como uma entidade total dominada pela harmonia entre todos os seus elementos internos e externos". Uma obra com leitura dificultada, considera, "converte-se em um produto absolutamente sem sentido". Ao mesmo tempo em que atuou para viabilizar a Edusp como editora universitária, Plinio, com sua inquietação, desenvolveu outras atividades. Foi professor de Editoração na Faculdade Anhembi Morumbi de São Paulo entre 1986 e 1990. Era o início do curso nessa faculdade e havia poucos alunos. Não mais que três, diverte-se, o que significa dizer que suas aulas eram quase particulares. Mas isso também iria mudar. Uma divulgação do curso mudou tudo e três anos depois havia oitenta alunos na sala, exigindo aulas com a ajuda de equipamento de som. Plinio desistiu diante do que considerou uma massificação sem sentido.

Desde 1987, no entanto, ele é professor no Departamento de Jornalismo e Editoração da eca-usp, ocupando-se de disciplinas-laboratórios ligadas à Editoração. O curso dispõe de uma editora, a Com-Arte, que reproduz a estrutura e o funcionamento de uma editora real, envolvendo seus alunos em todas as fases da produção do livro, da seleção do original ao seu lançamento e distribuição.

Com seus jovens alunos, Plinio Martins Filho, Marisa Midori Deaecto, Thiago Mio Salla e José de Paula Ramos Jr. desenvolvem não apenas um laboratório de aprendizado profissional, mas estimulam e se envolvem com reflexões sobre o lugar do livro na sociedade, com a diversidade de meios e plataformas digitais. O propósito, neste caso, é "um juízo sobre como produzir livros compatíveis com as novas demandas e, ao mesmo tempo, articulados com a tradição de séculos que criou padrões e valores que devem ser conhecidos e trabalhados pelas novas gerações profissionais".

Plinio também se dedicou à Festa do Livro da USP, da qual foi o idealizador e criador, para levar obras com desconto mínimo de 50% aos interessados, de forma que, principalmente os alunos, formem bibliotecas e com isso seja abandonado o hábito indesejável de se recorrer a cópias xerox de capítulos, apenas trechos, não o corpo inteiro de um livro. Para participar dessa reunião anual no *campus* da USP em São Paulo, são convidadas editoras com catálogo mais acadêmico, oferecendo conteúdos mais próximos do interesse dos estudantes. No início, o número de participantes foi reduzido, mas essa situação tem mudado a cada ano, a ponto de hoje ser o maior evento cultural da USP e integrar o calendário cultural da cidade. Entre outros resultados positivos, a festa aproxima editoras de seus leitores e, com isso, é possível superar, ao menos em parte, um ponto de estrangulamento na área editorial: a distribuição e comercialização de livros, por carência de infraestrutura em um país de dimensão continental.

8.
A Errância de um Editor

*A cultura valeu-se principalmente dos livros
que fizeram os editores ter prejuízo.*

THOMAS FULLER

Quem é o editor?

Para parte das pessoas, habituadas a definições simples e práticas, um editor é alguém capaz de ler um original, decidir se deverá ou não ser publicado e, se a decisão for favorável, providenciar para que desse texto nasça um livro. Mas um editor é mais que uma definição com meia dúzia de linhas. Plinio Martins Filho considera um editor antes de tudo um criador, conceito que extrapola a definição de aceitação fácil. O papel de um editor, considera, está ligado "à criação, geração e desenvolvimento de uma obra". Assim, "um editor é um educador, um sensibilizador para o novo, um ampliador de territórios, um minerador de novos talentos, um explorador e um descobridor". Por conta disso, o editor é um profissional que viabiliza livros, no sentido de tornar o original um texto legível nos seus mais diferentes aspectos: gráfico, visual, fluido e inequívoco sem ser restritivo.

A propósito de um editor, é intrigante o relato de Kurt Wolff (1887-1963), jornalista, escritor, editor e *publisher*, como a função é identificada fora do Brasil. Nascido em Bonn – antiga Prússia, agora em território alemão –, de mãe judia, Wolff começou a trabalhar com Ernst Rowohlt (1887-1960), criador, em 1908, da editora Rowohlt, em Leipzig.

Wolff foi o primeiro editor de Franz Kafka e Franz Werfel, dois dos expoentes da literatura produzida em alemão. Em estreito e frequente contato com escritores em Praga, Wolff deu apoio a talentos, ainda desconhecidos, entre eles dois dos poucos amigos de Kafka: Max Brod e Felix Weltsche. Em 1929, Wolff publicou o famoso livro de fotografias *Face of Our Time*, de August Sander. Em 1941, com a guerra em expansão, ele e sua segunda esposa, Helen, deixaram a Alemanha. Passaram por Paris, Londres, Montagnola, na Suíça, Saint-Tropez e Nice, na França, e finalmente estabeleceram-se nos Estados Unidos, onde Wolff criou a prestigiosa Pantheon Books, em 1942.

Comecemos com Rowohlt que, para Wolff, seria a contrapartida de Jacó Guinsburg para Plinio mais de meio século depois. Ele dá pistas para a trilha seguida por um editor, quando essa ocupação ainda não tinha espaço em universidades. Editores eram confundidos com os próprios autores, de quem de fato eram parte, na função de mentores, no sentido proposto por Joseph Campbell: o de heróis experimentados que se retiram da vida mundana para ocupar uma gleba no Olimpo.

Rowohlt fundou sua empresa editorial em 1908, mesmo ano em que Wolff o encontrou. Quanto a Kafka, o interessante é a descrição que Wolff faz dele: "Em agosto de 1912, Kafka me enviou dezoito textos em prosa que foram publicados no mesmo ano, em oitocentos exemplares, com o título de *Meditações*". Era o primeiro livro do autor de *A Metamorfose*. As obras seguintes, que incluem os romances *Desaparecido*, *O Processo* e *O Castelo*, além dos contos de *Na Colônia Penal*, *Um Médico Rural* e *Um Artista da Fome*, saíram em edições de mil exemplares cada uma e "se não me falha a memória", avalia Wolff, "enquanto Kafka esteve vivo, jamais foi necessária uma segunda edição". Em um capítulo com o título de "A Aventura de Publicar", Wolff relata um conjunto de acontecimentos que, reunidos e desenvolvidos, sustentariam um romance. Um deles tem como origem uma pequena carta que, depois da localidade e da data (rua Sanità, 2/111, Trieste, Itália), começa assim: "Prezado senhor. Apresento-lhe algumas resenhas sobre o meu romance, que talvez possa despertar-lhe o interesse em publicar uma tradução alemã para sua Coleção Moderne Bücher. Algumas de minhas obras já foram traduzidas para o alemão, o italiano e o sueco. Se o senhor se interessar, posso lhe enviar uma cópia. 1º de maio de 1920. Cordialmente professor James Joyce."

A carta de Joyce foi, talvez por mero acaso, uma das muitas que sobreviveu entre as dezenas de milhares, destruídas ou perdidas, "uma folhinha que parecia totalmente insignificante".

Wolff relata que, "em 1920, ao ler essas linhas, devo ter imaginado qualquer coisa do tipo 'quem será esse professor excêntrico, que, em alemão lamentável, me manda um livro em inglês, de Trieste e me propõe uma edição alemã?'" Então considera que: "É bem possível que eu tenha buscado informações sobre ele. Joyce, pelo que sei, não só era totalmente desconhecido no continente europeu, mas também na Inglaterra, onde pouco havia se ouvido falar dele. Qual era o romance que ele queria enviar, já não me lembro. Até 1920 ele publicara apenas dois livros que haviam conquistado um número muito limitado de leitores: *Dublinenses* e *O Retrato do Artista Quando Jovem*. *Ulysses* saiu apenas dois anos depois, em Paris, pela Shakespeare & Co., de Sylvia Beach."

Wolff fala de uma segunda, de várias outras experiências da época: o *Livro de San Michele*, de Axel Munthe, que a editora Kurt Wolff não publicou e que se tornou *best-seller* vendendo um milhão de cópias na edição alemã e ainda continua no mercado. Axel Munthe (1857-1949), desdenhado por Wolff no que posteriormente considerou um dos deslizes de sua carreira, foi um escritor, médico e psiquiatra sueco que tem em *O Livro de San Michele*, publicado em 1929, sua obra mais conhecida, traduzida em quarenta e cinco idiomas. O livro ajudou-o a sair da depressão provocada pela perda da visão, aos cinquenta e dois anos. Munthe também é reconhecido por seu trabalho filantrópico e como um dos precursores na defesa dos direitos animais.

Wolff foi o primeiro editor de Franz Viktor Werfel (1890-1945), romancista, dramaturgo e poeta austríaco, conhecido por *Os Quarenta Dias de Musa Dagh*, publicado em 1933, romance baseado no genocídio armênio de abril de 1915, na atual República da Turquia.

Já August Sander (1876-1964), fotógrafo e documentarista alemão, que trabalhou como mineiro antes de se dedicar à fotografia, é considerado o mais importante em sua área no início do século XX. Seu *Face of Our Time* é uma seleção de sessenta imagens de uma série, *People of the 20th Century*, apresentado com um ensaio de Alfred Döblin (1878-1957), médico e escritor alemão. Sander sofreu constrangimentos profissionais e pessoais durante o nazismo. Seu filho, Erich, preso e condenado por atividades políticas, morreu na prisão em 1944.

Em *Memórias de um Editor*, publicado no Brasil pela editora mineira Âyiné, Wolff relata os contatos de Kafka com um de seus poucos e próximos amigos, Max Brod, com uma carta em que conta: "Hoje, recebi a planilha de vendas da editora Kurt, entre 1916 e 1917, cento e duas cópias de *Meditações*, resultado surpreendente", ao que o próprio Wolff contrapõe, "mas com uma surpreendente quantidade de cento e duas cópias, uma edição de oitocentas não venderia nem em cinco anos". Citando dados de meio século depois, em 1961, Wolff relata que *O Veredito* e outros contos de Kafka tiveram tiragem de trezentos e quarenta e sete mil exemplares, com centenas de milhares referentes a outras obras dele, acompanhado da observação típica de um editor: "Há exceções, mas uma obra com sucesso explosivo e imediato, na maioria das vezes, tem vida curta."

A INTROSPECÇÃO DE FRANZ KAFKA.
NATUREZA DE UM EDITOR Wolff diz não se lembrar de quantas vezes esteve com Kafka, mas assegura que o primeiro encontro foi em 29 de junho de 1912 e Kafka estava acompanhado de Max Brod, autor de Ernst Rowohlt. Wolff se desculpa para revelar que a sensação que teve foi de Brod ser um "empresário apresentando sua nova estrela". "Kafka", acrescenta, "era incapaz de levar aquela apresentação com leveza, sem formalidades." Ao longo de duzentas e dez páginas, Wolff faz uma narrativa sintética e vigorosa da natureza de um editor. Confessa que "é difícil explicar o quanto é complexa essa

profissão e como há uma série de elementos que devem funcionar coordenadamente para se ter um conceito real, legítimo e positivo de editoração". Para ele, na vida de um editor, "o irracional se sobrepõe ao plano racionalmente desenvolvido, jogam-se todas as previsões no lixo. Vive-se em uma situação permanente de incerteza e surpresas; uma fonte inesgotável de alegrias e decepções".

Kafka, Brod, Werfel e Hasenclever (Walter), anota Wolff, foram os primeiros autores da Editora Kurt Wolff "e foi", como se vê, "mais a sorte que o mérito que guiou a editora. Naturalmente era importante perceber que cada um deles, em seu gênero e de acordo com sua peculiar dimensão, era digno de cuidados editoriais".

Kurt Wolff era um jovem estudante de letras da Universidade de Leipzig, quando, certo dia, atendeu ao convite de Ernst Rowohlt para um encontro em seu escritório, formado por dois cômodos, no número 10 da rua Koenig, em Leipzig, sede da Oficina Tipográfica Drugulin. Não levou nada de importante, "além do indispensável numa situação como esta: entusiasmo". De qualquer forma, Wolff era um estudante universitário com certo direcionamento quanto ao que pretendia. Bem diferente do garoto Plinio que, um dia, chegou à sede da Editora Perspectiva em São Paulo. Wolff e Plinio são diferentes vertentes da imprevisibilidade que caracteriza o ofício de editor. E este é um primeiro paralelo entre duas realidades no tempo e no espaço. Visitaremos outras, para explorar o universo de um editor.

Por que e de que maneira alguém se transforma em um editor são questões com enorme diversidade de respostas. O questionamento aqui é proposto por Burroughs Mitchell (1914-1979) que, em 1977, encerrou sua carreira como editor-chefe da Charles Scribner's Sons, nos Estados Unidos, onde substituíra o lendário Maxwell E. Perkins (1884-1947), descobridor de talentos como Ernest Hemingway, F. Scott Fitzgerald e Thomas Wolfe, entre outros. Perkins, ainda hoje, é considerado o mais conhecido editor da literatura americana.

Burroughs Mitchell avalia que sua opção profissional pode ser encarada como uma espécie de "condição hereditária". Seu pai, Edward Page Mitchell, foi, por longo tempo, editor-chefe do *New York Sun*, publicado entre 1883 e 1950, um jornal respeitado, ainda que politicamente mais conservador que outros dois dos grandes da cidade: *The New York Times* e *New York Herald Tribune*. Em seu livro *The Education of an Editor*, Mitchell descreve que, aos seus olhos, o pai foi um jornalista superlativo com quem ele não viu condições de concorrer em termos de prestígio, e isso o levou para a função de editor. Ele se lembra do pai, "um homem interessado em literatura e de gosto refinado", deitado, lendo uma versão seriada de *Ulysses*, de Joyce, pela revista literária *The Little Review*. E aqui emerge outra das faces da carreira de um editor, neste caso de Margareth Caroline Anderson e Jane Heap, responsáveis pela *Little Review*. A versão seriada literalmente baniria o romance de Joyce nos Estados Unidos. Um episódio, que saiu em agosto de 1920, atraiu a fúria da New York Society for the Suppression of Vice, instituição dedicada à supervisão da moralidade pública. Anderson e Heap foram consideradas culpadas por imoralidade, tiveram de suspender a publicação e foram multadas em cem dólares. "Este homem é um maluco" – Burroughs Mitchell ouviu do pai enquanto lia *Ulysses* pela *The Little Review*. Uns poucos dias depois, no entanto, ele também ouviu uma correção: "Não, ele não é um maluco. Ele é um gênio". Com isso, Edward Page Mitchell expressava o refinamento crítico que transmitiu por "hereditariedade" ao filho. Um editor deve ter faro apurado, sentidos refinados para distinguir uma obra transformadora do que pode ser um engodo, por mais bem embalada que seja.

O ENTUSIASMO QUE MOVE UM INICIANTE

Quando entrou no escritório de dois cômodos de Rowohlt (o terceiro era o apartamento dele, Rowohlt), Wolff tinha entusiasmo ilimitado pela carreira que pretendia abraçar. Mas conhecimento oposto. Seu gosto tipográfico, como ele mesmo caracteriza, era tanto "limitado" quanto "restrito", para que pudesse avaliar superficialmente se a tipografia, a encadernação e o projeto de um livro eram atraentes. Precisou de um bom tempo para se instruir quanto a sutilezas profissionais, e isso incluiu percepção de processos como a escolha dos tipos, formatos, projeto gráfico, composição, o espaço entre as linhas e títulos em cursiva, entre os mistérios indecifráveis a um primeiro olhar. Ao menos nisso, Kurt Wolff e Plinio Martins Filho não estavam distantes. Seu mentor a partir do primeiro encontro, Ernst Rowohlt, estava muito à frente dele, com experiências extraídas da Drugulin. Um paralelo semelhante se apresentava entre Plinio e o já experiente Jacó Guinsburg.

E um original, no passado – eventualmente ainda hoje, referido como manuscrito –, como chegava às mãos de um editor? Como se dá o encontro entre um autor e um editor e, em especial, quais os critérios na escolha do que se deve publicar? Plinio responde que não tem interesse algum no que, para alguns editores, é a grande realização: a publicação de *best-sellers*. "Não tenho qualquer interesse nesse segmento", garante. "O que busco são livros de qualidade em todos os sentidos. Do conteúdo à boa edição. É o que me interessa, me preenche e me fascina." Plinio defende que "um editor deve educar seus leitores em lugar de deixar que eles definam o que deve ser publicado". Com isso, partilha da opinião de Wolff para quem os editores com publicações definidas por leitores pertencem a outra ordem, que ironicamente ele se refere como *ordo*, no sentido católico da expressão, "ordem".

Para um comportamento acomodado, Wolff observa que "não são necessários nem entusiasmo nem gosto". Não significa, no entanto, que um editor não possa ser procurado por um autor com um original promissor. Ou mesmo que um autor ligado a um editor não possa ser a ponte, fazer a apresentação de um outro autor, numa espécie de carta de fiança. Editores de "outra espécie, como nós", escreve Wolff, "e dizemos isso com toda a modéstia, praticam uma atividade criativa, buscando entusiasmar o leitor com algo original, com valor literário, com possibilidade de permanência". E nisso expressa a posição de Plinio quanto a não se deixar levar pela lógica fácil, a solução pouco exigente, independentemente das dificuldades encontradas. A verdade, no entanto, é que esse procedimento também não significa uma solução final, e agora é Wolff quem esclarece esse ponto: "Às vezes, acreditamos ter descoberto grandes promessas baseados na personalidade de um manuscrito de um autor e as promessas não se realizam. Mas a tentativa é válida, o sucesso não é dominante – é frequentemente casual. Sim. Conseguir um bom autor é mais acaso que mérito."

Pedro Páramo, de Juan Rulfo, romance que reinventou a literatura latino-americana e está relacionado ao *boom* literário da segunda metade do século passado, certamente aponta para promessas que não podem ser previstas, como considera Wolff. Em contraposição, *Planalto em Chamas*, de 1953, um conjunto de contos de dois anos depois, não tem a magia de *Pedro Páramo*.

De qualquer maneira, Rulfo está na raiz do realismo mágico, movimento que teve a participação de escritores como Gabriel García Márquez, Jorge Luis Borges, Carlos Fuentes e Julio Cortázar, entre outros, como Nicanor Parra, que se considera um antipoeta. De maneira mais ou menos geral, e com isso retornamos a Burroughs Mitchell, "cada editor de livros começa sua carreira lendo manuscritos e, à medida que avança na educação e responsabilidade, é capaz de desvendar a direção de seu percurso, uma experiência comparativamente desfavorável em relação a, por exemplo, um psiquiatra, um jovem aventureiro ou um capataz agrícola". Na avaliação de Mitchell, há três momentos privilegiados na vida de um editor comparados aos trabalhos monótonos e aborrecidos em outras áreas. O primeiro está em encontrar, ele mesmo, um original cheio de vida. Apenas alguém com experiência, diz, pode perceber o efeito que um bom original é capaz de produzir e, neste caso, um editor deve ter a sensibilidade de cuidar dele com curiosidade e esperança. Ainda assim, previne que o fluxo de um original pode ter muitos problemas, exigindo esforço de tratamento, determinação e *flashes* de talento. Então, é compreensível, para o leitor de um original, o editor, deprimir-se. Especialmente porque ele sabe que muitos desses problemas resultam do desvio de boas intenções e de trabalho duro. Mas, tranquiliza Burroughs, de maneira inesperada, o momento desejado chega: o original com indescritível e imediata evidência de vida materializa um escritor.

MOMENTOS CRÍTICOS
ENTRE AUTOR E EDITOR
O encontro entre o autor e o editor é o segundo dos três momentos que caracterizam a vida de um editor, na avaliação de Mitchell. É um encontro carregado de expectativa e tensão. O autor de um primeiro livro pode ter ouvido relatos preocupantes sobre editores, então "chega carregado de suspeição e disposto a proteger seu trabalho de qualquer intervenção indevida". Mas também pode ocorrer de um autor "estar em uma posição oposta: atordoado pelo fato de uma pessoa desconhecida (um editor!), mostrar-se interessado no seu livro". É natural, avalia, "que esse autor atordoado permaneça em silêncio durante o encontro, sorrindo um pouco encabulado". Nas duas condições, no entanto, o autor tende a permanecer em silêncio, em guarda. Ele está fechado em si mesmo. Bloqueado.

O terceiro momento da interação autor/editor é a data do lançamento. Um autor pode ter "tremedeiras" ou exceder-se um pouco nas doses de álcool como forma de controlar o nervosismo. Um editor, embora não chegue a tanto, também é afetado por essa situação. Enquanto o livro só existe na forma de um original, está sob certo controle, aberto a revisões e o editor se mantém em certo nível de indiferença. Mas tudo isso muda com a data de lançamento, quando parte do trabalho do editor é acalmar o autor, diz Mitchell com pitadas de humor, "mas qualquer crítica mais ferina pode deflagrar, também no editor, uma reação acalorada".

Com o lançamento começa uma nova etapa. Os resenhistas vão descobrindo e revelando o trabalho e perscrutando o autor. O livro começa a se tornar visível nas vitrines das livrarias, nas mãos de leitores no ônibus ou metrô e é discutido com suposto conhecimento pelos que ainda não o leram. Nesse momento, o editor se anima com a possibilidade de uma nova e ampla edição.

Na longa história do livro houve mudanças, algumas delas mais radicais, como aconteceu no século XV com os tipos móveis desenvolvidos pelo alemão Johannes Gutenberg (1398-1468), considerado um dos inventos mais importantes do segundo milênio da história do Ocidente. A mecanização viabilizada por Gutenberg teve influência no desenvolvimento do Renascimento, que marcou o fim do feudalismo, na Reforma Protestante liderada por Martinho Lutero e na Revolução Científica que reformulou a pesquisa e está na base da atual sociedade do conhecimento. A prática da edição, no entanto, é tão antiga quanto as tabuinhas de barro, os livros em rolo, e os códices manuscritos, os ancestrais da forma clássica atual. Ao menos dos volumes impressos, porque as versões eletrônicas são de outra natureza. Timon (320 a.C.–230 a.C.), filósofo cético, costumava referir-se à Biblioteca de Alexandria como "a gaiola das musas" onde "uns garatujadores" se punham a ler, copiar e comentar textos antigos. Segundo Timon, Zenódoto de Éfeso (333 a.C.–260 a.C.), o primeiro bibliotecário de Alexandria, fazia interpretações e intervenções duvidosas enquanto produzia cópias de *Ilíada* e *Odisseia*, tornando suspeitas suas edições.

Mas, à época de Marco Túlio Cícero (106 a.C.–43 a.C.), advogado, escritor, filósofo, conhecido principalmente como orador, editar um texto assumiu um sentido mais amplo. Cartas de Cícero a Tito Pompônio Ático (109 a.C.–32 a.C.), patrono das letras, reunidas nos dezesseis volumes das *Cartas a Ático,* o amigo abastado de Cícero, não poupou esforços – com recursos os mais diversos, incluindo escravos, a maior parte gregos – para a boa qualidade das edições. Com isso, a preocupação deixou de ser a produção de cópias para preservação e passou a ser a oferta de obras públicas. Daí a raiz latina de *editor*, *editoris*, com o significado de o que gera, o que produz, ou ainda aquele que causa. E, por extensão, o autor, consistente com o verbo *edere*, de parir, publicar, expor, produzir. Mas, enquanto *edere* refere-se a lançar um produto literário sem envolver difusão ampla, *publicare* diz respeito ao processo pelo qual o texto se torna público, no momento em que ele escapa ao controle do autor e já não pode mais ser alterado. Em ambos os casos, no entanto, e esse processo já aparece nos três momentos indicados por Burroughs Mitchell, a função editorial é indispensável.

As mudanças introduzidas pelos tipos móveis de Gutenberg acentuaram uma oposição entre a escrita, a produção dos originais e o texto final, a versão impressa motivada pela sofisticação da reprodução mecânica, que demandou níveis antes não exigidos, tanto de profissionalização quanto de padronização.

Nesse contexto, editores seriam os descendentes de uma longa linhagem de "leitores benfazejos que zelam pela preservação e publicação de textos", considera a historiadora do livro Marisa Midori Deaecto, para quem "pode-se dizer que o editor sobreviveu a todas as revoluções" que transformaram a cultura escrita: a passagem do rolo ao códice, no primeiro século da era cristã, os tipos móveis que viabilizaram a imprensa no século XV e, agora, o texto digital para as mais diferentes plataformas.

SOBREVIVENTE DE TODAS AS REVOLUÇÕES

Os suportes para a escrita foram, inicialmente, o papiro, confeccionado com a planta de mesmo nome, ou o códice de pergaminho, elaborado com a pele de animais de pequeno porte (cabra, carneiro, cordeiro ou ovelha), preparada para a gravação de textos. Quando era utilizada a pele de bezerros, ou mesmo cordeiros, esses suportes de escrita eram chamados de velino. Essas peles, finas e macias, eram utilizadas quase sempre para documentos ou obras mais importantes, antes que o papel, desenvolvimento chinês, se consolidasse. A propósito, o termo pergaminho remete à cidade grega de Pérgamo, na antiga Ásia Menor, agora território da Turquia, onde supostamente teria tido sua origem.

Diferentes plataformas e diferentes tipos de leitores. O leitor concentrado, o interativo, o crítico, o intensivo, o solidário, o mal-comportado e, mais recentemente, o leitor eletrônico. Mas há um leitor oculto, invisível no livro, que tudo vê, mesmo o que escapa aos outros leitores. Esse leitor com olhos de águia se caracteriza por ser exigente, "tinhoso" como o próprio. Não salta linhas e organiza tudo para o deleite dos demais leitores: este é o editor.

Na forma atual do livro, tanto o impresso quanto o eletrônico, não se chegou ao questionamento da figura do editor no processo de sistematização do texto. Para Marisa Midori Deaecto, "no extremo dessas transformações pode-se pensar que as novas tecnologias permitam novas articulações entre autor e editor, o que pode fazer dos autores os editores de seus próprios textos, como já ocorreu no passado. Escritores elaboram seus textos enquanto editores conferem a eles um tratamento indispensável à edição de forma inteligível, clara e organizada. Esse é um trabalho de artesão e para isso é preciso dominar as técnicas e hierarquias que, ao final do certo tempo, farão do original um livro acabado, que não pode mais ser alterado. A não ser com nova edição. Daí a origem da frase 'editar é ordenar o caos'".

Na história de um "editor perfeito", uma referência a Plinio, começou com um autógrafo do professor e crítico literário Alfredo Bosi escrito na 1ª edição de *Entre a Literatura e a História*, publicado pela Editora 34. A frase acabou autônoma e ajustada ao perfil dele, como exemplo do que deve ser um editor determinado a fazer com que um livro seja sempre melhor que todos os que já passaram por suas mãos. Um princípio "sagrado no ofício de um editor". E Plinio, como interpreta a saga de um editor? A resposta chega sob a forma de parábola, maneira de se expressar herdada de hábitos do sertão. João Guimarães Rosa disse que "cada autor deve criar seu próprio léxico, do contrário não pode cumprir sua missão". Um editor não tem razões para ser diferente, daí a expressão de Plinio como alegoria, da seguinte maneira:

Um homem, passando em frente a uma obra, vê três operários quebrando pedra e pergunta ao primeiro:

– O que você está fazendo?

– Não está vendo? – responde o operário. – Estou quebrando pedras.

A resposta do segundo trabalhador é diferente, para a mesma pergunta:

– Estou preparando uma pedra angular.

A fala do terceiro homem é distinta das expostas pelos dois que o antecederam. Ele diz:

– Estou construindo uma catedral.

Na leitura de Plinio, apenas o terceiro homem, mesmo realizando uma tarefa específica, tem a consciência de fazer parte de um processo amplo. Esse homem, compara, "poderia ser um editor". A edição de livros, justifica, é feita com a participação de dezenas de pessoas e cada uma delas exerce as mais diversas funções e especialidades, "muitas vezes sem o conhecimento de todo o processo, satisfazendo-se em quebrar sua cota de pedras". Para Plinio, em todo processo que envolve um amplo conjunto de pessoas, deve haver uma capaz de compreender e interpretar o sentido da obra coletiva. Esse alguém deve coordenar o conjunto dos trabalhos para assegurar a qualidade e eficiência de cada um, com o reconhecimento claro de que cada uma das tarefas individuais é mais importante do que sugere sua aparência.

No caso de um editor, alguém que conheça o texto, que se envolva com ele como um leitor profissional, crítico, analítico e exigente. E que, além disso, esteja disposto a chegar às últimas consequências na execução de sua melhor apresentação. Esse alguém, sintetiza Plinio, "na minha interpretação, é o editor, aquele que está, dia e noite, ao lado dos que quebram as pedras, observando se eles fazem esse trabalho com a qualidade necessária". Esse alguém, acrescenta, "deve preocupar-se com a qualidade do todo, no caso de um editor, com a qualidade final de um livro". Com frequência maior do que se pode esperar, relata Plinio, o editor costuma ser o único, em meio a um grupo, com a consciência de que não está apenas quebrando pedras isoladamente. Ele participa, como na parábola, da construção de uma catedral, de todo o processo. E, trabalhando a edição, "seu compromisso não se restringe às partes, mas está comprometido com o todo, a partir do texto, forma e conteúdo, além da função que o texto deve ter depois de publicado".

Na apresentação de um livro de Plinio ainda inédito, *Formas e Estrutura do Livro*, Jacó Guinsburg, seu mestre, avalia com a força característica de seu texto: "Eu gostaria de pedir ao leitor que atentasse para mais um aspecto deste livro. É algo que não se lê nas linhas impressas e às vezes frias de um compêndio, mesmo quando ele possui as qualificações que definem *Formas e Estrutura do Livro*. E, sim, nas entrelinhas; naquilo que está por trás desses caracteres tipográficos e que, talvez, os inspire mais do que tudo. Não vou falar de uma certa paixão pelo fazer, do gosto pelo bem-feito ou do amor à cultura que aí se podem entrever. Isto, sem dúvida, se acha presente. Mas, quero salientar, que esta súmula de perícia técnica e discernimento profissional e crítico é o ponto de chegada de uma história, em cujo início se encontra um adolescente de família pobre, vindo a São Paulo para ganhar o pão de cada dia e que, por um acaso, obteve a sua primeira colocação numa editora. Nem ele, nem ninguém poderiam imaginar àquela altura que havia encontrado uma trilha da qual não mais iria desviar-se. Era a de seu caminho de vida. Neste âmbito, por seu próprio esforço e tenacidade, apoderou-se dos meios que eram necessários ao exercício de seu trabalho, tornou-se mesmo um mestre neles, alçou-se à condição de professor da Escola de Comunicações e Artes da USP, de diretor-presidente da Edusp (Editora da Universidade de São Paulo) e de editor autônomo, com uma produção que, em poucos anos e com parcos recursos, fez-se relevante em nosso meio editorial. Tal é, em algumas palavras, não o currículo, mas a história do autor. Não chega a ser uma saga, mesmo porque ela é a história de dezenas de milhares de migrantes e emigrantes aqui chegados em busca de dias melhores, mas não deixa de ter no plano da luta individual, dos obstáculos vencidos e dos sofrimentos experimentados algo de heroico, do heroísmo do homem comum de todos os dias, que se eleva sobre si mesmo e às condições que o cercam a um patamar de realizador."

A CONEXÃO DAS PARTES PARA FORMAR O TODO

A obrigação, a função e o papel de um editor de certa forma têm correspondência com as atribuições de um maestro em uma orquestra. Ele organiza o conjunto a partir de individualidades ou grupos. O editor, argumenta Plinio, "deve relacionar-se com todas e com cada uma das partes, entendê-las e tratá-las com eficiência e seriedade, levando em conta que a edição é um processo ordenado de numerosas etapas de trabalho tanto intelectual quanto industrial, além dos riscos financeiros. O editor é aquele que está em um único e, ao mesmo tempo, em todos os lugares para assegurar o resultado de um trabalho executado em conjunto".

Editar é um processo criativo, ou de certa maneira mais formal, a partir da integração das partes para compor um todo. Há na edição um formalismo operacional, evidentemente, mas ele nunca está desvinculado de criatividade, e isso significa dizer, como exprime Plinio, que "editar é um complexo processo criativo, mas muito diferente da criação de uma obra original". A criação na edição de um livro, avalia, "é diferente do ato de escrita, pintura ou obtenção de resultados experimentais em pesquisa científica". Trata-se, no caso do editor, "de um processo de criação cultural pleno, combinando tanto trabalho intelectual quanto artístico, mas intimamente associado a processos industriais de produção e reprodução que, quase sempre, tendem a ser massificados e indiferenciados".

Como se não bastasse, na edição de um livro estão envolvidos investimentos financeiros para colocar, num mercado de qualidade heterogênea, "um produto de consumo que, uma vez no mercado, perderá temporariamente suas qualidades culturais e se comportará de maneira semelhante à de muitos outros bens de consumo. Até que um possível leitor se dê conta dele e se decida pela sua compra e consumo". Todo esse processo, argumenta Plinio, significa que "o ato de editar é, além de um ato político-cultural, também uma ação econômico-jurídica". O caráter jurídico estaria relacionado ao fato de que editar implica um desdobramento de outros atos, entre eles a transmissão, cessão, exploração e, eventualmente, a violação ou abuso de direitos autorais e conexos. Um ato jurídico porque, além do direito autoral, há outras normas que regulam a atividade editorial.

Editar uma obra envolve duas atividades claramente distintas. Uma é o processo técnico-industrial de produção e reprodução a partir de ferramentas e meios específicos para essa finalidade. A outra é o próprio ato de editar, com o sentido de "dar à luz, colocando em circulação um produto para apreciação pública", avalia Plinio. E o mais importante de ambos é que o produto gerado nessas circunstâncias "seja portador de um discurso, pois é evidente que o que um editor oferece ao mercado não se restringe a papel, tinta e impressão. Há um discurso nessas circunstâncias, textos com relatos literários, históricos, científicos, políticos ou mesmo de entretenimento, com a particularidade de que os portadores do discurso falam a partir do ponto de vista de um enunciador, voltado para um receptor".

Nesse sentido, identifica Plinio, "a indústria editorial se parece com todas as demais indústrias culturais. Historicamente, ela foi a primeira indústria cultural a reunir todos esses aspectos artesanais, industriais, jurídicos, culturais, políticos e, em especial, econômicos, no ofício de publicar reproduções de textos, para se manter da renda dessa oferta no mercado". Foi o que ocorreu entre a segunda metade do século xv e a primeira do século seguinte, um período marcado por profundas e aceleradas mudanças sociais em todo o Ocidente. Foi também a época em que se estabeleceu a diferença entre o impressor, que reproduz, e o editor, que seleciona, e oferece seu produto ao público leitor.

Um editor, observado em todas essas circunstâncias, de muitas maneiras é um errante. Um buscador que, se encontra alguns dos objetos de seu desejo, envolve-se com ele durante certo tempo. Mas volta a enveredar-se numa busca que remete ao mito de Sísifo. Não o de levar uma rocha ao cume da montanha, de onde ela rola para a base e deve ser levada mais uma vez ao cume. O destino de um editor é o de nunca se satisfazer com um encontro, por mais promissor que seja. Na verdade, o encontro mais promissor faz com que ele deseje outro, ainda mais precioso, numa busca fadada a não ter fim, e é isso que faz um editor ser, na sua essência, uma criatura errante.

Evidência dessa sina de uma busca sem fim é o editor inglês Tom Maschler, filho de uma família judia de Viena, que trocou seu antigo país pela Inglaterra em seguida à anexação feita por Adolf Hitler, em março de 1938, à frente da conhecida editora inglesa Jonathan Cape, criada por Herbert Jonathan Cape em parceria com Wren Howard, em 1921. Cape e Howard estabeleceram ao longo do tempo uma alta qualidade editorial reunindo conhecidos autores britânicos, ajudados pelo refinado talento de editor-leitor Edward Garnett, que descobriu autores como Joseph Conrad, ainda que também tenha cometido o equívoco de recusar *Retrato de um Artista Quando Jovem*, de James Joyce, em 1915.

Maschler de alguma maneira herdou o apuro de Garnett ao identificar autores como o colombiano Gabriel García Márquez e Ian Russel McEwan, que o jornal *The Daily Telegraph* classificou como o décimo nono entre os cem mais influentes da cultura britânica, além de Charles Bruce Chatwin, vencedor do James Tait Black Prize pela novela *On the Black Hill*, de 1982.

AUTORES QUE SEDUZEM UM EDITOR

Em seu livro *Publisher*, de 2005, Maschler considera o mais importante do ofício de um editor a relação com os autores e o processo primoroso que deve envolver a edição dos originais que eles produzem.

Na relação com autores, ele se confessa impactado por Joseph Heller, escritor americano mais conhecido por sua obra satírica *Ardil 22 (Catch-22)*, de 1961, romance que gira em torno de Yossarian, tripulante de um bombardeiro B-25 ao final da Segunda Guerra Mundial, considerado uma das grandes obras do século passado.

John Fowles, romancista inglês, foi outro que cruzou o caminho de Maschler. Ele é autor de *A Mulher do Tenente Francês* e *O Colecionador*, obras levadas para o cinema com esses mesmos títulos. Dessa lista de encontros ainda fazem parte o indiano naturalizado britânico Salman Rushdie, a britânica Doris Lessing, o americano de origem alemã Kurt Vonnegut, de quem se tornou próximo, e o colombiano Gabriel García Márquez, entre outros. É longa e diversa a lista de escritores citada por Maschler, de que faz parte também o americano Ernest Hemingway, Prêmio Pulitzer de Ficção em 1953 e Prêmio Nobel de Literatura no ano seguinte, menos de uma década antes de se suicidar com uma arma de fogo em 1961. Certos autores são eles mesmos a encarnação de uma obra dramática.

Maschler confirma a hipótese de editores serem uma categoria de criaturas errantes, navegando ao sabor do vento, numa busca que não sabem identificar, até o momento em que baixam num porto que reconhecem como destino final. Ele já havia tentado a carreira de diretor de cinema, sem muito sucesso, quando decidiu entregar-se aos livros. Como na maioria dos casos, optou por uma editora pequena, onde suas limitações pudessem ser dissimuladas sem maiores embaraços. Maschler procurou trabalho junto a Andre Deutsch, na editora que leva seu nome, e que lhe disse que não tinha recursos para um contrato. A situação se resolveu na base do improviso, o que faz da experiência de Plinio, com Jacó Guinsburg, um percurso mais próximo do que sugere a regra, mais que a exceção. Com A.D., como Deutsch gostava de se identificar, Maschler conheceu Francis Wyndham, no posto estratégico de editor-leitor, aquele que separa o ouro do cascalho, mais exatamente os originais promissores de uma pequena avalanche de escritos que pode ameaçar de soterramento um editor, mesmo numa editora de modesto porte.

Wyndham posteriormente foi autor de breves escritos na área de ficção científica e partilhava os originais com seu jovem aprendiz, fascinado com o mundo que descobria. Até a inevitável grande frustração, algo como o deslize de Edward Garnett em recusar Joyce. Aconteceu da seguinte maneira: um dia, com a confiança de quem se julga um explorador, Maschler deixou, no pequeno espaço de trabalho de Wyndham, um original recebido de um amigo que o havia comprado por uns poucos centavos numa pequena loja de objetos antigos. O texto, de aproximadamente cem páginas, metido numa encadernação de couro, estava assinado por uma certa Virginia Stephen.

Quando se encontrou com Wyndham, Maschler quis saber a opinião dele, não sem antes relatar que o original o havia comovido. Wyndham leu o texto em uma única noite, impressionou-se com o conteúdo e cumprimentou seu jovem pupilo pela descoberta promissora. Mas, com um detalhe frustrante. Lembrou que Virginia Stephen era o nome de solteira de ninguém menos que Virginia Woolf. Wyndham chegou a consultar Maschler sobre a possibilidade de submeter os originais à apreciação de A.D., mas Maschler, do fundo de sua frustração, considerou que não era o caso e devolveu o texto ao amigo de quem havia recebido. O destino desse texto não publicado da senhorita Virginia Stephen? Maschler não tem a mais remota ideia. Perdeu-se nas frestas do tempo.

UM EDITOR NO EXTREMO DA COERÊNCIA

Editores – e isso não é mais que uma repetição, na errância que faz de suas vidas experiências incomuns, ao menos em relação aos trabalhos monótonos a que se refere Burroughs Mitchell – podem chegar a extremos. A cena a seguir é um dos registros dessa situação. A data no calendário é 14 de março de 1972, quando um corpo foi encontrado sob uma torre de eletricidade nos arredores de Milão, capital da Lombardia, próximo à divisa com a Suíça. Na edição do dia seguinte, os jornais falavam de um terrorista desconhecido que supostamente teria morrido na tentativa de colocar uma bomba no local em que seu corpo foi encontrado. De quem se tratava?

As investigações chegam a uma identificação surpreendente e isso é notícia nos jornais locais, com destaque na primeira página, a capa da edição. O suposto terrorista desconhecido agora tem imagem, nome e mais que isso: é uma personalidade das mais conhecidas. Trata-se de Giancarlo Giangiacomo Feltrinelli (1926-1972), milionário editor milanês, fundador, em 1954, da conhecida Giangiacomo Feltrinelli Editore.

Feltrinelli teve origem burguesa, ao contrário de outros editores com quem nos deparamos aqui, e pertencia a uma das famílias mais ricas da Europa. Seu pai, Carlo Feltrinelli, industrial e financista, era presidente de várias empresas; a mãe, Gianna Elisa Gianzana Feltrinelli, filha de um banqueiro; e ele teve o privilégio de poucos de, em vez de uma escola convencional, desfrutar de preceptores, que vinham até sua casa para as aulas. Ficou órfão de pai aos nove anos, em 1935, e cinco anos depois sua mãe casou-se com o jornalista e correspondente de guerra italiano do *Corriere della Sera*, Luigi Barzini. Durante a guerra, a família deixou a Villa Feltrinelli, ao norte de Salò, pequena comuna italiana fundada no período romano e que na Idade Média integrou os domínios de outra família milanesa nobre: os Visconti. Entre 1943 e 1945, Salò foi a capital do Estado-fantoche de Benito Mussolini, a República Social Italiana, com apoio nazista. Os Feltrinelli, então, foram viver na Villa La Caciarella, no Argentario, região da Toscana, na Itália Central, onde permaneceram de 1942 a 1944. Com a invasão aliada da Sicília, no ano anterior, Feltrinelli lê, por acaso, *O Manifesto Comunista*, de Karl Marx e Friedrich Engels, fundadores do socialismo científico. Decide então integrar o Comitê de Libertação Nacional, que reunia forças da resistência à ocupação alemã, após armistício com aliados, em setembro do ano anterior. Em 1945, aderiu ao Partido Comunista, que apoiou financeiramente.

Três anos após a fundação da Giangiacomo Feltrinelli Editore, em 1957, Feltrinelli publica *Doutor Jivago*, de Boris Pasternak (1890-1960), que havia sido concluído dois anos antes, e *Il Gattopardo*, de Tomasi di Lampedusa. O primeiro, um romance sobre a vida de um homem dividido entre duas mulheres, no cenário da Revolução Russa de 1917, e que já havia sido rejeitado na então União Soviética por ataques sutis ao realismo socialista. Quanto ao *Gattopardo*, de Lampedusa, também já fora recusado por duas outras editoras italianas: a Einaudi e a Mondadori. Trata-se de um romance histórico, a única obra de Lampedusa (1896-1957), e aborda a decadência da aristocracia siciliana durante o Renascimento. Em *Gattopardo*, se pode ler que "a única mudança permitida é aquela sugerida pelo príncipe de Falconeri: 'Tudo deve mudar para que fique como está'". O título do romance teve origem no brasão da família Tommasi e é referido como "Nós fomos os Leopardos, os Leões: quem nos substituirá serão os pequenos chacais, as hienas: e todos – Leopardos, chacais e ovelhas – continuaremos a acreditar que somos o sal da terra".

Na Itália, o Partido Comunista, apoiado pela União Soviética, deflagrou uma forte campanha contra *Doutor Jivago* que, em 1960, teve venda de cento e cinquenta mil exemplares. E Pasternak, poeta e romancista russo, ganhou o Prêmio Nobel de Literatura em 1958. Quanto a Feltrinelli, em julho desse ano, conhece sua futura mulher, a alemã Inge Schoenthal. Em 1964, visita Cuba e se encontra com Fidel Castro. Três anos depois se reúne a Régis Debray, guerrilheiro, filósofo e jornalista, também de origem abastada, na Bolívia. Lá, Feltrinelli é preso, com ajuda dos serviços secretos americanos, que perseguiram e mataram Guevara. Sobre essa experiência, Debray escreveu *Diário na Bolívia*, que Feltrinelli publicaria como um dos *best-sellers* de sua editora.

Em dezembro de 1969, refugiado nas montanhas, na Itália, Feltrinelli decidiu retornar a Milão, temeroso de um golpe da direita, o que o levou a financiar os primeiros grupos italianos de esquerda. Em comunicado a seu grupo, na editora e em entrevista à revista *Campagni*, relatou que os atentados que ocorriam na Itália não eram obra de anarquistas, como difundia a imprensa, mas coisa de agentes do Estado. Em 1970, ele fundou os GAP (Gruppi d'Azione Partigiana), mesmo tendo divergências com o Partido Comunista, não se afastou da União Soviética, de onde esperava emergir uma revolução para uma transformação política mundial.

Giancarlo Giangiacomo Feltrinelli, que usava o codinome de "Osvaldo", morreu aos quarenta e cinco anos, destroçado pela explosão de uma bomba. Ele havia chegado a Segrate, comuna na região da Lombardia, a bordo de um furgão adaptado como motocasa, na companhia de dois outros combatentes. A tese de que foi vítima de homicídio foi exposta por Camilla Cederna (1911-1997), escritora e também editora. A ela é atribuída a introdução do jornalismo investigativo na mídia italiana. Giancarlo Giangiacomo Feltrinelli foi um editor que levou o comprometimento de seu ofício às últimas consequências. E não teve receio de pagar o preço por essa coerência.

9.
Homens que Cultivam Livros

O editor, se não tiver paixão, encantamento, se transforma em máquina reprodutora, o que nenhum de nós quer.

JACÓ GUINSBURG

A ARTE INVISÍVEL
Em uma sala de temperatura controlada, com amplos painéis de vidro na Biblioteca Brasiliana Guita e José Mindlin, *campus* da USP, na zona Oeste da cidade de São Paulo, Plinio reflete sobre a edição de livros: "Há cinquenta anos um autor escrevia sua obra com caneta-tinteiro. Os mais jovens faziam isso com uma máquina de escrever mecânica e, em ambos os casos, se produzia uma pilha de folhas, os originais. Esse era o livro do autor."

Esses procedimentos mudaram. Um autor, agora, digita seu texto num teclado e o original de seu futuro livro toma forma na tela do computador, componente dos eletrodomésticos desde o final do século XX. O que um autor entrega ao editor não é mais uma pilha de papéis, nem mesmo um disquete ou um CD, recursos rapidamente superados por uma série de substitutos. Agora, é um arquivo digital ou um *pen-drive* que condensa tudo. Ou o autor coloca o livro na nuvem. E não há razão para pensar que essa seja a última solução. Agora, essas são as formas potenciais do livro de um autor.

Um autor, em se tratando de um humano, que a inteligência artificial (IA) também ameaça despachar para o passado. *Softwares* experimentais, programas para computadores em desenvolvimento, já concluem a frase de um escritor com o acionamento de uma determinada tecla. Especialistas em programação dizem que ainda é cedo para pensar que máquinas, neste caso computadores, possam substituir humanos em áreas como a da escrita, o que, em última instância, também catapultaria um escritor para o passado.

Robin Sloan, autor americano, segundo o jornal *The New York Times*, é um dos que vêm experimentando os recursos da IA em suas obras. Um exemplo? Ele escreve uma frase incompleta como: "Os bisões estão reunidos ao redor do cânion…" e então aciona uma tecla. O computador hesita por um instante… mas completa: "…sob o céu nu". Um achado poético que não constrangeria um autor humano. Um editor, no entanto, está um passo à frente. Ao menos por enquanto.

Para Plinio, o leitor de um livro "lê algo diferente da versão original; ele tem em mãos um objeto sólido, um livro encadernado, ou uma versão eletrônica". O livro, nesse sentido, "não é apenas escrito: é digitado, revisado, composto, impresso, encapado ou com artes digitais inseridas". É algo como uma casa, que não pode ser construída na ausência de um projeto. "Se o arquiteto e o artesão trabalharem bem, as pessoas irão morar com prazer na casa", exemplifica. Da mesma forma, "também o livro não pode ser composto, impresso, finalizado, sem planejamento. Quando o projeto é coerente e bem realizado pode-se ler o livro com prazer, ainda que nem sempre isso seja percebido pelo leitor".

É bom que seja assim. Até porque, "quando nos sentimos bem em casa, não nos detemos na sua planta, na execução de um projeto. Apenas desfrutamos da casa e só em caso de defeitos, rachaduras nas paredes, goteiras no telhado, problemas no sistema hidráulico é que voltamos ao projeto, o trabalho do arquiteto", compara Plinio. No caso de um livro, os problemas relacionados a um projeto gráfico precário, ou mesmo a ausência de projeto, aparecem na dificuldade da leitura, não na tipografia. Quando é difícil orientar-se por meio de sumários, capítulos, índices, quando o livro é difícil até mesmo de folhear ou de manusear, sem que desmonte ou provoque incômodo, "então nos damos conta de que há alguma coisa errada. E isso é o que chamamos de arte invisível", identifica Plinio.

Na condição de editor, enfatiza que seu interesse não é um livro caro, criado por artistas, "ainda que eu goste muito deles". Plinio diz concentrar-se no livro bem editado, com a finalidade que deve ter um livro, com base na criação atual, difundida no uso cotidiano que pode, "mas não necessariamente deve, remeter à tendência da 'alta' arte do livro". E justifica que essa postura talvez esteja relacionada ao fato de ter trabalhado quase sempre com livros acadêmicos, cobrindo diferentes áreas do conhecimento com definições em termos de projeto bem evidentes: "Uma criação funcional específica, em comparação à artística".

Plinio esclarece que, quando edita um texto, pensa em um alvo duplo: despertar as possibilidades de uma compreensão mais aprimorada da arte do livro junto ao público de um lado e, junto aos profissionais do livro, *designers*, editores, produtores, revisores, impressores, de outro. Um bom projeto editorial, sustenta, deriva de um pressuposto básico, "mais ou menos explícito, que fala por si, remetendo ao conceito de bom e, simultaneamente, de belo". Ambos presentes na estética desde a Antiguidade. Para ele, essas considerações são indispensáveis na edição de um livro, que deve superar a criação de um produto genérico. Na edição de um livro, justifica, "há maior exigência e estímulo ao bom e ao belo para superar o mero valor do uso que caracteriza uma infinidade de outros produtos".

A PERFEIÇÃO
FORA DO ALCANCE

Ainda assim, o livro bem editado não resulta apenas de conteúdo e projeto. Tão importante quanto essas pré-condições são a qualidade da produção técnica e a escolha elaborada do material utilizável. É indispensável a refinada qualidade técnica, "mesmo que ela se mostre quase sempre inatingível". Pessoalmente, confessa: "Procuro a perfeição, aquilo fora de alcance, devido, quase sempre, a restrições técnicas e circunstâncias econômicas." Não se deve pensar "que exista padrões rígidos de criação do livro", para Plinio, certa fixação nos limites da tradição "apenas simplifica um enriquecimento dispensável". O *design* de livros, por exemplo, é reflexo do desenvolvimento artístico e técnico, tanto nas últimas décadas quanto nos quatro séculos anteriores, ou seja, desde a invenção de Gutenberg, "está sempre em movimento, e esse movimento não se esgota".

A publicação de livros em formato digital, para serem consumidos apenas virtualmente, na leitura de Plinio, "abre um novo campo para vários desenvolvimentos e possibilidades. Mas isso também vem acompanhado de riscos", como costuma acontecer em qualquer outra circunstância.

O trabalho de um editor, descreve, "não deve restringir-se à repetição de modelos, mas procurar com determinação e sensibilidade a busca do novo, a maneira ainda não experimentada". Uma das experiências mais fascinantes que ele viveu em casos assim foi a abertura de espaço para alunos, ao mesmo tempo em que garantia a eles tanto suporte quanto liberdade de movimentos. O pior que pode acontecer na criação do livro, adverte, é manter-se restrito a certa tradição ou modismo, sem qualquer possibilidade de inovação: "Seria da mesma forma lamentável se ignorássemos as experiências acumuladas ao longo de séculos." Com base nessa tradição, conclui: "Todas as previsões céticas quanto ao futuro do livro não se confirmaram, ao menos até agora." E, otimista quanto às perspectivas, acredita em bons resultados nessa área, numa época caracterizada pela prevalência do visual.

Livros, diverte-se Plinio, "existem para serem lidos", o que, à primeira vista, sugere obviedade. O óbvio, no entanto, nem sempre se mostra explícito, e isso permite a ele uma comparação: "E os belos livros? Também existem para serem lidos?" Ou, mais que isso: "Os livros devem ser obrigatoriamente bonitos?" A resposta que ele oferece: "Sim, principalmente os livros de arte. Mas um livro de física, ou voltado para a área de construção, ou ainda uma obra de consulta em ciência não deve, por necessidade, ser um livro-objeto." Isso para deixar em suspenso uma dúvida: "Não bastaria que uma obra, em qualquer uma dessas áreas, fosse apenas funcional?"

Na discussão sobre a forma de um livro, relata Plinio – e isso também costuma aparecer em discussões internas de editoras –, com frequência se considera que os *designers* têm como meta a beleza. Mas é frequente que também acabem se preocupando em fazer com que livros funcionem da melhor maneira. E se, além disso, as obras tiverem qualidades estéticas, melhor. Ainda assim, para muitos tipos de livros, esclarece, "é válida a tese de que só podem ser bonitos se também tiverem qualidade e eficiência".

Mas livros não são objetos padronizados, como boa parte do que está exposto ao alcance das mãos. Então, Plinio deduz que "há livros em que o mais importante é a forma com que se expõe, com a interação devida entre imagem e texto, impressão e acabamento", o que o leva a concluir que "apenas o trabalho conjunto, incorporado na figura do editor e do produtor, pode se revelar na arte do livro". Mas, adverte: "Ainda assim tudo pode ser inútil se o livro não tiver qualidade", o que significa dizer, "se seu conteúdo literário, não estiver à altura desses cuidados e atenção". Não há nada mais frustrante na arte do livro, lamenta, "que o uso de um grande aparato externo para abrigar um conteúdo pobre. E nada mais degradante que um bom texto prejudicado pela negligência da forma, como resultado de uma legibilidade truncada, difícil, prejudicada".

No juízo estético de Plinio não existe alguma coisa que possa ser chamada de "o livro". Existem, concede, livros de diferentes espécies, com objetivos distintos e com isso ele quer dizer que não pode haver um padrão único que se possa empregar para avaliar o valor da forma. "Os livros", esclarece, "existem para serem lidos de diferentes maneiras, assim como as imagens também são 'lidas'. Mas diferentes livros são lidos de diferentes maneiras e como devem ser lidos de diferentes maneiras, pressupõe-se que devam apresentar diferentes formas." A conclusão, neste caso, considera, é que, "ao que tudo indica, livros devem ser vistos e avaliados a partir de sua forma. Devem ser considerados pela maneira como devem ser lidos para que, dessa maneira, seja possível uma avaliação segura tanto de sua beleza quanto de sua eficácia".

UMA ORQUESTRA DE MÚLTIPLOS INSTRUMENTOS

Se um editor moderno é o ponto de convergência de um conjunto de outros profissionais na elaboração de um livro, um maestro na regência de uma orquestra com muitos e diferentes instrumentos, houve um tempo em que ele foi um múltiplo de si, caso de Aldo Manuzio (1449-1515), editor, tipógrafo e livreiro, como o caracteriza Enric Satué, *designer* espanhol especializado em projetos de revistas e livros com contribuições nas principais editoras espanholas e autor do logotipo do Instituto Cervantes. Manuzio, tido como o primeiro editor moderno, um dos primeiros mestres do *design* tipográfico, foi o criador de novos formatos para a produção de livros, conhecida como primeiro editor moderno, in-8º, menor que o padrão então utilizado e reduzido o suficiente para ser levado em alforjes transportados no ombro de um homem ou nas ancas de uma montaria.

Essa miniaturização, ao mesmo tempo que permitia flexibilidade, também contribuiu para redução de custos, o que sempre é comemorado em qualquer atividade e não seria exceção no caso editorial. A ideia surpreendentemente simples de Manuzio ajudou a democratizar a leitura e, por isso, modulou uma época com a difusão da palavra escrita. Manuzio proporcionou a invenção do itálico, fonte ligeiramente inclinada à direita que aparece com destaque no meio de um texto para ressaltar o que se pretende. O itálico, agora de uso frequente em livros e revistas, ainda que possa passar ligeiramente despercebido por parte de muitos leitores, apareceu pela primeira vez em 1500 na legenda da gravura de um livro com a correspondência de Catarina de Siena (1347-1380), filósofa escolástica e uma das duas padroeiras da Itália, em parceria com São Francisco de Assis.

Em 1492, quando Cristóvão Colombo (1451-1506) descobria um Novo Mundo, Manuzio inovava a imprensa que Gutenberg revolucionara havia pouco com a introdução dos tipos móveis. E qual era a conexão entre eles? Fernando, filho natural de Colombo, um empedernido bibliófilo, segundo descreve Satué. Em sua casa, na Espanha, Fernando dispunha de uma das mais importantes bibliotecas da época, com aproximadamente quinze mil volumes, entre os quais o que reunia um sexto de toda a produção de Manuzio: exatos vinte e seis livros marcados, cada um deles, com o preço que Fernando Colombo pagou. A viagem de Manuzio pelo novo mundo da letra impressa, de acordo com Satué, começou quando um sobrinho de seu protetor e amigo, o nobre Giovanni Pico della Mirandola (1463-1494), um dos mais notáveis filósofos neoplatônicos de sua época, decidiu apostar certa soma em dinheiro para tornar real o sonho dourado de seu professor e amigo. Foi o que viabilizou a posição de Manuzio como editor "e o que fascina mais: participar ativa e intensamente de uma aventura tipográfica apaixonante e sem precedentes [...] inspirada, entre outros, pelo célebre Gutenberg", afirma Satué.

Satué cita o polímata catalão Ramón Miquel i Planas (1874-1950) que, ao se referir a Manuzio, diz que, com ele, "no aspecto material, o livro não foi além do que já era ao tempo de Gutenberg. No que se refere à ilustração, nada ou bem pouco pôde a arte acrescentar ao que parece nos códices manuscritos e nos incunábulos impressos. Quanto aos tipos e à impressão, melhoraram-se os procedimentos, apuraram-se as matrizes, combinaram-se efeitos e consolidaram-se técnicas gráficas. Mas, no incunábulo (livro impresso nos primeiros tempos da imprensa, com tipos móveis, mas escrito a mão), acha-se tudo que há de novo e talvez também o futuro".

Manuzio e Gutenberg são dois dos nomes gravados na história do livro que chegou ao Brasil, no sentido de poder ser editado aqui, a partir de um acidente napoleônico. Ao invadir a Península Ibérica e provocar a fuga da família real portuguesa para o Brasil, em fins de 1807, Napoleão Bonaparte acabou por produzir uma ruptura nas limitações não apenas em pesquisa científica, instituições bancárias e instalações botânicas. Também abriu espaço para a impressão de jornais e livros, a Impressão Régia, a primeira editora brasileira, criada pelo decreto de 13 de maio de 1808. Na realidade, a Impressão Régia brasileira foi uma filial da editora de mesmo nome que existia em Lisboa. A primeira impressão feita aqui foi a do jornal *Gazeta do Rio de Janeiro*, órgão oficial da Corte. Publicada duas vezes por semana a *Gazeta* teve como editor frei Tibúrcio José da Rocha e como redator o baiano Manuel Ferreira de Araújo Guimarães (1777-1838), o primeiro jornalista profissional do Brasil.

Em *O Bibliófilo Aprendiz*, Rubens Borba de Moraes registra que, quando a Impressão Régia foi instalada, em 1808, o Brasil passou a produzir livros, além de jornais. Os livros eram vendidos brochados, com acabamento em que o miolo da obra é protegido por uma capa mole, de papel ou cartolina fixada ao dorso do volume. Nesse caso, quase sempre uma capa simples, de papel cinzento ou azulado, barato, como se usava na Europa. O comprador é quem deveria mandar encadernar – com capa dura – a obra "por sua conta e gosto".

Borba de Moraes acredita "não se enganar" ao considerar que os primeiros encadernadores do Rio de Janeiro foram franceses. Aliás, todo o artesanato de luxo estava em mãos de franceses. O negócio da encadernação era, muitas vezes, apenas um ramo de comércio, ligado ao negócio de papelaria, livraria e miudezas. Os franceses estabelecidos na Rua do Ouvidor "vendiam de tudo um pouco". Desde o início do século XIX estava estabelecido na Rua do Ouvidor um francês ou suíço, um certo Monsieur Bouvier, com negócio de papelaria e encadernação, informa Borba de Moraes para assegurar que "os Morange, com loja na Rua do Ouvidor a princípio e, mais tarde, na Rua da Cadeia eram encadernadores peritos. Executavam belíssimos trabalhos, nos quais colocavam, como em Paris, uma elegante etiqueta da casa: "Morange Irmãos".

PAULA BRITO, EDITOR DE GRANDES NOMES

Essas poucas referências são indispensáveis para a localização de um personagem surpreendente entre nós: Francisco de Paula Brito (1809-1861), uma espécie de Aldo Manuzio tropical, um Manuzio negro, editor de grandes nomes das letras brasileiras, a começar por Machado de Assis, além de Casimiro de Abreu, José de Alencar, Gonçalves Dias, Basílio da Gama, Gonçalves de Magalhães, Teixeira e Sousa e Martins Pena, o último deles dramaturgo, diplomata e introdutor da comédia de costumes no Brasil, o "Molière brasileiro", com obra que caracterizou, com refinada ironia e calculadas pitadas de humor, "as graças e desventuras da sociedade brasileira e suas instituições". A propósito, tanto *Aldo Manuzio: Editor, Tipógrafo, Livreiro,* quanto *Paula Brito: Editor Poeta e Artífice das Letras,* são edições de Plinio Martins Filho. A primeira, obra na Ateliê Editorial; a segunda, uma coedição da Edusp com a Com-Arte, editora laboratório dos alunos de Editoração da eca-usp.

Francisco de Paula Brito nasceu no Rio de Janeiro, em 2 de dezembro de 1809, na Rua do Piolho, 148, agora Rua da Carioca. Neto de um ourives, seu pai era carpinteiro e, assim como a mãe, gente de origem modesta, descendentes de escravizados trazidos da África. Paula Brito é considerado o primeiro editor brasileiro, mas, além disso, foi também jornalista, escritor, poeta, dramaturgo, tradutor e letrista. Fundou uma entidade sem paralelo, a Sociedade Petalógica, que teve entre seus associados o jovem Joaquim Maria Machado de Assis. A história dessa Sociedade começa com o fato de Paula Brito ter, a certa altura, uma livraria no histórico bairro do Catete, na Zona Sul do Rio, onde, além da venda de livros, também comercializava remédios, chás, fumo de rolo para cigarros de palha, porcas e parafusos.

Como se fosse pouco, o espaço reunia intelectuais e, em 1840, ele teria decidido fundar a entidade para uma investigação sobre a mentira, a lorota, a "peta", no sentido de mentira, patranha. A iniciativa teria reunido não apenas intelectuais, mas gente de diferentes classes sociais e, a partir daí, Paula Brito promoveu encontros entre a comunidade letrada e os desamparados dessa condição. Dela, entre os anos 1840-1860, participaram nomes como Gonçalves Dias e Laurindo Rabelo, romancistas como Joaquim Manuel de Macedo, Manuel Antônio de Almeida, e Teixeira e Sousa, além de compositores como Francisco Manuel da Silva e artistas, a exemplo de Manuel de Araújo Porto-Alegre e João Caetano dos Santos. O membro mais ilustre, no entanto, foi Machado de Assis, que começou a frequentar as reuniões aos dezesseis anos.

Paula Brito publicou a primeira produção literária de Machado, o poema "Ella", em 1855, na *Marmota Fluminense,* periódico voltado para moda e variedades. Em uma crônica, de janeiro de 1865, Machado de Assis relembra a Sociedade Petalógica: "[...] dos primeiros tempos, a Petalógica de Paula Brito – o Café Procópio de certa época –, onde ia toda a gente, os políticos, os poetas, os dramaturgos, os artistas, os viajantes, os simples amadores, amigos e curiosos – onde se conversava de tudo –, desde a retirada de um ministro até a pirueta da dançarina da moda; onde se discutia tudo, desde o dó de peito de Tamberlick [Enrico Tamberlick, cantor italiano de ópera do século XIX] até os discursos do Marquês de Paraná [o controvertido Honório Hermeto Carneiro Leão, suspeito de enriquecimento ilícito], verdadeiro campo neutro onde o estreante das letras se encontrava com o conselheiro, onde o cantor italiano dialogava com o ex-ministro." Paula Brito era a conexão, a força que unia a diversidade que sempre cultivou.

Plinio com frequência recusa ser identificado como "intelectual", atitude que reflete tanto sua história sertaneja, projeção do pai, de modos calmos, suaves e sorriso contido, quanto desejo de não se confundir com certa acepção dessa expressão enquanto postura discursiva e até certo ponto inconsequente. Memória da parcela minoritária e senhorial da sociedade que estudou seus filhos em Coimbra, no período colonial, à época, já defasada em relação a outros países europeus. Um esforço de compensação por um discurso interminável, com firulas e encenações. Mas seus pares, os de Plinio, não são outra coisa senão trabalhadores intelectuais, incluindo Paula Brito na descrição de Cristina Antunes, a seguir, segundo registros de Morais Filho.

A Biblioteca Mindlin, em que Plinio desenvolve parte de seu trabalho na Universidade, em muitos casos se confunde com o ambiente vivido por Paula Brito, frequentado por intelectuais, descontando, evidentemente, os chás, fumo de rolo, porcas e parafusos, ambiente de um país distante no tempo. No mais, em Plinio, a mesma "mistura de bondade e delicadeza, fundadas em modéstia que se poderia confundir com a humildade", atributos de Paula Brito anotados por Morais Filho (1844-1919). Ele também um intelectual, homem que operava com ideias enquanto médico, folclorista, etnógrafo, poeta, prosador e historiógrafo, tio-avô do poeta carioca Vinicius de Moraes (1913-1980).

No artigo de Cristina Antunes (1951-2019), curadora da Biblioteca Brasiliana Guita e José Mindlin, Paula Brito é descrito como de "estatura mediana, musculatura sem relevo, cor tisnada como um califa dos contos árabes. O caráter dominante de sua fisionomia e do seu talento eram uma mistura de bondade e delicadeza fundidas em modéstia que se poderia confundir com humildade".

O contexto em que se insere Paula Brito, como intelectual e editor, começa a tomar forma quando o Rio de Janeiro passa por mudanças pela chegada da Corte portuguesa. Com o fim da censura prévia sobre o que se publicava nas colônias portuguesas, decisão ratificada em 1821, nascem, ainda que tenham vida curta, inúmeros jornais, panfletos e gazetas, acompanhados de teatros, livrarias e colégios para onde são enviados os filhos de famílias ricas de outras cidades e províncias brasileiras. Ao lado disso cresce também o número de escravos africanos e de opositores a essa condição humana.

EDITOR E COMBATENTE POLÍTICO É nesse ambiente que Paula Brito, educado pelo avô que trabalhava com o escultor mineiro Valentim da Fonseca e Silva, o "Mestre Valentim", começa, aos quinze anos, a aprender o ofício de tipógrafo na Imprensa Nacional, de onde segue para a tipografia do livreiro e impressor francês René Ogier, "provavelmente o melhor tipógrafo do Brasil naquele momento", segundo Rubens Borba de Moraes.

Sempre carente de recursos financeiros, como seria de esperar, Paula Brito criou, ainda assim, a primeira editora nacional, a Empresa Tipográfica Dous de Dezembro, com certo mecenato de D. Pedro II. E aqui uma particularidade: 2 de dezembro é a data de nascimento de ambos, daí a explicação para o nome do empreendimento. Paula Brito acumulou ainda a posição de impressor da Casa Imperial e, entre os anos 1830 e 1860, publicou quase uma centena de jornais e pelo menos quatrocentos livros e folhetos, o que inclui alguns dos autores já citados, entre eles Machado de Assis, além de ter intensa atividade como tradutor. Machado de Assis se iniciou na

Tipografia de Paula Brito em 1854, como revisor e colaborador, e ali começou também sua carreira literária em *A Marmota Fluminense*, antes disso *A Marmota* apenas.

Paula Brito morreu em 5 de dezembro de 1861, aos cinquenta e dois anos. Jornais abriram espaço para esse acontecimento e registraram que o enterro reuniu talvez a maior multidão até então na história do Rio de Janeiro. Foi uma vida curta, a dele, mesmo para a época. Ainda assim, no julgamento insuspeito de Machado de Assis, ele "foi o primeiro editor digno desse nome que houve entre nós".

Com isso, a linhagem de editores a que pertence Plinio Martins Filho, também professor e conhecedor da história do livro no Brasil, tem um inequívoco ponto de partida. Apesar de editores, especialmente franceses, que passam por aqui, Paula Brito é o ponto de referência. O início de toda a história do livro brasileiro. Os "tisnados" Francisco de Paula Brito e seu antigo colaborador, Joaquim Maria Machado de Assis, estão nas fundações da história tanto do livro quanto da literatura nacional e sua propagação como instrumento crítico. Dois negros, pioneiros de atividades intelectuais em um país que ainda não se libertou da intolerância racial.

Mas, se Paula Brito é considerado o primeiro editor brasileiro, como sustenta Machado de Assis, não significa que antes dele não tenha passado por aqui gente de talento nas artes do livro. A diferença é que esses não tinham a determinação e o propósito que Paula Brito cultivou em uma diversidade de frentes de atuação. E aqui, como recurso de caracterização, é preciso considerar, a exemplo do que ocorreu com a pesquisa e a produção científica, que a tipografia só foi introduzida nas colônias americanas hispânicas na presença de uma cultura local desenvolvida que devesse ser suplantada como forma de dominação, caso dos maias, no México. Esses valores culturais originais deveriam ser reprimidos ou suplantados, como aponta Nelson Werneck Sodré citado por Laurence Hallewell, escritor e pesquisador britânico em seu clássico *O Livro no Brasil*. No México, oficinas tipográficas foram instaladas pela Metrópole já em 1539, data precoce, se comparada ao que ocorreu no Brasil. A presença da tipografia, evidentemente, a extensão do trabalho de um editor, é o bastante para demonstrar o papel e a importância de jornais e livros como instrumentos de registro histórico e reflexão político-cultural. Editores, com a errância e a incerteza de sucesso, são então personagens indispensáveis na consolidação de comunidades que, na ausência de identificação cultural e cooperação social, podem permitir no máximo a formação de agrupamentos humanos. Mas, nunca, comunidades para compor uma sociedade mais complexa. Daí o valor também da obra de Hallewell, quase uma bíblia da história do livro entre nós. Produzida com pesquisas para uma tese de doutorado, entre 1970-1975 e na versão mais ampla e ilustrada, reeditada por Plinio na Edusp, em 2005. Uma versão compacta, sem ilustrações, mas com texto integral da obra, saiu em 2016.

O RIO DE JANEIRO E A PRODUÇÃO DE LIVROS

No Rio de Janeiro, por volta de 1747, há pistas da existência de uma impressora devido a folhetos impressos à época pelo tipógrafo português Antônio Isidoro da Fonseca. Ele havia tido problemas com a Inquisição em Lisboa e por isso vendeu seus equipamentos lá e se transferiu para o Brasil. O governador do Rio, Antônio Gomes Freire de Andrade (1685-1763), primeiro Conde de Bobadela, estava interessado em cultura, portanto era receptivo à presença do impressor no Rio. Mas isso não impediu que Isidoro da Fonseca retornasse a Lisboa, em 1749, sem permissão para voltar ao Brasil.

Em 1792, havia apenas duas livrarias na cidade: uma delas era, provavelmente, de Manuel Jorge da Silva; e a outra deveria pertencer a Paulo Martin Filho, nascido em Portugal, filho do também livreiro Paul Martin, francês natural de Tours, no centro da França. Muitos romances impressos na Impressão Régia, segundo Rubens Borba de Moraes, foram publicações feitas por encomenda de Martin. A Corte portuguesa trouxe, em sua fuga, a Biblioteca Real com sessenta mil volumes, que permaneceriam aqui e foram devidamente indenizados no retorno de D. João VI a Portugal, em abril de 1821, levando "saudade do Brasil", segundo o registro de crônicas. A presença da Corte impactou positivamente o número de livrarias no Rio: das duas anteriores, passou a cinco. No Rio de Janeiro, sede do governo, evidentemente, tudo se passava mais intensa e rapidamente, e as publicações políticas prosperaram com o fim da censura pela nova Constituição portuguesa de 1821.

Às vésperas da Independência, em 1822, a cidade já dispunha de sete empresas de tipografia. Manuel Joaquim da Silva Porto, personagem pouco conhecida, mas de atuação importante à época, era o tipógrafo da Impressão Régia e abriu sua "Officina de Silva Porto e Companhia". Foi o primeiro livreiro da cidade com tipografia própria, conforme registra Hallewell. No ano seguinte, Paulo Martin Filho era o livreiro mais conhecido, e Silva Porto, estabelecido à Rua da Quitanda, o segundo. Mas, além deles, já havia outras onze livrarias, uma delas a loja de Francisco Luís Saturnino da Veiga. Dois dos filhos dele ingressariam por conta própria na área de livros comprando a empresa de Silva Porto. O Rio teve o predomínio do mercado literário, com início em 1840, até 1880, apesar, por exemplo, da Casa Garraux. Essa livraria, em São Paulo, tinha catálogo de quatrocentas obras impressas, o equivalente a 11% dos títulos nacionais.

No Rio, o francês bonapartista Pierre Plancher (1779-1844), impressor real, em 1827 comprou o *Diário Mercantil* e fundou o *Jornal do Commercio*, que circulou até 2016. Quando foi extinto, era o periódico mais antigo da América Latina. O litógrafo de Plancher era Hercule Florence (1804-1877), conhecido por sua enorme versatilidade intelectual. Florence ficaria famoso como desenhista da Expedição Langsdorff (1824-1829), liderada pelo barão Georg Heinrich von Langsdorff (1774-1852), médico alemão naturalizado russo. Plancher, em seguida, venderia seus negócios a dois conterrâneos, um deles Júnio Constâncio de Villeneuve, dono da primeira impressora mecânica do hemisfério sul, da primeira rotativa e da primeira linotipo, um dos concorrentes de Paula Brito.

Ainda no Rio, especificamente na Rua do Ouvidor, via importante e com registros desde 1578, as livrarias ou eram de franceses, como Plancher e Villeneuve, ou filiais de estabelecimentos da França.

Ali estiveram os irmãos Firmin Didot, mas a mais reconhecida foi a Garnier Frères que, no Brasil, atuou entre 1844 e 1934, ao final partilhando endereço com as melhores lojas e confeitarias do Rio de Janeiro. Em 1870, a Garnier montou tipografia própria, publicando autores nacionais e estrangeiros. Quando foi vendida, teve o nome alterado para Livraria Briguiet-Garnier e operou até 1951, quando foi assimilada pela Difusão Europeia do Livro – Difel, com capital suíço e português.

A Difel acabou incorporada, junto com duas outras editoras, à Civilização Brasileira e à Bertrand, compondo a BCD União de Editoras, posteriormente adquirida pela Editora Record. Entre as livrarias estrangeiras no Rio que contribuíram para a difusão do livro no Brasil e na consolidação do ofício de editor, destacou-se a do belga Jean-Baptiste Lombaerts e seu filho Henri Gustave Lombaerts, localizada na Rua dos Ourives, entre 1848 e 1904, quando o prédio que a abrigava foi demolido para dar espaço à Avenida Central, a atual Avenida Rio Branco, que cruza o centro da cidade e é a principal marca urbana deixada pela reforma do prefeito Francisco Franco Pereira Passos entre 1902-1906. Outro nome importante dos negócios livreiros na cidade foi o suíço George Leuzinger (1813-1892), que chegou em janeiro de 1832 e acabou comprando a mais antiga papelaria local, a Ao Livro Vermelho, de Jean Charles Bouvier, no número 31 da famosa Rua do Ouvidor. Em 1852, comprou também a Typographia Franceza, que havia publicado, entre outras obras, *A Moreninha*, de Joaquim Manuel de Macedo. Leuzinger, entre outras inovações, introduziu cartões-postais ilustrados no Brasil.

Em 1893, com mudanças políticas e estruturais se consolidando, a mais destacada entre as livrarias estrangeiras foi a Laemmert, dos irmãos Eduard e Heinrich, filhos de um clérigo protestante que os educou em casa até os catorze anos e então os enviou para trabalhar com livros. Eduard foi para a Martin Bossange, em Paris, que abriria uma filial no Rio. Aqui ele se casou com uma brasileira e acabou formando sociedade com o irmão Heinrich, quando este decidiu mudar-se para cá.

Entre outras publicações, produziram o *Almanack Laemmert*, posteriormente, o *Anuário do Brasil*, com dados administrativos, industriais e mercantis da cidade, que chegou a 1770 páginas, em 1875. A Laemmert também publicou *Os Sertões*, de Euclides da Cunha, em 1902, custeada pelo próprio autor e, em seguida, ficou com os direitos autorais da obra, vendidos pelo seu autor. Posteriormente os direitos da obra seriam transferidos para a Editora Francisco Alves. Hoje, *Os Sertões* integra o catálogo da Ateliê Editorial, numa edição crítica impecável de Leopoldo Bernucci.

Em 1815, fora fundada a Sellos & Couto, a partir de uma livraria na Rua do Sabão, pelo português José Gonçalves Agra, que teve associada a ela a Typographia Episcopal e a publicação de títulos como *O Calendário de 1854*, *Noções de Cronologia* e o *Código Commercial Brasileiro*.

Outro português, Serafim José Alves, fundou a A. J. Ribeiro dos Santos, reconhecida pelo bom acabamento de livros didáticos, além de uso de imagens e alta tiragem de algumas obras que superaram, já em 1924, os cem mil exemplares. José Alves pode ter tido relações também com a Livraria Quaresma, que, até os anos 1960, produziu livros baratos e de apelo popular combinados com obras práticas como *Padeiro Moderno*, *Livro do Criador* e *Livro do Industrial*, entre outros. Além disso, a Livraria Quaresma abriu espaço para obras infantis, adaptações do escandinavo Hans Christian Andersen e dos irmãos Grimm, Jacob e Wilhelm, além de ser ponto de encontro de escritores jovens e pobres, atraídos pelos preços baixos dos livros usados.

UM PORTUGUÊS RUDE CRIA A FRANCISCO ALVES
Na Quaresma, o editor Carlos Ribeiro, fundador da Livraria São José, se iniciou profissionalmente. À Carlos Ribeiro e à Livraria Teixeira, em São Paulo, se atribui, como registra Hallewell, promoções de obras à base de "tardes de autógrafos". A mesma Rua São José, no Rio, onde viveu o homem mais rico do Brasil durante o Primeiro Império, João Batista de Sousa Coutinho, o Barão de Catas Altas, também foi o endereço de início de Antônio Joaquim

Castilho, livreiro e impressor que, já sob direção do filho, publicou traduções de Balzac, Anatole France e Dostoiévski, entre outros nomes da literatura. Com dificuldades financeiras incontornáveis, A. J. Castilho acabou se transferindo profissionalmente para a Civilização Brasileira, fundada em 1929 pelo advogado integralista cearense Gustavo Barroso (1888-1959).

Tancredo Paiva, em *O Livreiro Alves*, citado por Hallewell, relata que as memórias da vida literária no Rio, na virada do século, têm referências à Garnier, à Livraria Quaresma e ao seu gerente, José de Matos, e também a Castilho, mas sem esquecer um editor e livreiro tão importante quanto eles, "talvez porque lidasse principalmente com livros didáticos e por isso sua loja não atraísse as reuniões de escritores". Trata-se de Francisco Alves, na descrição de Luís Edmundo da Costa, também citado por Hallewell, um "homenzinho magro, frágil e nervoso, com bigode branco, óculos de aro de ouro, trajes escuros e formais e a pele como um pergaminho encarquilhado". Ele "havia usurpado o lugar de Laemmert e estava tirando da Garnier sua tradicional proeminência".

Registros da época referem-se a ele como uma pessoa de "maneiras bruscas, temperamento irritadiço e linguagem desabrida". Em resumo, um grosseirão que insultava seus funcionários e não poupava mesmo seus clientes. A honestidade de Francisco Alves, no entanto, era inquestionável, a ponto de pessoas depositarem dinheiro na livraria dele como se fosse um banco. Assim, a Francisco Alves, originalmente a Livraria Clássica, fundada pelo tio dele, Nicolau Antônio Alves e inicialmente dedicada a livros didáticos, com o aumento das escolas no Brasil, no ocaso do império (as escolas passaram de 3 561 para 7 500), chegou a ter o quase monopólio dessas obras no Brasil.

A Livraria Francisco Alves abriu sua primeira filial em São Paulo em abril de 1893 e fez a mesma coisa em Belo Horizonte em 1906. Ela publicou Afrânio Peixoto e Raul Pompeia entre outros, e a maior parte de seus livros era impressa no exterior, provocando ácidas críticas internas. Francisco Alves também escrevia seus próprios livros, com o pseudônimo de Guilherme do Prado, ou F. d'Oliveira, chegando ao total de 39 obras, segundo apurado após sua morte. A maior parte de seus bens foi deixada para a Academia Brasileira de Letras – ABL, que a vendeu a um grupo de antigos funcionários da editora.

A Francisco Alves, nome adotado pela empresa que a comprou da ABL, dominou o mercado de livros didáticos no Brasil até a criação da Companhia Editora Nacional, de Octalles Marcondes Ferreira, nos anos 1920. Em 1972, foi comprada pelo almirante José Celso de La Rocque Macial Soares Guimarães, que alterou seu nome para Livraria Francisco Alves Editora. Em 1974, a empresa de navegação Netumar adquiriu 80% do seu capital, e Carlos Leal, que havia iniciado carreira na empresa como assistente editorial, assumiu o cargo de editor entre 1978 e 1981. Em 1993, Leal reassumiu a editora, agora como acionista principal.

Em 1855, São Paulo era uma cidadezinha de 25 mil habitantes, um décimo da população do Rio e menos de um terço do que abrigavam Salvador e Recife. A cidade dispunha de três livrarias – Fernandes de Sousa, Gravesnes e Torres de Oliveira – e três gráficas: Typographia Liberal, Typographia Dous de Dezembro (sem conexão com Paula Brito) e Typographia Literária. Em 1860, o editor francês Baptiste Louis Garnier abriu uma filial em São Paulo sob os cuidados de Anatole Louis Garraux (1833-1904) que, três anos depois, criou a Livraria Acadêmica, conhecida como Casa Garraux, onde o futuro editor e livreiro José Olympio Pereira Filho (1902-1990) descobriu o universo editorial, com função inicial restrita a arrumar e limpar os livros expostos.

Em 1870, as livrarias de São Paulo subiram para cinco. A população, devido à imigração italiana e a fuga da seca no Nordeste, passou a 193 mil habitantes, equiparando-se à do Rio de Janeiro, na passagem do século. A Companhia Melhoramentos, iniciada em 1890, em 1920 entrou no negócio de papel para livros, associando-se à Editora Weiszflog Irmãos. Essas iniciativas reforçaram a posição de São Paulo na área de livros.

A pesquisa *Retratos da Leitura*, feita pela 4ª Bienal do Livro, em 2016, mostra que o consumo de livros no Brasil está aumentando. Passou de 50% em 2011, para 56% em 2016, o número de pessoas com hábito de leitura. Dados mais recentes revelam que o conjunto de livros no Brasil foi 30% maior que o ano anterior, segundo o 13º Painel do Livro, pesquisa feita pela Nielsen Bookscan e divulgada pelo Sindicato Nacional dos Editores de Livos (SNEL). Entre as diferentes opções de cultura (cinema, teatro, exposições de arte, *shows* musicais, espetáculo de dança e museus), o livro tem a maior preferência. Entre os consultados, 37% disseram que preferem a leitura, em meio a essas outras opções culturais.

O nível de leitura no Brasil aumenta, ainda que lentamente, mas 44% da população, por um conjunto de razões, entre elas o baixo nível educacional, a carência de bibliotecas públicas e o poder aquisitivo, ainda não lê, o que é desconfortável para um editor como Plinio, um homem feito de livros. E a crise que chegou em 2020, acompanhando uma pandemia viral que, em menor fôlego, persiste em 2023, pode fazer com que o consumo de livros fique contraído ao longo de pelo menos metade da década.

10.
Guerra, Política e a Editoração no Brasil

> *Mais que nunca necessitamos dos livros, mas eles também necessitam de nós.*
> *Que privilégio maior pode existir que estar a seu serviço.*
>
> **GEORGE STEINER**

MONTEIRO LOBATO Até a Primeira Guerra Mundial o Brasil fazia impressões na Europa. Machado de Assis, da Garnier, era impresso na França. Coelho Neto, da Lelo & Irmão, no Porto, em Portugal. Editoras e livrarias brasileiras estavam mais voltadas para os livros didáticos, mercado mais seguro, acompanhando o crescimento das escolas, acelerado pela implantação da República. Monteiro Lobato alterou essa situação ao imprimir um de seus livros nas oficinas do jornal *O Estado de S. Paulo* e fazer a venda em bancas, papelarias, armazéns de todos os tipos e farmácias.

Monteiro Lobato se declarou um editor revolucionário: "Abri as portas aos novos. Era uma grande recomendação a chegada dum autor totalmente desconhecido – eu lhe examinava a obra com mais interesse. Nosso gosto era lançar nomes novos, exatamente o contrário dos velhos editores, que só queriam saber dos 'consagrados'."

Quando o negócio de Lobato começou a dar sinais de exaustão, o mineiro de Congonhas do Campo, Octalles Marcondes Ferreira (1901-1973), que havia sido seu auxiliar e passara a sócio, sugeriu a abertura de outra editora. Em 1925, a Companhia Editora Nacional começaria com a republicação do relato do alemão Hans Staden de título enorme (*História Verdadeira e Descrição de uma Terra de Selvagens, Nus e Cruéis Comedores de Seres Humanos, Situada no Novo Mundo da América, Desconhecida Antes e Depois de Jesus Cristo nas Terras de Hessen Até os Dois Últimos Anos, Visto que Hans Staden, de Homberg, em Hessen, a Conheceu por Experiência Própria e Agora a Traz a Público com Essa Impressão*), mas conhecido como *Duas Viagens ao Brasil*, originalmente publicado por Andreas Colben, em Marburgo, Alemanha, em 1557. Iniciar uma editora com a publicação de uma obra que traduzia um Brasil em estado paradisíaco, ao menos ao olhar europeu, não foi casualidade. Um paraíso em que, hoje, o que seria barbárie, eram regras aceitáveis pela população original.

José Bento Renato Monteiro Lobato, seu nome completo, se tornou conhecido do grande público, num primeiro momento, pela produção de livros infantis, com heróis nacionais. Isso é a metade de toda sua obra. A outra metade, não menos comprometida com valores nacionais, está distribuída entre artigos, crônicas, cartas, e livros alertando para a importância de recursos naturais estratégicos. Formado em Direito, Lobato atuou como promotor público, passou a fazendeiro, com herança deixada pelo avô paterno e, nessa condição, começou a publicar os primeiros contos em jornais e revistas, reunidos no livro *Urupês*, de 1918. E foi um verdadeiro precursor de ideias estratégicas na área editorial. Dizia que "livro é sobremesa: tem de ser debaixo do nariz do freguês". Assim, passou a tratar livros como material de consumo, com capas chamativas e refinada produção gráfica (incluindo radical transformação na impressão, com equipamentos modernos) e distribuição aprimorada (vendedores autônomos e distribuidores por todo o país). Inicialmente seus livros foram publicados pela editora da *Revista do Brasil*, que Lobato comprou em 1918.

Monteiro Lobato teve a iniciativa de "melhorar a insípida aparência interna" do livro publicado no Brasil, com problemas de papel, tipologia e diagramação, registra Lawrence Hallewell. No início de 1919, ele importava e planejava oficina gráfica própria. Em março desse ano sua empresa adotou a razão social Monteiro Lobato & Cia. A companhia, um jovem de dezoito anos, Octalles Marcondes Ferreira, inicialmente seu guarda-livros e, em seguida, sócio na empresa. Aos poucos, passou a depender cada vez mais de Octalles, pelo seu pragmatismo comercial.

O FIM DO OTIMISMO

Os primeiros três anos de atividade editorial de Lobato corresponderam ao *boom* do pós-guerra, que se encerrou em 1920. A moeda nacional se desvalorizou e o pagamento das máquinas que ele importara ficou insustentável. O custo de vida teve elevação e isso comprometeu a venda de livros. O resultado foi a falência da Monteiro Lobato & Cia.

Dois meses antes da liquidação final da empresa, no entanto, Octalles Marcondes já havia convencido Lobato a criar uma nova empresa, a Companhia Editora Nacional, com investimentos de cem contos de réis obtidos com a venda de uma pequena casa lotérica de que eram sócios. Em novembro de 1925, a empresa já estava pronta para iniciar seus trabalhos e ele começaria pela edição do livro de Hans Staden, sob o título de *Meu Cativeiro Entre os Selvagens Brasileiros*, com tiragem de cinco mil exemplares. Octalles cuidava das operações em São Paulo e Lobato, no Rio, com maior disponibilidade de tempo, voltava a escrever. Em seguida, aceitou convite para ser adido comercial brasileiro em Washington.

Os projetos caminharam bem. Ao menos até a grande crise de 1929, quando Lobato teve de vender a Octalles as ações que correspondiam a cinquenta por cento do capital. A venda foi feita a um dos irmãos de Octalles. Monteiro Lobato, como escritor, recebeu direitos autorais invejáveis, a maior parte gasto em campanhas a favor da indústria brasileira, do petróleo e do aço. A Editora Nacional cobriu a área de livros didáticos, de mercado e lucros assegurados, antigo domínio da Francisco Alves. Até que, em 1943, alguns dos professores responsáveis por essas obras deixaram a empresa para formar a Editora do Brasil. Arthur Neves, um dos auxiliares de Octalles, fundou a Editora Brasiliense e sua própria loja, a Livraria Brasiliense.

A determinação de Monteiro Lobato na defesa de recursos naturais estratégicos custou a ele dissabores, frustrações e prisão. Em "Carta ao Presidente Getúlio Vargas", em 1935, fez ácidas críticas à política de minérios, no que foi interpretado como desrespeitoso e subversivo e acabou preso, acusado de tentar desmoralizar o Conselho Nacional de Petróleo. Condenado a seis meses de prisão, ficou encarcerado de março a junho de 1941. Em liberdade, sofreu com a morte do filho mais velho, Edgard, três anos após a perda do mais novo, Guilherme. Em 1943, recusou indicação para a Academia Brasileira de Letras, onde fora repelido por duas vezes.

Em 1946, um Monteiro Lobato frustrado e esgotado mudou-se para Buenos Aires, atraído "pelos belos e gordos bifes, pelo magnífico pão branco e fugindo da escassez que assolava o Brasil", conforme declarou com ironia pura à imprensa. Retornou no ano seguinte, ainda cético com o ambiente político nacional. Em abril de 1948, teve o primeiro problema vascular e, em julho, o segundo. No dia 4 desse mês, em ambiente emocionado, seu corpo foi velado na sede da Biblioteca Municipal de São Paulo, antes de seguir para o Cemitério da Consolação, próximo dali. Na véspera, o *Repórter Esso*, ironicamente o noticiário mais destacado da história da televisão brasileira, anunciou, na voz solene do conhecido locutor Heron Domingues: "E agora uma notícia que entristece a todos. Acaba de falecer o grande escritor patrício Monteiro Lobato."

Jacó Guinsburg, também com preocupações sociais que deixou em livros, criou sua primeira empresa, a Editora Rampa, por essa época, mais precisamente em 1946, com 25 anos de idade. O logotipo era um homenzinho escalando um R. Com o humor característico, ele relatou para a Coleção Editando o Editor que "ele [o homenzinho] nunca chegou lá em cima, porque, quando começou a chegar, rolou costa abaixo e se estatelou".

Na Rampa começaram a tomar forma métodos e procedimentos que moldariam Plinio num processo típico do legado pelas guildas, as corporações de ofício para regulamentar o modo de produção artesanal urbano, a partir do século XII, na Europa. Essa estrutura, derrubada pela produção massiva da Revolução Industrial, entre fins do século XVIII e início do seguinte, abriga as raízes mais profundas do anarquismo, em defesa do trabalho ameaçado pela segmentação e alienação que viria em seguida.

Na estrutura das guildas, para caracterizar minimamente essas corporações, ao menos na Alemanha, havia a tradição que o aprendiz de determinado mestre, em qualquer área que fosse, fizesse um período de estágio com um mestre diferente em outra cidade. Quando partiam, os aprendizes levavam um brinco na orelha, que só seria retirado se eles cumprissem a permanência estabelecida com o segundo mestre. Se isso não ocorresse, o brinco não era retirado, mas arrancado da orelha, deixando a marca que identificava o comportamento inadequado do aprendiz.

Quando deixou a Perspectiva, para aborrecimento visível de seu proprietário, reforçado no diálogo no início do outono de 2018, Plinio não levou o brinco característico dos velhos tempos na Alemanha. Essa prática nunca existiu no Brasil. Mas também não se submeteu à supervisão de um novo mestre. Ele estava preparado para o desafio que tinha pela frente e essa característica Jacó Guinsburg deixou evidente na conversa daquela manhã luminosa, quando tinha pouca vida pela frente, mas mantinha o humor irreverente, afetivo e ligeiramente cáustico.

Acompanhando o depoimento de Guinsburg, que lapidou sua formação em diferentes fontes, é possível perceber sua influência nos trabalhos que seu aprendiz realizaria na Edusp.

A Editora Rampa, onde tudo começou, inicialmente reuniu Jacó Guinsburg e um amigo, Edgard Ortiz, da mesma idade que ele, balconista da Livraria Roxy, localizada ao lado da antiga sala de Cinema Ritz, que se interpunha entre a Roxy e outra livraria, a Lobato, na São João, principal avenida que conectava o que agora é o centro velho ao lado oeste da cidade. Ortiz era parente de Lobato, mas de um lado arruinado pela Revolução de 1930 e a bancarrota do café, como desdobramento da grande crise capitalista que eclodira no ano anterior.

Edgard Ortiz tinha um primo, Carlos, professor de seminário que dominava latim, grego, alemão, francês e inglês. Jacó se via como um "autodidata" e, em parceria com os dois primos, publicou o primeiro livro, *Antologia Judaica*. A questão judaica, segundo Guinsburg, era um problema sensível naquele momento, pelo holocausto, o morticínio, pelo nazismo. A Rampa publicou mais três livros na mesma linha editorial e então deu lugar à Perspectiva, título que pertencia a Guinsburg que, anteriormente, chegou a ter uma editora com esse nome, onde fez uma única publicação.

CONEXÕES NÃO EXPLÍCITAS
Coincidência pode não passar de um nome que se dá ao desconhecido, ainda que isso possa indicar conexões improváveis. Em 1965, quando Jacó Guinsburg criou a Perspectiva, Plinio tinha catorze anos. Dois anos antes havia feito o exame de admissão para o Colégio Estadual de Cristalândia, a vinte quilômetros de Pium. Logo se transferiria para o Colégio Estadual de Porto Nacional e, em seguida, para o Colégio Estadual de Goiânia, depois o Colégio Estadual João XXIII, em Ceres, onde concluiria o curso secundário, trabalhando na loja de tecidos e chapéus de um parente distante. Ele começa o colegial no Cemab, em Taguatinga, Distrito Federal, cursando o segundo e o terceiro ano no Colégio Estadual Dr. Álvaro de Souza Lima, em São Paulo.

Além da Editora Perspectiva atual, nascida depois de uma passagem pela Difusão Europeia do Livro – Difel como supervisor editorial, Guinsburg permaneceu por um ano na França onde, disse, "entrei na cozinha e vi como se faziam as coisas".

A estada na França incluiu ainda um estágio técnico em uma gráfica (um Liceu de Artes Gráficas, em Paris) e outro num curso de edição – os franceses, segundo Guinsburg, evitam a palavra "editoração" usada no Brasil. A tradição francesa, havia muito estabelecida no Rio de Janeiro, estava superada de alguma maneira. Mas não completamente, e o relato de Jacó Guinsburg é uma evidência disso.

A essa altura, por aqui já haviam sido criadas a Editora Globo, em Pelotas, no Rio Grande do Sul, com raízes na Livraria e Editora Globo, fundada em 1883, ampliada em 1928 e comprada pela família Marinho, das Organizações Globo, em 1986. A Livraria Globo nasceu com o nome de Livraria Americana, envolvida com traduções nem sempre autorizadas, prática ilegal e antiética que marcou o comportamento de algumas editoras.

Também havia a Editora José Olympio, fundada em São Paulo em 1931, e que leva o nome de seu fundador José Olympio Pereira Filho. Nessa editora de enorme prestígio e tradição, toda a história começa em Batatais, cidadezinha de vinte mil habitantes, no interior de São Paulo, na infância de pés desnudos, "pobre, mas tecida de sol e liberdade", do menino José Olympio. Sua vida profissional começou aos onze anos numa farmácia local, e mudou radicalmente no dia em que Altino Arantes Marques, presidente [governador] do Estado, e também nascido em Batatais, visitava a cidade. O governador relatou em suas memórias: "Um dia recebi em Batatais a visita de um menino que me disse: 'O bispo está na cidade e vim pedir ao senhor para ser meu padrinho'." O garoto foi crismado pelo governador e isso abriu a ele um espaço que facilitou sua vida futura.

A José Olympio começou com uma obra que hoje seria considerada de autoajuda, *Conhece-te Pela Psicanálise*, de um autor americano, Joseph Ralph, que ainda pode ser encontrada em sebos por preços simbólicos. Nas décadas de 1940 e 1950, José Olympio foi o maior editor brasileiro, com dois mil títulos e cinco mil edições, somando, nos anos 1980, trinta milhões de livros, reunindo novecentos autores brasileiros e outros quinhentos estrangeiros. José Olympio foi uma versão brasileira do editor americano Max Perkins, que descobriu Thomas Wolfe, F. Scott Fitzgerald e Ernest Hemingway, entre grandes nomes da literatura americana.

A lista de José Olympio talvez possa ser até maior que a de Perkins. Em seguida ao livro de Ralph, ele publicou Honório de Sylos, *Itararé: Notas de Campanha*, da Revolução de 1930, acontecimento recente de que Sylos foi participante, e então viria uma série de nomes bem conhecidos da literatura brasileira: Guimarães Rosa, José Lins do Rego, Manuel Bandeira, Rachel de Queiroz, Fernando Sabino, Orígenes Lessa, Lygia Fagundes Telles, Jorge Amado, Erico Verissimo, Euclides da Cunha, Monteiro Lobato, Graciliano Ramos e ilustrações de

Orlando Mattos, desenhista, chargista e pintor, além de escritos do presidente Getúlio Vargas. Em 3 de maio de 1990, quando morreu, aos 87 anos, José Olympio já não era o dono da editora com seu nome, sob controle do Banco Nacional de Desenvolvimento Econômico e Social (BNDES) e que passaria para o grupo editorial Record, em 2001. A Editora José Olympio, na avaliação de Jacó Guinsburg, "foi fundamental para a literatura nos anos trinta e quarenta. A coleção dos autores editados pela primeira vez demonstra como a José Olympio marcou uma época".

Do interior da sala envidraçada da Biblioteca Brasiliana Guita e José Mindlin, no *campus* da USP, em meados de 2021, Plinio sorri com uma ponta de tristeza para dizer: "E José Olympio, o grande editor brasileiro, terminou endividado. Depois de tudo o que fez por seus autores e do ambiente que criou com eles..."

Plinio compartilha da análise de Guinsburg: "Numa editora que é uma grande empresa prevalece o critério da racionalidade, sem espaço para a paixão." Quando se analisam algumas editoras é possível constatar essa situação: "O José Olympio foi também um editor de políticos importantes", mas isso não foi fundamental para a editora dele: "O fundamental de sua editora foram os romances e os autores que ele editava, com os quais convivia, que viviam ali na livraria. Aquilo era a paixão dele." E compara essa situação com a da Civilização Brasileira: "Então vejam o Ênio. O Ênio da Civilização Brasileira. Se o Ênio fosse uma cabeça puramente racional e não fosse uma paixão, estaria dominando o mercado de livro aqui, nem há dúvida." "Isto que está aparecendo aí", referindo-se às novas editoras, "não é nada perto daquilo que era a Civilização. O volume de edição, a rede de livrarias, e de possibilidades, qualidade... Quer dizer, se ele fosse outro tipo de editor, poderia editar *best-sellers* de modo a receber seus lucros e 'estar na melhor'. Não é que ele não soubesse disso – porque ninguém é ingênuo."

"NÃO REESCREVO O ORIGINAL DO AUTOR"

Em tudo José Olympio se parecia com seu colega Max Perkins, menos em um ponto, e isso fazia deles homens muito diferentes: José Olympio não interferia nos originais de seus autores, como costumava fazer o editor de Hemingway, F. Scott Fitzgerald e Thomas Wolfe. Especialmente com Thomas Wolfe. Neste sentido, José Olympio e Plinio Martins Filho têm exatamente a mesma posição. Plinio se recusa a interferir nos originais apresentados por seus autores. Tanto à época em que ocupou a diretoria editorial, posteriormente, na presidência e direção editorial da Edusp, quanto na Ateliê Editorial: "Trabalho os originais em tudo que for necessário, mas procuro não intervir no estilo e conteúdo dele. Respeito o texto do autor."

Não que ele não tenha desenvolvido suas próprias ideias. Ele dirá isso pelo fato de conceitos, como os cultivados por Ênio Silveira, terem a envergadura, consistência e beleza que têm. E por isso devem ser preservados, defendidos e ampliados.

Um último testemunho, agora de Rachel de Queiroz no prefácio de *José Olympio, o Descobridor de Escritores*, de Antônio Carlos Villaça, diz assim: "Nós, os que pomos no papel nossos pensamentos, sonhos e imaginações, dependemos do editor, espécie de mágico que tem o poder de transformar em livro aquilo que eram apenas palavras, palavras. E quando temos o Bom editor, que nos solicita escritos, que põe em nós a sua confiança e seu dinheiro, ele vira a própria figura paterna."

Rachel falou em "figura paterna", mas se corrige para dizer que "para os mais velhos seria melhor dizer irmãos. Sabia de nossa vida, interferia nos nossos problemas, chegava a nos determinar o que fazer. Casamentos, divórcios, emprego, encrencas com a polícia ou com o patrão, falta de dinheiro. Ele opinava, ralhava, ajudava, com a autoridade de quem tinha sempre a boa solução". Ela se refere "àquele seu salão, decorado com os nossos livros, que quantas vezes serviu de confessionário e de chorador, de lá saíam sempre o telefone, a carta de recomendação ou de reclamação para o grândola amigo dele que nos oprimia ou nos ameaçava. Saía também o cheque providencial, na hora difícil".

Entre a Editora Globo e a José Olympio e, em seguida, a Civilização Brasileira, atuando "no campo da geral", a Zahar e a Difusão entram na área de livros universitários. Por quê? Segundo Jacó Guinsburg, pelo fato de "naquele momento, quando a Editora Nacional deveria ter feito essa passagem, não a fez". Talvez, justifica, "porque o Octalles Marcondes, nessa época, já estava envelhecendo, embora ainda fosse muito atuante". Na verdade, acrescenta, "ele começou a se preparar para dar esse passo, contratou e planejou coleções, mas não chegou a deslanchar plenamente o processo". A Difusão Europeia do Livro e a Zahar, no entanto, fizeram isso, juntamente com a Civilização, "apareceram naquele momento com propostas que as colocaram na ponta do movimento editorial do período". Uma delas, detalha Guinsburg, "a do livro universitário e foi nele que eu comecei, na Difel".

A Perspectiva, no entanto, na sua versão atual, comprometida com muitos autores e títulos universitários, nasceu ligada a um grupo que incluiu Anatol Rosenfeld, Antonio Candido, Paulo Emílio Salles Gomes, Haroldo de Campos, Boris Schnaiderman, Sábato Magaldi e outros. Guinsburg diz que isso foi bastante interessante para ele: "Estava precisando de emprego, não era professor universitário ainda, mesmo que já desse aulas na Escola de Arte Dramática" onde, em parceria com um aluno, Moysés Baumstein, "comecei, para variar, fazer uma editora: '– Ah! Vamos abrir uma editora'. Novamente aquele negócio. Mas foi diferente. A maneira como fiz a primeira editora e como fiz esta última foi diferente, pois já havia uma prática do que isso significava".

A Livraria Martins Editora começou pouco depois da José Olympio. José de Barros Martins, seu fundador, era escriturário em uma agência do Banco do Brasil, em São Paulo, quando decidiu, em 5 de abril de 1937, abandonar a segurança de um trabalho burocrático e abrir uma pequena livraria na Rua da Quitanda. Especializou-se em livros importados que acabaram inviáveis com o início da guerra, então criou uma editora com a ajuda de Edgard Cavalheiro (1911-1958), também ex-bancário, que se envolveu com literatura, jornalismo e, hoje, é reconhecido como o melhor biógrafo de Monteiro Lobato.

Durante o primeiro ano foram publicados *Memórias de um Sargento de Milícias*, de Manuel Antônio de Almeida, e *Iracema*, de José de Alencar, com doze ilustrações de Anita Malfatti, pintora, desenhista, gravadora e ilustradora, numa coleção, a Biblioteca Brasileira. Havia ainda a Coleção Biblioteca do Pensamento Vivo, reunindo autores como Rousseau, Montaigne, Voltaire e Ralph Waldo Emerson, entre outros. Em 1943, apareceu a Coleção Mosaico, formada por obras contemporâneas brasileiras.

Ao longo da era Vargas houve alguns conflitos com o governo. ABC *de Castro Alves*, um trabalho de crítica literária do baiano e comunista Jorge Amado, então um autor proscrito, teve manifestação da censura, mas, ainda assim, a obra acabou publicada.

A Martins deu ampla contribuição à edição de livros no Brasil e, ao longo de 32 anos, teve a exclusividade das obras de Jorge Amado, com exceção de três títulos. José de Barros Martins liquidou a empresa em 1974, ao final de 37 anos de atuação, e negociou contratos de publicação com a Editora Record.

A Martins Editora foi adquirida por José Martins Fontes, fundador da Livraria Martins Fontes (1960) em Santos, hoje ainda uma referência no cenário livreiro nacional sob a direção de Alexandre Martins Fontes, também responsável pelo selo WMF.

O trajeto da Civilização Brasileira já foi brevemente referido, mas é conveniente acrescentar que ela foi uma das expressões mais importantes da literatura brasileira nos duros anos 1960, com abertura para autores estrangeiros, o que incluiu norte-americanos, latino-americanos e mesmo japoneses. Em março de 1984 foi formalizada a transferência da matriz da editora do Rio de Janeiro para São Paulo. Ênio Silveira, um dos fundadores da editora, faleceu em 1996. A Civilização Brasileira é mais uma editora agora sob controle do Grupo Editorial Record.

A GRANDE CRISE
DOS ANOS 1920-1950
Para fazer justiça à história da Civilização Brasileira é preciso dizer que ela foi fundada no turbulento ano de 1929, quando a maior crise do capitalismo parecia não acenar com o dia seguinte. A editora foi transferida para Octalles Marcondes Ferreira em 1932, integrando a Companhia Editora Nacional, a antiga sociedade de Octalles com Monteiro Lobato. No final dos anos 1950, sob direção de Ênio Silveira (1925-1996), militante do Partido Comunista Brasileiro (PCB), e genro de Octalles, foi uma das principais editoras brasileiras.

Como José Olympio, Ênio também cultivou e estimulou autores brasileiros. Publicou *Encontro Marcado*, do escritor mineiro Fernando Sabino, em 1956, uma viagem existencial do protagonista Eduardo Marciano com que sucessivas gerações se identificariam. Nos anos 1960 foi a principal difusora da literatura brasileira, além de abrir espaço para autores japoneses, latino-americanos e norte-americanos.

A Civilização Brasileira encomendou a tradução de *Ulisses*, de James Joyce, ao filólogo e crítico literário Antônio Houaiss (1915--1999) e, em 1967, publicou o romance mais conhecido de Antônio Callado (1917-1997), *Quarup*. Callado foi jornalista e romancista de enorme versatilidade, ocupou cargos de chefia no *Jornal do Brasil* e participou da cobertura da Guerra do Vietnã, entre outros deslocamentos que expressavam seu desassossego político. A Civilização publicou *O Advogado do Diabo*, do americano Morris West, que fez enorme sucesso, mas, como outros editores, recusou-se a publicar *O Apanhador no Campo de Centeio*, do também americano J. D. Salinger, por considerá-lo difícil demais para o público brasileiro. Um enorme equívoco, a que editores estão sempre sujeitos. Publicado nas principais línguas do planeta, o romance foi incluído pela revista *Times*, em 2005, entre as cem principais obras em inglês, desde 1923.

Em março de 1965, quando as nuvens de tempestade começavam a cobrir o céu, Ênio Silveira lançou a *Revista Civilização Brasileira*, que chegou a vinte e uma edições e, na segunda delas, atingiu vinte mil exemplares. Em outubro desse mesmo ano, foi obrigado pelo governo militar a deixar a direção da revista e da editora para evitar reprimendas maiores. Ênio já havia sido preso três vezes e, em 1966, entrou com um recurso jurídico contra o governo, inútil como um guarda-chuva sob inundação. No governo Costa e Silva, que sucedeu ao de Castelo Branco, houve corte de recursos que atingiram a editora e, com o famigerado AI-5, em 13 de dezembro de 1968, duzentas prisões foram feitas, incluindo Ênio Silveira e vários de seus autores. A barbárie refinava seus métodos.

Em maio do ano seguinte, ele foi preso novamente, acusado de publicar, cinco anos antes, o livro *Brasil: Guerra Quente na América Latina,* uma exposição de conceitos políticos básicos para uma educação política, de João Cândido de Maia Neto, médico, escritor e jornalista (1922-1996), homem de confiança de Leonel Brizola. Em outubro, Ênio foi preso novamente. Centenas de livros foram confiscados de sua livraria e um incêndio sem causa identificada atingiu escritórios centrais da editora, que havia sido transferida para o Rio de Janeiro. Em 1972, ele foi absolvido do processo motivado por *Brasil: Guerra Quente na América Latina,* mas teve de abrir mão da devolução de dois mil exemplares da obra confiscada.

Em 1975, com a venda da Companhia Editora Nacional de que a esposa de Ênio era herdeira, a Civilização Brasileira se aliviou financeiramente. No ano seguinte explorou a venda de livros pelo correio e lançou uma segunda revista, *Encontros com a Civilização Brasileira.* Várias negociações ocorreram em seguida e, ao final delas, Ênio ficou com 10% do capital da empresa. A militância política de Ênio e seu profundo comprometimento com as questões sociais fazem dele um paralelo do que foi, na Itália, Giangiacomo Feltrinelli, mais radical em suas ações, no que Jacó Guinsburg chamou de "produto da paixão e até da loucura", no caso de um editor de livros.

O Grupo Editorial Record, a que a Civilização Brasileira se integrou, é o maior aglomerado editorial da América Latina e líder na área de livros não didáticos com início em 1940, quando a Record foi criada pelos sócios Alfredo Machado e Décio Abreu para distribuição de tiras de jornal e outros serviços de imprensa. A pioneira entre as distribuições de quadrinhos (*syndicate*) de que, agora, a Ediouro é parte, na área de palavras-cruzadas.

Além da Record, o grupo reúne a Bertrand Brasil, José Olympio, Civilização Brasileira, Rosa dos Ventos, Nova Era, Difel, BestSeller, edições BestBolso, Galera Record & Galerinha Record, Arlequim (*joint venture*), Best Business, Verus Editora e Paz e Terra. O catálogo do grupo reúne mais de seis mil títulos e quatro mil autores nacionais e estrangeiros. Entre eles, 22 agraciados com o Prêmio Nobel, como o colombiano Gabriel García Márquez, o chileno Pablo Neruda, os alemães Herman Hesse e Günter Grass, o espanhol Camilo José Cela e os norte-americanos Ernest Hemingway, John Steinbeck e William Faulkner, entre outros.

EDITORAS QUE MARCARAM A CULTURA NACIONAL

Entre as grandes editoras brasileiras que marcaram época e, de muitas maneiras, foram a expressão da personalidade de seus fundadores, está a Jorge Zahar. Ela começou a nascer em 1956, quando Jorge (1920-1998), na companhia dos irmãos Ernesto e Lucien, criou a Zahar editores que, um ano depois, publicou a tradução do *Manual de Sociologia*, de Jay Rumney e Joseph Mayer, várias vezes reeditado.

Num texto de apresentação para o *Editando o Editor 5 – Jorge Zahar*, Sergio Miceli relata que, "afora os manuais introdutórios e coletâneas temáticas", Jorge iniciou um trabalho editorial de fôlego, adquirindo direitos e encomendando tradução de títulos e autores que foram referência obrigatória a cientistas sociais. Alguns exemplos disso são o clássico *História da Riqueza do Homem*, de 1931, do jornalista marxista americano Leo Huberman (1903-1968), com texto sedutor, lembrando o estilo do que seria conhecido como "novo jornalismo", abordando a realidade com textos reservados à literatura, e *A Elite do Poder*, do sociólogo americano Charles Wright Mills (1916-1962), descrevendo relações e alianças de classe entre as elites políticas, militares e econômicas nos Estados Unidos, incluindo nomes da esquerda como Paul Sweezy, Robert Heilbroner, John Kenneth Galbraith, Paul A. Baran e Maurice Dobb, um grupo de primeira linha enquanto sofisticação intelectual.

Esses dois exemplos são suficientes para evidenciar a importância estratégica da editora na introdução e consolidação de uma crítica mais elaborada. Até porque esses autores foram acompanhados por membros da Escola de Frankfurt, grupo inicialmente associado à universidade dessa cidade alemã, formado por cientistas sociais marxistas, entre eles Herbert Marcuse, Karl Mannheim, Joseph Schumpeter e Erich Fromm, além de outros intelectuais ligados à psicanálise, como o próprio Freud, Melanie Klein, Ronald Laing, Donald W. Winnicott e C. G. Jung, o que significa dizer: um grupo de autores que valiam por um curso inteiro na área das ciências sociais.

Nas décadas de 1970 e 1980, a editora abriu espaço para cientistas brasileiros que ganhavam projeção intelectual, incluindo Fernando Henrique Cardoso, Maria da Conceição Tavares, Gilberto Velho e Roberto da Matta, acompanhados de estrangeiros como Gaston Bachelard, Jean Piaget, Jacques Lacan, Jürgen Habermas e Noam Chomsky, entre outros. Sergio Miceli, presidente da Edusp quando Plinio era o diretor editorial, relata um encontro com Jorge Zahar, descrito sempre como de temperamento reservado, e se refere a ele como "um sujeito de trato ameno, de conversa marota que emitia juízos refinados sem panca, divertido, generoso com editores mais jovens", entre os quais ele se incluiu, um "realista capaz de discernir a linha justa entre 'o sonho' e 'o feijão' em matéria de livro", "uma pessoa sensível, admirável e franca", conclui Miceli. Pioneiro na edição de livros nas ciências sociais no Brasil, Jorge, filho de pai libanês e mãe francesa, depois de quase trinta anos na Zahar Editores, com 1200 títulos, criou, em 1985, a Jorge Zahar Editor, posteriormente apenas Zahar, em parceria com os filhos, dedicado a publicar obras acessíveis a um público mais amplo num espectro que iria de estudantes a leitores curiosos e especialistas. Desde então o catálogo com mais de mil títulos cobre áreas tão diversas como história, filosofia, antropologia, sociologia, psicanálise, educação, arte, música, cinema, teatro, televisão, biografias, literatura clássica e ciência, em especial na área de astronomia, aberta a um público mais amplo.

Jorge Zahar foi, desde o início, um editor comprometido com a rigorosa qualidade do seu trabalho, determinado a contribuir para a formação de leitores com fundamentação que, se não era, necessariamente, especializada, fornecia referência clara para uma compreensão mais sofisticada da realidade.

Nos anos 1960, mais especificamente em 1965, o jornalista e político carioca Carlos Lacerda (1914-1977) criou a Nova Fronteira. Antes de sua morte precoce, aos 63 anos, ele se associaria à Nova Aguilar, criada também no Rio, em 1958, pelo espanhol José Aguilar. A Nova Fronteira formou seu catálogo a partir da literatura e de obras de referência. Com mais de 1500 títulos, recebeu prêmios como o Jabuti com romances, produção editorial, capa e livros infantojuvenis. Também tem entre seus autores alguns Prêmio Nobel de literatura, caso do escritor alemão Thomas Mann, agraciado com o prêmio em 1949, e o filósofo, escritor e crítico francês Jean-Paul Sartre, representante do existencialismo que recusou o Nobel em 1964, e também o alemão Günter Grass, que recebeu o Nobel em 1999. Outros autores de enorme valor que integram este catálogo são a britânica Virginia Woolf, a francesa Marguerite Yourcenar, Italo Svevo, pseudônimo de Aron Hector Schmitz, nascido em Trieste, na Itália, o americano Ezra Pound, o jornalista e escritor italiano Dino Buzzati, conhecido por *Deserto dos Tártaros*, e o grande talento da literatura policial, a britânica Agatha Christie.

Entre os autores nacionais da Nova Fronteira estavam Guimarães Rosa, Marques Rebelo, João Ubaldo Ribeiro e Josué Montello, além de alguns dos poetas mais importantes do país, como Cecília Meireles, Manuel Bandeira e João Cabral de Melo Neto. O segmento infantojuvenil reúne a consagrada Ana Maria Machado, Bia Bedran e Sylvia Orthof, com ilustradores como Rui de Oliveira, Ziraldo, Cláudio Martins e Roger Mello. Em 2006, mais de quarenta anos depois de sua fundação, a Nova Fronteira foi absorvida pela Ediouro Publicações.

ASCENSÃO E QUEDA
DE GRANDES PROJETOS
Como o Grupo Editorial Record, a Ediouro Publicações também foi uma absorvedora de outras empresas que não se estabilizaram econômica ou editorialmente. A história da Ediouro começa na véspera da Segunda Guerra Mundial, quando os irmãos Jorge e Antônio Gertum Carneiro se transferiram de Porto Alegre para o Rio de Janeiro e fundaram a Publicações Pan-Americanas para importação de livros e papel vegetal, além do agenciamento de assinaturas de revistas estrangeiras. Em seguida, tiveram a companhia de um terceiro membro no grupo, Fritz Israel Mannheimer, que chegara da Alemanha. Com dificuldades de importações por causa da guerra, optaram pela tradução e edição de livros técnicos e o grupo passou a se chamar Editora Gertum Carneiro S.A., tirando partido de livros de bolso, recém-criados, vendas por reembolso postal e a agora tradicional revista *Coquetel* de palavras-cruzadas. A ampliação do parque gráfico da empresa fez com que, em 1961, houvesse uma fusão entre editora e gráfica, que deu origem à Ediouro.

Entre as editoras que produziram impacto cultural no Brasil está a Editora Abril, criada em São Paulo em 1950 por iniciativa do judeu de origem italiana, nascido em Nova York e naturalizado brasileiro, Victor Civita (1907-1990), e um amigo, Giordano Rossi. Iniciada como editora de revistas em quadrinhos, em 1965 a empresa ampliou sua atuação com uma edição ilustrada da Bíblia em fascículos quinzenais. O mesmo procedimento incluiria publicações sobre a Segunda Guerra Mundial, de memória recente, e mais tarde se estendeu para uma coleção na área de filosofia, Os Pensadores, que chegou a vender cem mil exemplares semanais.

Nos anos 1930, um irmão de Victor, Cesar, trabalhou na italiana Arnoldo Mondadori Editore, que publicava histórias em quadrinhos da Disney, na Itália, e, com isso, conseguiu licença de títulos para toda a América Latina. A Editora Abril publicou um conjunto de revistas de que se destaca a semanal *Veja*, título de prestígio que se desgastou politicamente e, neste final de segunda década do século XXI, tenta se reafirmar no mercado, depois de uma crise que implodiu a Editora Abril.

O principal personagem de Walter Disney, Pato Donald, já havia sido publicado no Brasil em 1946 pela Editora Brasil-América Latina Ltda., conhecida como Ebal, a mais importante entre as que se dedicaram exclusivamente a histórias em quadrinhos. A Ebal foi uma iniciativa do jornalista e editor Adolfo Aizen (1907-1991), russo naturalizado brasileiro e reconhecido como "pai dos quadrinhos no Brasil". Aqui ele introduziu personagens de *comics* americanos como Mandrake, Tarzan, Dick Tracy, Príncipe Valente e Flash Gordon, populares e lidos por diferentes segmentos da população antes da popularização da televisão. Durante certo tempo se acreditou que Aizen, judeu originário do que agora é a Ucrânia, tivesse nascido em Juazeiro, na Bahia. Pode parecer detalhe sem importância, mas, no passado, estrangeiros não podiam ser proprietários de empresas de comunicação no Brasil.

Em 1986, uma nova empresa integrou o panorama editorial nacional: a Companhia das Letras, criada por Luiz Schwarcz que, antes disso, trabalhou na Editora Brasiliense, indicado por Eduardo Suplicy, seu professor, e onde chegou ao cargo de diretor. O nome que Schwarcz deu à casa foi inspirado na antiga Companhia das Índias. A editora foi amparada pela família Moreira Salles, proprietária do Unibanco, e pelo seu primeiro lançamento, *Rumo à Estação Finlândia*, de Edmund Wilson (1895-1972), que vendeu 110 mil exemplares. Wilson, escritor, ensaísta, jornalista, historiador e crítico literário norte-americano, influenciou o gosto literário da época em que viveu ao apresentar novos escritores como William Faulkner e Ernest Hemingway.

Em 2015, a Companhia das Letras comprou a Objetiva, do Grupo Santillana/prisa. E, já em 2010, a Penguin passou a editar, em português, obras da Penguin Classics e em dezembro de 2011 a Penguin Books comprou 45% da Companhia das Letras. Foi criada uma *holding* das famílias Moreira Salles e Schwarcz para administrar os 55% de participação da editora. Em outubro de 2018, a Penguin assumiu 70% da editora e a família Schwarcz ficou com 30%.

Em 1997, uma editora entrara em cena no panorama editorial com perspectivas de uma profunda inovação no mercado: a Cosac Naify. A primeira fornada dela envolveu a área de artes plásticas, com mais de cem títulos. Outros 150 títulos abrigaram a ficção, clássicos como *Os Miseráveis*, *Anna Karenina* e *Moby Dick*, incluindo autores brasileiros como João Antônio, e estrangeiros modernos, caso de William Faulkner. A editora abriu espaço para infantojuvenis e apostou no segmento arquitetura, abrigando grandes nomes nacionais nessa área. Sua proposta para destacar-se da concorrência eram edições luxuosas e sofisticadas, num modelo de negócios que aparentemente punha em segundo plano preocupações mercadológicas.

Em fins de novembro de 2015, no entanto, a editora anunciou o encerramento de suas atividades e apontou a crise econômica nacional como uma das razões para essa atitude.

AVENTURA PARA POUCOS

Na Biblioteca Brasiliana Guita e José Mindlin, no *campus* da USP, Plinio reflete sobre a história da edição de livros no Brasil, aventura para corações fortes e determinados e da qual ele mesmo é parte, ainda que veja as cenas e faça considerações com a imparcialidade de um observador. Fala da amizade que José Olympio, garoto de infância pobre, "tecida de sol e liberdade", em Batatais, dedicava aos seus autores e lamenta que "essa relação não exista mais".

Plinio descreve, divertido e quase incrédulo, que, no caso de José Olympio, "às vezes não havia sequer um contrato, envolvendo uma obra, o que hoje é impossível". E fala de Ênio Silveira e a ponte que ele construiu entre literatura e política. Lamenta com suave resignação a morte de seu estimado Jacó Guinsburg, em outubro de 2018. E ri, divertido, com um dos hábitos do antigo mentor, ao se dar conta do esgotamento de um título: decidia suspender a sua venda, com receio de que perdesse a companhia da obra. Como se ela pudesse dissolver-se como bolha de sabão, deixando-o desamparado.

Refere-se ainda à postura de Paula Brito como um de seus ancestrais na antiga e diversa família de livreiros. De homens que fazem livros, pensam livros, convocam livros, respiram livros. Homens que fazem livros e que são feitos de livros. Homens de almas de papel, a matéria que grava as palavras e, com o engenho e a arte de um editor, transforma textos em livro. Plinio reafirma, como num diálogo interior, a determinação de não se curvar a conveniências comerciais. Reflete sobre o destino da editora que ele mesmo criou, a Ateliê Editorial, e revive as previsões de Umberto Eco quanto à resistência do livro. Ao temor disseminado de que os livros possam acabar, na sua forma clássica, contrapõe o fascínio que o próprio formato ainda proporciona: o folhear das páginas no primeiro contato, o cheiro da tinta da impressão, o índice, a folha de rosto, a primeira página, as informações nas dobras das capas. O livro, poderoso, gentil, silencioso e promissor como só um livro pode ser.

Plinio se refere a um em particular, uma obra do francês André Schiffrin, *O Dinheiro e as Palavras,* e, num parêntese, relata o sonho de um amigo, Ubiratan Mascarenhas (da editora Ars Poetica), que, como muitos outros, foi tomado pela paixão dos livros e quis ser um editor, projeto inviabilizado por impossibilidades aritméticas. Para Plinio, "alguém que quer ser editor não deve fazer muitas contas" e justifica que, na Perspectiva, Guinsburg editava, mas quem fazia os cálculos entre o dinheiro que saía e o que entrava era a esposa dele, Gita Guinsburg. Confessa que nisso também não é diferente do seu antigo mentor: na Ateliê, Vera, sua esposa, é quem se ocupa dos números. Plinio conta que já recebeu consulta para editar um livro sobre a vida de um especialista em reconstituição de crimes e recusou a proposta, que previa tiragem inicial de trinta mil exemplares. Aconselhou seu interlocutor a procurar a editora adequada e justificou sua posição: "Os livros são ciumentos e se eu me envolver com este, que não é da minha linhagem, os outros vão reagir e o resultado não será bom nem para editora e nem para o autor".

Cita o caso do editor brasileiro que, há alguns anos, passou por uma ruptura na linha editorial da empresa que ele deixou, como evidência do que chama de "ciúme dos livros". Um editor que "não reconhece seu catálogo não sobrevive, em especial em uma época de crise", garante. E fala da eterna crise que ronda o livro, para além das livrarias de grande porte: a pressão dos conglomerados internacionais por taxas de lucros elevadas. Enquanto historicamente as editoras se satisfaziam com taxas anuais de 3% a 4% ao ano, o equivalente ao pago por instituições de poupança, as coisas andavam, mesmo que a velocidades moderadas. Mas, quando essas empresas começaram a ser compradas por grandes conglomerados de mídia, há algumas décadas, tudo mudou. Os conglomerados estavam habituados a taxas de lucros de 10%, 15% ou ainda maiores e, então, as pressões começaram a ficar insustentáveis e um delicado equilíbrio, um ecossistema editorial, foi rompido.

11.
Um Manual para a Edição de Livros

> *O editor é aquele leitor benfazejo, que teima*
> *em ver na filigrana o que ninguém se dá conta.*
> MARISA MIDORI DEAECTO

Em maio de 2017, na Livraria João Alexandre Barbosa, da Edusp, Plinio Martins Filho lançou seu *Manual de Editoração e Estilo*, mais de dez anos depois de ter obtido o título de Doutor em Comunicação pela Escola de Comunicação e Artes da Universidade de São Paulo (ECA-USP). A relação entre um e outro fato é que as pesquisas que resultaram na publicação do *Manual* foram feitas para a tese de doutorado e, desde então, pacientemente lapidadas para compor uma obra inédita no Brasil, em abrangência e detalhamento, sobre o engenho e a arte na criação de livros.

Publicação que reuniu três editoras universitárias, Edusp, Editora da Unicamp e Editora da Universidade Federal de Minas Gerais, o *Manual*, com 728 páginas, em formato 18 cm x 24 cm, abrange todo o universo da edição de livros: da preparação de originais ao projeto gráfico, passando por tipologia, revisão, normalização, ortografia, pontuação e bibliografia. O reconhecimento da qualidade e importância da obra veio em seguida: no final de outubro de 2017, conquistou o primeiro lugar na 59ª edição do Prêmio Jabuti, na categoria Comunicação.

Com o *Manual de Editoração e Estilo*, Plinio, ao final de cinquenta anos de experiência editorial, supre seus colegas e futuros editores de livros em áreas em que ele mesmo já se ressentiu de informação e definições a um projeto coerente, harmonioso, prático e, sobretudo, belo, que devem ser articulados na criação de um livro. É o caso de padronizações relacionadas a outras línguas, o que abrange um universo amplo e fascinante. Na interpretação de Plinio, "quem trabalha em tarefas ligadas à edição de textos sabe o quanto é útil algum conhecimento das normas de outras línguas". Preparadores e revisores de textos podem aprofundar-se nessas áreas, mas outros profissionais têm dúvidas em relação ao uso de muitas outras convenções: signos, sinais e mesmo expressões em diferentes línguas, o que é mais frequente na edição de livros universitários. Para facilitar as consultas dessas normas em relação a línguas, houve uma organização em dois grupos. O primeiro reunindo as de escrita latina. O segundo, de escrita diversas. No primeiro caso estão incluídos, por ordem alfabética: alemão, catalão, dinamarquês, espanhol ou castelhano, finlandês, francês, holandês, inglês, italiano e latim. Em relação às línguas de escrita diversa estão: árabe, chinês, grego, hebraico, japonês e russo, cada uma com um pequeno histórico, o que tira da obra uma característica apenas técnica para dar uma abrangência de leitura obrigatória.

Uma justificativa para a afirmação? O árabe (*al 'arabiya*), entre as várias não latinas consideradas, "uma língua semítica, como o acádio, o hebraico, o siríaco, o fenício e o armênio". O verbete registra que "em decorrência da expansão territorial dos povos árabes na Idade Média e da difusão do Alcorão, a língua árabe tornou-se litúrgica, se disseminou por toda a África do Norte e Ásia Menor". Acredita-se "que sua origem remonte ao século II d.C. Os primeiros vestígios de escrita árabe, como conhecida, datam dessa época, conforme a *Inscrição de Raqush*, uma das mais antigas gravações árabes pré-islâmicas. Os numerais árabes são os mais utilizados no Ocidente, mas, curiosamente, com exceção de alguns países do Norte da África, a maioria das nações árabes utilizam numerais hindus".

Quanto ao chinês, para tirar partido de uma das seções mais saborosas do *Manual*, entre as línguas estrangeiras de grafia não latina, pertence ao ramo sino-tibetano e é um idioma monossilábico, como fica evidente na audição de qualquer falante, ainda que, como registra a referência, "variantes faladas façam uso de palavras dissilábicas e trissilábicas". E todas as suas variantes linguísticas são escritas como logogramas, o que significa dizer: não há alfabeto. Símbolos e ideogramas não representam fonemas, mas conceitos. O chinês escreve-se da direita para a esquerda, de cima para baixo. A transliteração dos logogramas para o alfabeto latino está registrada no verbete alongado, ilustrado e exemplificado com nomes de personagens mais conhecidos. Caso de Chou, para se referir, por exemplo, a Chou En-Lai (1898-1976), líder do partido Comunista Chinês desde a fundação da República Popular da China, em 1º de outubro de 1949. Essa transliteração, segundo o *Manual*, pode ser feita com emprego de dois sistemas: o Wade-Giles, criado por dois missionários americanos, Thomas Francis Wade e Herbert Giles, em meados do século xix. E o Pinyin, concebido por uma comissão de filólogos no após Revolução Cultural, campanha deflagrada pelo líder do partido Comunista Chinês, Mao Tsé-Tung, para neutralizar a oposição de setores do partido como resultado de insucessos econômicos.

O verbete do *Manual* para o chinês mostra, entre outras recomendações, que, se uma obra tratar da história da China anterior a 1949, pode-se adotar o sistema Wade-Giles, reservando o Pinyin para períodos posteriores a essa data. E há uma recomendação para que, em nomes próprios, deva ser utilizada a grafia antiga para pessoas falecidas e a Pinyin para as vivas. No caso de nomes consagrados ainda hoje na grafia Wade-Giles, a recomendação é de que seja adotada a grafia Pinyin, combinada com a forma antiga entre parênteses como "Beijing (Pequim)".

A PARTIDA DE SEUS MESTRES Numa manhã de novembro de 2018, enquanto eu trabalhava a partir de anotações prévias exatamente para este capítulo, o telefone tocou. Do outro lado, a voz pausada de Plinio. Há um lamento em sua fala, uma angústia evidente. O que aconteceu?

Devemos cancelar o encontro marcado para as dez horas, em meio a dois feriados emendados, na sede da Biblioteca Brasiliana. O motivo é a morte de Geraldo Gerson de Souza – o primeiro membro da equipe de colaboradores que aparece na página de rosto do *Manual*. Plinio e Geraldo se conheceram nos distantes anos 1970, no departamento de revisão da Editora Perspectiva. Geraldo, cearense de elaborada cultura, o que, agora, raramente se encontra em ambientes de trabalho. Ele poderia parecer durão, como quando respondeu com aparente rispidez a uma dúvida de seu jovem aprendiz:

– Te vira, cara. Quem resolve dúvida de revisão é gramática e dicionário.

A reação dele eram ecos distantes de uma relação cultivada pelas guildas da Idade Média, as corporações de ofício que sobreviveram num universo fechado, no Norte/Nordeste do Brasil, em que um mestre guardava distância do aprendiz. Poderia parecer insensível, se avaliado pelo que dizia, mas tinha o coração aberto para o que, um dia, no passado, ele também havia sido e trazia memória clara desse tempo: um aprendiz, confuso, perdido em um mundo desconhecido que se estendia à sua frente. Um universo ilimitado e hermético de signos, sinais e sonoridades. Os universos paralelos das páginas dos livros.

Foi a segunda vez, no curto período de menos de um mês, que compartilhamos a experiência de perda de personagens que participam de uma biografia a que damos forma, a cada letra acionada no teclado do computador para compor palavras, frases, parágrafos e capítulos inteiros sobre a história de um menino, filho do vaqueiro das profundezas do sertão e que escrevia na areia.

Em outubro, ao final de um período de saúde frágil, seguido de internamento hospitalar, Jacó Guinsburg, o homem que havia reunido Geraldo e Plinio sob o teto de uma editora de livros, a Perspectiva, atravessava o Aqueronte, o mitológico rio dos mortos. Em março daquele ano havíamos visitado o ainda ágil, energético e divertido Guinsburg, que fez novos e entusiásticos elogios a seu antigo funcionário. Uns poucos meses depois, e isso não seria surpresa, ele partiria para o que os gregos antigos identificavam como o reino de Hades. Na mitologia grega, esse reino é a terra dos mortos, para onde a alma se dirige e onde passam por um julgamento para decidir seu destino. De acordo com o que fosse considerado, poderiam ir tanto para o Tártaro quanto para os Campos Elísios ou para o Campo de Asfódelos.

A esse lugar só teriam acesso a alma dos heróis, poetas e outros bem-aventurados. Os que estavam nos Campos Elísios poderiam retornar ao mundo dos vivos, feito reservado a uns poucos. E Jacó Guinsburg, pela história de sua vida, estaria entre os virtuosos. Quanto ao Campo de Asfódelos, é onde vagam as almas que, após o julgamento, não seriam consideradas nem boas nem más. Almas irrelevantes.

Além dos relatos da mitologia, que integram uma concepção arcaica do mundo, nada sabemos sobre o destino da consciência depois da morte. Jacó Guinsburg e Geraldo Gerson de Souza, com participação ativa na história de Plinio Martins Filho, são apenas memórias merecedoras de um tributo, um ato de afeto e admiração, num livro, a biografia, que oferecemos. Escrever e editar um livro, registrar e narrar experiências, vivências e fatos, uma forma de amenizar a impotência de cada um de nós na inevitabilidade da morte. O que Guimarães Rosa diz pela boca de Riobaldo: "O correr da vida embrulha tudo, a vida é assim: esquenta e esfria, aperta e daí afrouxa, sossega e depois desinquieta. O que ela quer da gente é coragem. O que Deus quer é ver a gente aprendendo a ser capaz de ficar alegre a mais, no meio da alegria, e inda mais alegre ainda no meio da tristeza! Só assim de repente, na horinha em que se quer, de propósito – por coragem. Será? Era o que às vezes achava. Ao clarear do dia".

Plinio, na introdução que faz ao *Manual*, considera que por mais primorosa que seja a apresentação gráfica de um livro, só um texto bem-cuidado é capaz de sustentar o interesse em sua leitura. Nas empresas jornalísticas, exemplifica, são comuns os manuais de normas e recomendações que orientam a produção dos textos a serem publicados. Mas, no caso dos livros, cada editora tem suas normas e nem sempre elas estão escritas. Essas regras devem orientar a edição dos originais segundo determinados critérios, para unidade e coerência do texto, mas, adverte, "não ensinam ao preparador ou editor como se deve escrever, daí a razão de um título como *Manual de Editoração e Estilo*, para incluir uma preocupação que os manuais convencionais não consideram".

O LIVRO COMO DIVERSIDADE

Do ponto de vista de um editor, explicita Plinio, "o livro pode ser grande, médio, pequeno, grosso, fino, tendendo a diversos formatos, como o inglês, retangular e alongado no sentido vertical, ou o francês, quase quadrado". Assim, argumenta, "em função dos diversos aspectos materiais das obras, o editor pode fazer da tipologia do livro um fato relevante, já que envolve uma questão cada vez mais séria, se forem levados em conta o mercado e a cultura, em termos de rendimento econômico e de padronização, segundo normas específicas".

O que chama de norma, detalha, "é um aspecto imanente, intrínseco a certas situações", que deve brotar de um consenso, como resultado espontâneo da vida social. "O homem", complementa, "sabe que regras existem e, aos poucos, observando a sociedade e a si mesmo, encontra algo que se assemelha a esse conceito de normal, a esse consenso obrigatoriamente aceito e praticado coletivamente, ao menos em determinadas situações".

Em artigo publicado na *Revista da USP*, edição 114, de julho, agosto, setembro de 2017, sobre o *Manual de Editoração e Estilo*, o professor José de Paula Ramos Jr., do Departamento de Jornalismo e Editoração da ECA-USP, considera que "recursos proporcionados pela tecnologia digital contribuem para disseminar a ideia de que a produção de livros poderia substituir certos trabalhos artesanais das casas editoras pela automação, executada por programas de computador". Essa ilusão, no entendimento dele, justifica uma proliferação de editoras de diferentes portes, com "livros que podem estar longe de um padrão aceitável de qualidade", submetidos a um conjunto de procedimentos indesejáveis. A tecnologia digital disponível é uma ferramenta poderosa, reconhece Ramos Jr., "desde que administrada por profissionais competentes, dotados de conhecimentos e habilidades para a produção de um bom livro".

Já Jean Pierre Chauvin, também colega de Plinio na ECA, em artigo no *Jornal da USP*, edição de 7 de abril de 2017, avalia que "por ser eminentemente didático", o *Manual de Editoração e Estilo* terá "serventia imediata a estudantes, autores e editores". E a virtude desse trabalho, avalia, "está em indicar ao leitor os caminhos mais seguros para dirimir questões, eliminar dúvidas e resolver situações de maior ou menor impasse".

Nessa obra, acrescenta, tanto aspectos históricos quanto culturais e pragmáticos harmonizam-se sob a forma de um material disponível a interessados de maneira geral, mas também "voltado para acadêmicos e profissionais dedicados à arte de estudar, preparar e editar livros".

Jerusa Pires Ferreira, que atraiu Plinio para o espaço universitário, depois de conhecê-lo na Editora Perspectiva, lembrou que "na grande escola de Jacó Guinsburg, nos aproximamos e começamos a pensar e fazer juntos (às vezes ficou também só no projeto) um montão de coisas, inclusive nosso acalentado Editando o Editor. Viria para ele, depois, o convívio com João Alexandre Barbosa e Sergio Miceli, presidentes da Edusp".

Num depoimento acompanhado de emoção, típico da expressão dela, Jerusa conta que "ao longo desses anos de convívio pessoal e profissional, fui seguindo seus passos, criando e aprendendo", referindo-se a Plinio, "e transmitindo o que sabia ou mesmo intuía, acompanhando o desenvolvimento de suas possibilidades de atuação em nossos cursos". Ensaísta, professora de literatura e comunicação social, Jerusa foi casada com o tradutor russo naturalizado brasileiro, Boris Schnaiderman, a quem se refere com carinho e relatos bem-humorados, em torno de uma mesa de café com biscoitos delicados e geleias saborosas no apartamento que dividiram no passado, numa rua tranquila, no bairro de Higienópolis, em São Paulo.

Em relação a Plinio, descreve sua trajetória em torno de quatro tópicos. O primeiro deles como editor, a partir do aprendizado sob orientação de Jacó Guinsburg, com a participação de Geraldo

Gerson de Souza e, certamente, legado do pai dele, que escrevia na areia textos de um livro imaginário, nunca editado. Depois, já editor experiente, organizador da maior editora universitária brasileira. Na eca, Jerusa destaca o trabalho de laboratório do seu colega, com dedicação na Com-Arte, onde alunos de editoração fazem trabalhos práticos. Ao mesmo tempo, acrescenta: "Plinio se empenhou num trabalho intelectual de reflexão sobre o livro, de que o *Manual* é parte". E, ainda em relação a essa obra, uma atuação no sentido de ampliar os circuitos de distribuição, um dos gargalos enfrentados pela atividade editorial num país com a extensão e diversidade do Brasil, acompanhado da criação de novos espaços de atuação, como a Festa do Livro da usp, que neste ano de 2023 chegará a sua 25ª edição.

"Plinio, homem de poucas palavras", escreveu Jerusa em um pequeno ensaio referente ao *Manual de Editoração e Estilo*, "coloca-se sempre com argúcia, prudência e justeza". Na interpretação dela, o *Manual de Editoração e Estilo* "é um instrumento de referência básica, dentro e fora da universidade, produto de um trabalho contínuo no aprimoramento da arte do livro". Jerusa não lerá a biografia de seu antigo aluno e amigo. Como Jacó e Geraldo, ela também cruzou o rio da morte em um dia de abril de 2019. Para ela também valem as palavras de Riobaldo:

> Vida é sorte perigosa,
> passada na obrigação.
> Toda noite é rio abaixo,
> todo dia é escuridão.

Paulo Franchetti, crítico literário, escritor, editor e professor titular do Departamento de Teoria Literária da Unicamp, aposentado em 2015, e que teve o apoio e a ajuda de Plinio para a recriação da editora universitária que dirigiu, dá o depoimento mais amplo de um reconhecimento raro de um percurso, incomum nas disputas nem sempre pautadas pelas boas maneiras nos bastidores dos ambientes acadêmicos. E isso mais que justifica a transcrição de alguns parágrafos de sua fala como integrante da banca de doutorado de Plinio.

Descreve, emocionado: "Meu conhecimento do trabalho do Plinio vem de longa data. Conheci-o primeiro como autor, na Edusp e na Ateliê Editorial e, desde logo, se destacaram para mim algumas de suas qualidades notáveis. O carinho com o livro, a gentileza com os autores, o interesse pelas obras que edita. Plinio é um dos raros editores que conhece pessoalmente todos os seus autores e que lê atentamente os livros que publica."

GENEROSIDADE, ATRIBUTO RARO

Franchetti relata, ainda, que "a dimensão maior do seu trabalho", referindo-se a Plinio, só a conheceu de fato em 2012, quando foi indicado [ele Franchetti] para "a difícil tarefa de recuperar uma editora falida, sem catálogo, prestígio ou distribuição". Franchetti relata que assumiu o trabalho "por dever de amizade e compromisso com uma visão de universidade, e me reconhecendo sem preparo nem conhecimento, recorri ao meu editor, agora como colega, em busca de orientação. [...] Conheci, então, a dimensão mais precisa do trabalho de Plinio e de seu lugar destacado na editoração brasileira. Primeiro, fez-se notar a generosidade com que, dia após dia, com uma paciência realmente notável, expôs-me os princípios básicos da atividade editorial, orientou as decisões a tomar na recuperação da Editora da Unicamp e ajudou na formação de pessoal. Foram quatro anos de constante apoio, que não cessarei de reconhecer. E, se hoje a Editora da Unicamp volta a ganhar prêmios e começa a ter algum prestígio no mercado universitário, uma parte significativa do crédito deve ser reconhecida a quem de direito. E estou contente em poder fazer esse reconhecimento nesta sessão formal, que deverá atribuir-lhe o título de doutor em editoração".

Ao longo do convívio com Plinio, Franchetti descreve: "Pude conhecer melhor, além do fazedor de livros maravilhosos e do editor, no sentido pleno da palavra, outra faceta dele, de enorme importância e que deve ser destacada: o cidadão preocupado em formar quadros para o livro no Brasil e, por meio deles, estabelecer um novo padrão de qualidade para o livro nacional. Trata-se da atividade didática, que ele exerce não apenas nos cursos da ECA-USP, mas também como orientador de alunos na Com-Arte e no cotidiano da Edusp, onde estagiários aprendem, no dia a dia".

A atividade didática, no caso de Plinio, avalia Franchetti, "extrapola largamente os limites da USP. Plinio se envolveu em instituições várias, como a associação Brasileira de Editoras Universitárias, a Câmara Brasileira do Livro e a Liga de Editoras Universitárias". Descreve que acompanhou "muito de perto a sua atividade em algumas dessas instituições [junto a outro 'notável editor', presente na mesa de examinadores, Wander Melo Miranda] e pude verificar que, diferentemente do que é costume no país, nunca a ação do Plinio foi baseada em outro móvel que não a melhoria do padrão do livro universitário, da sua distribuição e difusão na mídia especializada. Ação complementada, no nível intelectual, pela publicação, na Ateliê Editorial, de uma preciosa coleção de livros sobre o livro e sua história".

No *Memorial*, trajetória que um candidato deve apresentar para ocupação de um posto acadêmico, em que relata todo seu percurso, Franchetti se refere ao "estilo seco e direto" do texto de Plinio, que "faz lembrar as memórias de Graciliano Ramos".

Na Biblioteca Brasiliana, num dia cinzento e encharcado de chuva, Plinio sorri ao ouvir referências de Franchetti, numa distante apresentação do trabalho que foi sua tese de doutorado. Ela exigiu anos de leitura e enxugamento, o que justifica "o estilo seco de Graciliano Ramos". Ele dá sua versão do trabalho feito com paciência de um mineiro que recolhe grãos de ouro por anos no fundo de uma bateia para palavras e sentidos. Plinio revela que a origem do *Manual de Editoração e Estilo* está na carência de bibliografia especializada com que se deparou ao longo da vida profissional. Então, foi reunindo obras, parte delas que ele mesmo editou na Edusp, Ateliê Editorial e Com-Arte, como base para um trabalho indispensável à produção de livros no Brasil. Exemplifica com alguns desencontros: "A maior parte do mundo acadêmico utiliza as normas da Associação Brasileira de Normas Técnicas (ABNT), que as editoras não adotam" e, então, se pergunta: "Como resolver essa situação?" A resposta, diz, foi produzir uma obra capaz de organizar e sistematizar procedimentos "sem ser uma camisa de força", com início quando ele foi para a USP com a incumbência de organizar a editora universitária: "Eu deveria dispor de regras para organizar o trabalho a ser feito e então recorri às anotações que já havia feito". Enfatiza que àquela época não tinha nenhuma intenção de fazer doutorado, por não pensar em envolver-se com a vida acadêmica.

E, a seguir, um fato relevante do que são os bastidores da academia no ambiente desconhecido do conjunto da sociedade, para quem a universidade é uma espécie de jardim das delícias do conhecimento e da erudição. Franchetti faz referência ao crítico literário carioca Alexandre Eulálio (1932-1988), definido pela escritora, ensaísta e professora Vilma Arêas como "ecumênico, eruditíssimo, intoxicado por uma cultura vivida até a exaustão", expressões com que o próprio Eulálio havia identificado o argentino Jorge Luis Borges. Ele, relata Franchetti, tinha um "saber gigantesco, só comparável à sua generosidade. Conhecia muita coisa de quase tudo o que era literatura, nas principais línguas do Ocidente, e distribuía informações e indicações bibliográficas com a alegria desarmada e o entusiasmo de uma criança".

Mas não tinha títulos acadêmicos e tudo o que sabia havia aprendido por conta própria, em estudos solitários e no cotidiano da *Revista do Livro*, combinado ao convívio com grandes autores, críticos e editores. Para aproveitar o talento de Eulálio, observa Franchetti, "a Unicamp não hesitou e deu-lhe, logo, um título de doutor por Notório Saber". "E por que", se perguntou ele na banca de doutorado, "a USP não teve o mesmo comportamento com Plinio Martins Filho, pois, se há um saber editorial notório nesta Casa, esse saber é o que ele tem mostrado todo o tempo a todos?". Na avaliação de Franchetti, para ser justo, caberia ainda a ele "um segundo título de doutor, que é o de *Honoris Causa*, pois poucas pessoas haverá que mais mereçam uma homenagem acadêmica do que a da difusão do saber por meio do livro".

Não foi a primeira vez que Plinio teve restrições que, num caso parecido, o de Alexandre Eulálio, na Unicamp não ocorreram. Quando preparava sua monografia de mestrado, em meados dos anos

1980, houve a sugestão por parte da comissão de avaliação de que essa titulação fosse substituída por um doutorado direto. Mas essa opção foi barrada por José Marques de Melo (1943-2018), então diretor da ECA, primeiro jornalista brasileiro com doutorado nessa área. A universidade tinha, e essa característica ainda não desapareceu, feudos de poder em que o equilíbrio de forças é controlado com precisão milimétrica. Cada passo dos que já integram o espaço interno e, mais ainda, dos que chegam do exterior, é avaliado para não comprometer as relações estabelecidas, numa concepção provinciana e despótica do trabalho intelectual.

Marques de Melo nasceu em Palmeira dos Índios, Alagoas, que em 1927 elegeu como prefeito um comerciante irascível que deu conta da administração, mas expressaria todo seu talento como escritor: Graciliano Ramos (1892-1953). Se ainda estivesse vivo e escrevendo, Marques de Melo certamente poderia ter sido um de seus personagens, envolvido com a manipulação da burocracia pública, comportamento a que Graciliano demonstrou sempre profunda aversão. Plinio responde a essas lembranças com um sorriso de indulgência, na sequência do relato que deu início às pesquisas que culminaram no *Manual de Editoração e Estilo*: "foi uma tentativa de organizar uma bibliografia que não tive, quando precisei dela", justifica. E, quando, já na Edusp, reafirmou sua disposição de não fazer um doutorado, por não ter pretensões acadêmicas, ouviu da professora Mayra Rodrigues Gomes que não precisaria de toda a formalidade, na maior parte dos casos, exigida para essa titulação. Por essa época, ele tinha não apenas um, mas dois trabalhos de pesquisa que lhe garantiriam o acesso ao doutorado: uma primeira versão de *Manual de Editoração e Estilo* e *Formas e Estrutura do Livro*. Esse segundo trabalho de Plinio, tratando de uma anatomia do livro, a capa, cintas, miolo, entre outras características, só agora está tomando forma final de livro.

Da banca de doutorado fez parte também o professor Wander Melo Miranda, titular de Teoria da Literatura da Universidade Federal de Minas Gerais (UFMG) e diretor da editora dessa mesma universidade entre 2000 e 2015. Na avaliação de Melo Miranda, o *Manual de Editoração e Estilo*: "É o mais completo no gênero, até hoje publicado em língua portuguesa. A clareza e elegância da linguagem com que é escrito, a distribuição correta e adequada da matéria, o detalhamento de questões cuja solução só encontramos em suas páginas, compreendendo, enfim, todas as fases de produção do livro, tudo isso faz do *Manual* um livro que já nasce clássico. Clássico porque, sem abrir mão do que há de mais significativo na tradição editorial – resultado de uma erudição expressa sem alarde, mas firmemente – faz a articulação com o que há de mais contemporâneo na edição de livros, no desenvolvimento e nas mudanças que foram ocorrendo no tempo."

NADA TÃO IMPORTANTE COMO O LIVRO

"Não há nada tão importante quanto um livro", escreveu Max Perkins, talvez o mais conhecido editor da literatura americana.

Perkins, que teve sua história levada para o cinema em *Genius*, uma produção da Netflix (*O Editor de Gênios*, em português), desfrutou do privilégio, e isso pode ter sido decisivo em sua vida, de estudar sob orientação de Charles Townsend Copeland (1860-1952) durante certo tempo crítico de teatro e professor de oratória e retórica na Universidade de Harvard.

Em sua autobiografia, *The Story of My Life*, Helen Keller (1880-1968), escritora, ativista política e conferencista, a primeira mulher com deficiência visual a receber o título de bacharel em artes, é uma das pessoas que reconheceu a influência de Copeland em sua formação. Copeland também preparou Perkins para sua carreira de sucesso. Andrew Scott Berger, na biografia de Perkins, obra base para o roteiro do filme, diz que seu biografado desejava ser, nas palavras dele mesmo, "um anãozinho no ombro de um grande general, sugerindo o que ele devesse fazer, sem que ninguém se desse conta disso". Foi com essa estratégia que Perkins descobriu Hemingway, Fitzgerald e Wolfe, entre outros grandes escritores, e passou boa parte da vida conciliando o trabalho de editor e crítico, com tarefas de terapeuta, financiador e até mesmo administrador da carreira

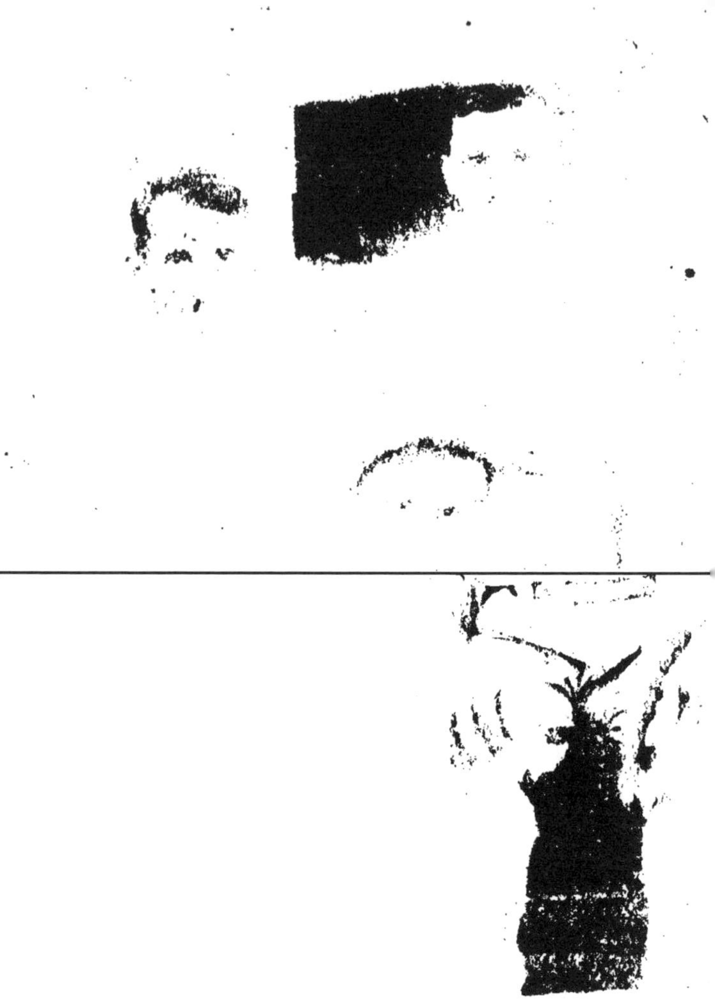

de seus autores, de quem foi confidente e amigo. Perkins trabalhou trinta e seis anos para a editora Charles Scribner's Sons e, ao longo desse tempo, nenhum outro editor se comparou a ele como descobridor de talentos, tarefa de que se encarregou desafiando gostos estabelecidos e apostando na carreira de autores desconhecidos até se tornar, mesmo com a discrição que cultivava, referência no meio editorial. Uma espécie de herói. Um editor consumado.

Se alguém como Perkins diz que "não há nada tão importante quanto um livro", como decifrar, pouco mais de meio século depois dessa fala, a crise editorial em países de ampla tradição na produção livreira e perceptível a olho nu no Brasil, com o crescente fechamento de livrarias?

Plinio reafirma o pensamento de Perkins ao avaliar que "o livro continuará com a mesma força de sempre". Considera que "o livro pode mudar, mas isso não significa que a edição impressa vá desaparecer". Há quem diga que o livro digital pode ocupar o espaço que antes era da versão impressa e, ao longo do tempo, se estender pelo domínio deixado pelo seu antecessor. Plinio não vê razões para interpretar a situação dessa maneira. Avalia que, comparativamente, a versão digital pode até apresentar algumas conveniências e isso deve ser reconhecido: "na versão digital posso carregar uma biblioteca inteira", compara. E isso significa que "numa viagem, ou para uma consulta rápida", pode ser bem eficiente. Mas "nunca irá substituir uma leitura de formação, mais profunda que uma mera informação, a leitura silenciosa possibilitada pela versão impressa". E exemplifica, com sorriso desafiador: "Ninguém lê a *Odisseia* de Homero na tela de um celular ou mesmo de um iPad". Assim, quem precisa de uma consulta rápida pode fazer uso de uma versão digital, "mas quem gosta e precisa ler não abandonará a versão impressa de um livro", assegura. Além disso, o livro eletrônico, com enorme rapidez, tem seus suportes substituídos por outros, mais modernos e eficientes, obrigando editores a investir mais e mais em tecnologia, em prejuízo do conteúdo. Plinio enxerga "duas gerações se formando ou se informando, no segundo caso com superficialidade, no primeiro, de maneira mais consistente". E evoca Umberto Eco (1932-2016), com sua versatilidade intelectual, para repetir como ele: "Não contem com o fim do livro", tese defendida pelo italiano em uma obra escrita em parceria com o francês Jean-Claude Carrière, roteirista, escritor, diretor e ator. Aqui, Eco acrescenta, e Plinio se diverte ao repetir: "O livro é como a colher, o martelo, a roda ou a tesoura. Uma vez inventados, não podem ser aprimorados". "E quem garante", pergunta, "que a internet não passará por mudanças, ou será profundamente transformada?". Exemplifica que isso já aconteceu com o cinema, que sofreu interferência da televisão, levando muitos a pensar que seria superado, o que não aconteceu. Em lugar disso, o cinema foi transformado. Uma frase ligeiramente cômica de Umberto Eco reforça esse pequeno conjunto de considerações: "Passe duas horas lendo um romance em seu computador e seus olhos viram bolas de tênis." Além disso, acrescenta Eco, "o computador depende de eletricidade e não pode ser usado numa banheira, nem por alguém deitado de lado na cama".

O LIVRO E AS MUDANÇAS NA ECONOMIA

Plinio se refere mais uma vez a André Schiffrin, em *O Dinheiro e as Palavras*, para uma interpretação do que ocorre neste momento com a edição de livros. Mas, antes disso, argumenta que "com a versão digital, o que se tenta é apenas um simulacro do que é um livro impresso". Já Schiffrin escreve em "O Futuro da Produção Editorial", primeiro capítulo da obra citada, que "tecnicamente não há razão inerente para a produção editorial ser muito diferente do que era no século XIX", quando Perkins nasceu, e pouco antes de ele iniciar sua carreira de sucesso. Até recentemente, localiza Schiffrin, a produção editorial "ainda seguia o modelo artesanal tradicional, e não o modelo corporativo moderno e, na verdade, não era muito diferente das empresas que Balzac descreve em *Ilusões Perdidas*. E, mais importante, a produção editorial era vista como uma profissão, e não mero negócio. As pessoas que estavam realmente interessadas em ganhar dinheiro não a escolhiam como carreira, embora os editores evidentemente precisassem do suficiente para manter suas empresas operando. Mas ninguém esperava que o negócio fosse realmente lucrativo".

No Brasil, Plinio enxerga problemas adicionais, se comparado a países com infraestrutura mais eficiente de distribuição: "Aqui é tudo mais lento e, no caso do livro, é preciso considerar que ele só existe se, de fato, chega às mãos do leitor. E como chegar de forma eficiente?" Essa logística, analisa, ainda não está resolvida, mas pode se dizer que a internet, "em vez de atrapalhar, ajudou e está ajudando nas vendas; e empresas concentradas na comercialização de livros usados, são um exemplo disso". Aqui, avalia, também é preciso reconhecer que a venda de livros se transferiu para grandes lojas, as megastores, espaços muito caros, a exemplo do que já vinha ocorrendo nos Estados Unidos e em outros países europeus, caso da Fnac, na França. Modelo que não funcionou, como evidenciam tanto a Fnac, na Europa, quanto a Barnes & Noble, nos Estados Unidos. Enquanto isso, pequenas livrarias, que já foram mais numerosas, ficaram inviabilizadas pela competição das grandes, e com políticas de descontos predatórios, acabaram desaparecendo. Dados do Instituto Brasileiro de Geografia e Estatística (ibge) indicam que, em 2001, 42,7% dos municípios brasileiros dispunham de pelo menos uma livraria, percentual reduzido a 17,7%, em 2018. As dificuldades financeiras enfrentadas nos últimos anos pelas duas maiores redes de livrarias no Brasil, Cultura e Saraiva, certamente é a parte mais evidente dessa situação. Depois de adquirir as doze lojas da Fnac no Brasil, a Cultura fechou vinte lojas e, em fevereiro de 2023, desativou sua icônica unidade no Conjunto Nacional, na avenida Paulista, em São Paulo, e foi decretada a falência da rede pela justiça. Quanto à Saraiva, segundo o Sindicato Nacional dos Editores de Livros (snel), já em março de 2018 havia comunicado às editoras que não pagaria valores correspondentes às vendas de dezembro e de volta às aulas, além de títulos universitários. O snel também revelou que, já em outubro de 2018, a Cultura havia interrompido os pagamentos que fazia, descumprindo o acordo com as editoras.

Essa situação é típica do Brasil e cria uma situação insustentável para os editores, avalia Plinio. Aqui as livrarias não compram os livros, mas os recebem em consignação, o que significa dizer que não investem recursos próprios. Elas ficam com valor entre 50% a 60% do preço de capa, a parte majoritária e, além disso, acumulam dívidas relativas ao pagamento dessas consignações. Em muitos casos essas dívidas simplesmente não são pagas, com prejuízo total dos editores, que não têm êxito mesmo com intervenção da Justiça. "Não é incomum", relata, "que uma livraria devedora transfira seus estoques para outro ponto, abra uma nova razão social e continue operando, sem que os editores sejam ressarcidos". Elas "dão um golpe no cartório", em relação aos acordos feitos e "riem dessa situação" de impotência dos editores. Há casos de dívidas com mais de dez anos sem serem quitadas. "Os editores", diz, "ao contrário, não têm consignação alguma e devem pagar a tradução, a revisão, o papel e a gráfica, a última com o custo mais pesado, se quiserem ter seus livros impressos". Um livro de arte, exemplifica, pode ter custo superior a um carro de luxo, que tem como ser financiado a um interessado em prazos de até sessenta meses, o que, evidentemente, não ocorre na edição de um livro, e esse, avalia, "é um dos nós que devem ser desatados no negócio editorial". Até porque, na tentativa de receber o que as livrarias devem, os editores têm custos, com advogados entre outros, que reduzem, do ponto de vista econômico, seus espaços operacionais.

A crise que eclodiu entre 2019 e início de 2020, e se estende por 2023, agravada pela pandemia de coronavírus, tornou a situação imprevisível por um conjunto de razões. A Organização das Nações Unidas para Educação, Ciência e Cultura (Unesco) recomenda a proporção de uma livraria para dez mil habitantes, mas dados de 2014 apontam que essa proporção estava, no Brasil, em uma livraria para 43 mil habitantes, situação que se deteriora ainda mais com o recrudescimento da crise após esse período.

As vendas *online* ajudaram nessa recuperação e a Amazon tem parte desse mérito, até porque ela compra e paga pelos livros que recebe. Plinio acredita em um retorno das pequenas livrarias de bairro, que voltariam a ocupar o espaço que perderam para as *megastores*, entre outras razões porque, de maneira geral, têm custos comparativamente menores. As vendas virtuais, avalia, contribuem para certa recuperação do mercado, mas não substituem o prazer de ir a uma livraria, "quase sempre para podermos encontrar aquilo que nem estávamos procurando". Há pouco ele havia ido a uma loja da Livraria da Vila, em Pinheiros, e não encontrou espaço para estacionar, o que seria motivo de aborrecimento. Mas foi de comemoração: as livrarias de pequeno e médio porte podem estar retornando, enquanto as grandes lojas tendem a desaparecer. Outra condição para melhorar o comércio de livros, com impacto principalmente sobre as pequenas empresas editoras, seria a adoção da política de preço único, sem descontos nos lançamentos ao longo de um determinado período. Isso evitaria a prática predatória de grandes conglomerados que impõem descontos extorsivos e se beneficiam do fato de comercializar grandes volumes de outros produtos.

Plinio defende ainda que a solução fundamental para reverter as dificuldades na área editorial "é a criação do hábito de leitura, em que o grande inimigo é o tempo cada vez mais escasso das pessoas". Mas acrescenta que "esse, ao contrário do que se pode pensar, é um problema com solução". É preciso, comenta com um sorriso divertido, "criar o hábito, ou o vício da leitura, e com o vício se cria o tempo". Nesse sentido, o confinamento exigido para enfrentar a pandemia pode ter sido um inesperado e surpreendente aliado.

12.
Percalços que Definem Caminhos

Uma editora pública deve ser a expressão da cultura de seu tempo.
Ser independente sem se render às vaidades de uns ou aos preconceitos de outros
e jamais aderir cegamente aos modismos.
PLINIO MARTINS FILHO

O que está por trás da criação de uma editora? Muitas e diferentes razões, cada uma motivada pelo apreço ao livro, ainda que, em alguns casos, essa relação possa significar interesse por lucros. Outras opções, no entanto, acenam com possibilidades mais promissoras de lucros fartos que a atividade editorial.

Na prevalência por lucros no mercado editorial é o caso de retomar as abordagens de André Schiffrin em *O Dinheiro e as Palavras*, mostrando, em um contexto mais recente, que "os editores são julgados, agora pela quantidade de dinheiro que seus livros rendem. Um cálculo cuidadoso é mantido, e os jovens editores que entrevistei em anos recentes [a data original de publicação do livro é 2010] sabiam até a última casa decimal seu lucro anual".

Schiffrin diz lembrar-se "de ter entrevistado certa vez uma jovem editora que queria sair da Oxford University Press: 'Quais são suas cotas de contratação? – ela me perguntou'. Eu não estava familiarizado com o termo e ela me explicou que tinha de contratar livros que renderiam receita de no mínimo um milhão de dólares para a empresa e isso em uma famosa editora universitária".

Plinio, ao longo do tempo como editor e diretor-presidente da Edusp, privilegiou a qualidade e a procedência das obras, o que não significa que tenha descuidado de resultados financeiros. Mas não fez disso a razão principal do trabalho e levou esse procedimento para a Ateliê Editorial, editora particular criada em meados dos anos 1990.

Como nasceu a Ateliê? Ele rememora essa experiência na sua biblioteca pessoal, numa rua acessada do quilômetro 21 da Rodovia Raposo Tavares, em um dia de outono com temperatura agradável quando chuvas recentes acentuavam o perfume de árvores de maior porte, flores e plantas frutíferas que fazem dos quarteirões locais áreas florestadas, recortados por pequenos muros que dividem cada uma das residências.

Tudo começou com uma obra, *O Mistério do Leão Rampante*, de Rodrigo Lacerda, com texto que o cativou, mas que não teria condições de publicar na Edusp, em 1994. Os originais ficaram sobre a mesa de jantar da casa onde ele morava, em São Caetano do Sul, ABC paulista, e foram lidos por Vera Lúcia Beluzzo Bolognani, sua antiga colega de trabalho na Perspectiva e com quem se casou. O livro, inspirado nas leituras noturnas da mãe de Lacerda, que influenciou o gosto pela literatura do autor, tem, em Shakespeare, um de seus personagens. Conta com estilo e humor a experiência de uma jovem inglesa do século XVII, vítima de um feitiço que lhe veta o amor e ela acaba se envolvendo com médicos da corte, padres exorcistas e curandeiras, até descobrir a terapia pelo teatro.

Plinio ficou dividido, como muitas vezes ocorre com um editor, e sentiu "ciúmes" de que o livro fosse viabilizado por algum de seus colegas de profissão. O que fazer? Talvez criar uma editora para ficar sob a responsabilidade de sua mulher e, mais tarde, dos filhos? Pessoalmente não poderia assumir outra editora, pelo fato de já ocupar um posto na Edusp. A solução foi convidar uma pessoa conhecida, especializada em tratamento de texto, Afonso Nunes, português que desistira de um curso de medicina quando já estava próximo de concluir o quinto e último ano e havia feito estágio na Edusp com bons resultados.

Plinio o convidou para abrir uma editora e Afonso seria o produtor e responsável pelo tratamento dos originais. Com orientação dele sairiam da gráfica além de *O Mistério do Leão Rampante* de Rodrigo Lacerda, mais três obras: *Imagens Amadas*, de João Batista de Brito, *Tropicália: Alegoria Alegria*, de Celso Favaretto e *Eça de Queirós / Júlio Pomar*, de Eça de Queirós e Júlio Pomar, em parceria com a Oficina do Livro, de Cláudio Giordano. Uma editora, no entanto, não se ocupa apenas de preparar originais para serem transformados em livros, expostos em prateleiras de livrarias para futuros leitores. Para viabilizar livros é necessário cuidar de uma infinidade de pura burocracia: talões de notas fiscais, controle de estoque, pagamentos de impostos.

Plinio suspeita de que foi esse conjunto de aborrecimentos que levou, certo dia, Afonso Nunes a comunicá-lo da decisão, sem espaço para contestações, de deixar a editora que apenas tomava forma com seu quinto lançamento: uma edição resumida da *Demanda do Santo Graal*, organizada por Heitor Megale, professor de filologia e português na USP. Apesar de todos os apelos para que permanecesse, não conseguiu convencê-lo a continuar. Nunes foi trabalhar na Editora Ática, como revisor. Plinio já havia comprado o terreno da casa onde mora, com o dinheiro da venda de sua fazenda que o fizera reatar laços afetivos com a região do Pium, agora no Tocantins. Mesmo recente, a editora já tinha um razoável estoque e isso exigia alguma providência. Não poderia continuar na garagem em uma rua da Vila Mariana, onde Afonso Nunes vivia. Para onde transferir? O estoque foi levado para São Caetano do Sul, supostamente uma nova sede. No início, a editora deveria chamar-se Aleph, em homenagem a um conto de Jorge Luis Borges que dá nome a um livro publicado em 1949, um conjunto de intrincadas e fascinantes histórias curtas envolvendo imortalidade, identidade, eternidade, a ideia de um duplo e a condição humana. Mas o título já estava registrado e a alternativa foi trocar Aleph por Ateliê, o que Plinio não se arrepende de ter feito.

PRIMEIRA SEDE
DA ATELIÊ
Vila Mariana, bairro nas proximidades da Editora Perspectiva e onde Plinio concluiu o curso colegial foi, por pouco tempo, a sede da Ateliê. Ela se mudaria para São Caetano do Sul, na sua própria residência. O estoque da editora ficava na sala de televisão, participando da vida em comum da família. Em 1995, *O Mistério do Leão Rampante* ganhou o Prêmio Jabuti e, *Resumo do Dia*, oitava obra da Ateliê, do poeta Heitor Ferraz, foi finalista do Prêmio Nestlé de Literatura Brasileira 1997.

Em 1998, a Ateliê Editorial novamente mudou de endereço, agora, para a nova residência de Plinio, em Cotia, na grande São Paulo, instalando-se no que anteriormente havia sido o abrigo do caseiro, construído na mesma propriedade. A editora tinha consistência, mesmo como pequena empresa, e Plinio avaliou que ela pudesse ter a adesão de seus dois filhos, Tomás e Gustavo, os garotos que antes o acompanharam nas antigas expedições na Ilha do Bananal, nas proximidades de Pium.

Tomás, o primogênito, formou-se em arquitetura, e Gustavo fez jornalismo. Plinio considerou que a editora pudesse ser uma garantia profissional para os dois. Tomás assumiu a Ateliê em 2004 e Plinio considerou que ele estava se saindo muito bem. Ao menos até a decisão de fazer a pós-graduação em administração de pequenas e médias empresas na FIA – Fundação Instituto de Administração, vinculada à Faculdade de Economia e Administração (FEA) da USP. Lá ele considerou a Ateliê como tema de pesquisa para sua monografia *Governança em Empresas Familiares – Estudo de Caso de uma Empresa do Ramo Editorial* e acabou mudando de ideia quanto a envolver-se com a empresa profissionalmente. Pragmático, na interpretação de Plinio, Tomás relatou suas dúvidas ao pai:

– O senhor não vai mudar o catálogo e eu não sei fazer essas escolhas – justificou, embaraçado com a recusa.

Com o desapontamento por não ter correspondido à expectativa, Tomás confessa seus laços afetivos com a editora e ameniza que a pós-graduação fez com que pudesse introduzir procedimentos em termos de gestão, planejamento financeiro e organização contábil.

Mas acrescenta que, para assumir a posição esperada pelos pais, teria de fazer mudanças que poderiam aumentar o faturamento, mas implicariam alterações profundas no modelo concebido. Sem isso não haveria como assegurar renda para manter sua própria família. Uma editora, justifica Tomás, como se falasse com ele mesmo, tentando se localizar, "é diferente de vários outros tipos de negócios. É a personificação do editor e, se eu fizesse as mudanças que julgava necessárias, descaracterizaria o que considero o terceiro filho do meu pai".

Para Tomás, "a Ateliê nasceu de um impulso", quando o pai decidiu que iria publicar *O Mistério do Leão Rampante*. Além disso, considera que ela cresceu com as escolhas que Plinio fez: a visão de um bom livro, com qualidade técnica, o que significa revisão, diagramação e acabamento bem-cuidados, entre outros critérios. Assim, justifica, as alterações que julgava necessárias "tirariam alguma coisa dele", do pai, e reforça essa posição ao acrescentar que, "além disso, eu deveria ser um editor", e diverte-se ao concluir: "eu não calço sapatos desse tamanho".

Tomás ficou na empresa até 2005, quando aprendeu "o arroz com feijão" trabalhando com Ricardo Assis, *designer*, ex-aluno de Plinio, em um escritório editorial. Nesse ano, entrou na Faculdade de Arquitetura e Urbanismo (FAU) da USP "sem muita noção do futuro". E, em 2010, foi para a pós-graduação na FIA, voltada a pequenos empresários. Enquanto esteve na Ateliê, remembra: "Era uma coisa tensa, eu pude sentir depois, e isso é típico de uma empresa familiar". "Os pais", diz ele, "ficaram chateados quando eu disse que iria sair, mas souberam compreender e eu também me dei conta de que, com esse afastamento, os conflitos diminuiriam".

Tomás fez o concurso para fiscal de rendas do Estado em meados de 2013 e se, depois disso, não se envolveu mais proximamente com a Ateliê, tem ajudado indiretamente na obtenção de resultados financeiros e contratos com autores estrangeiros, entre outras iniciativas, e se sente melhor assim: "Não tenho certeza se seria um editor, com personalidade diferente da que tem meu pai. Ele construiu a empresa a partir das relações com pessoas desse meio e pelo próprio jeito dele". Mas, ainda assim, deixa espaço para o futuro:

"Quando a empresa tiver de ser passada para alguém, como isso ocorrerá?" E ele mesmo responde: "Eu pararia para pensar. Mas não creio que fizesse disso uma aposta no escuro."

UMA OBRA FUNDA A EDITORA
Quando Tomás desistiu da Ateliê e fez o concurso público para auditor fiscal de ICMS, com salário convidativo e garantias sociais que não teria na editora, a dúvida familiar se manifestou: fechar ou não fechar a editora?

Tomás e Gustavo participaram dessas reflexões. Se a editora fosse fechada, a mãe ficaria sem trabalho e avaliaram que essa não seria uma situação confortável, emocionalmente. Então, Plinio se recorda de que a decisão foi continuar, com a proposta de ser sempre pequena. Se nessa condição ela tinha dificuldades, havia contrapartidas. E elas deveriam ser exploradas. E foi o que aconteceu. O resultado disso, 25 anos depois da edição de *O Mistério do Leão Rampante*, de Rodrigo Lacerda, são perto de mil títulos lançados.

Gustavo apoiou a continuidade da Ateliê, mas também decidiu não se envolver profissionalmente com ela. Teria afinidade com a área editorial, tanto por ter feito jornalismo quanto por, ainda na infância, escrever um conjunto de livros publicados por diferentes editoras. Uma delas, *A Ilha do Tesouro (ou Melhor do Porquinho)*, título sugestivo ao remeter ao clássico infantojuvenil de 1883, de Robert Louis Stevenson (1850-1894). Mas com título acompanhado do humor sutil dos escritos de Gustavo.

Na obra de Stevenson, um garoto, Jim Hawkins, filho de um casal dono de uma pequena pensão, a Hospedaria Almirante Benbow, numa cidade costeira da Inglaterra, vê sua vida mudar com a chegada de um velho lobo do mar. A certa altura, o garoto está embarcado em um navio, em busca de um tesouro, num relato repleto de ação e aventuras. Essa obra é a primeira em que aparece o mapa de um tesouro marcado com um "x" que, a partir daí, caracterizou todas as outras que trataram desse tipo de literatura. Em *A Ilha do Tesouro* (*ou Melhor do Porquinho*), as aventuras se passam na Ilha do Bananal, formada entre o Araguaia e Tocantins, em que Gustavo reconta uma viagem que seu pai fez à ilha quando criança.

Quando publicou o livro, Gustavo estava na quinta série e estudava japonês e piano. O japonês por influência da segunda esposa do avô materno, cantora lírica e pianista Mikiko Matsumoto Bolognani. Ele já havia publicado antes *Gustavo & Marina*, em 1992, entrando para o *Guiness* de 1993 como o autor mais jovem do Brasil. Na Bienal do Livro de 1994, lançou mais dois títulos: *Uma Estranha Pessoa*, pela Melhoramentos, e *Um Conto Nada Científico*, pela Ars Poetica. Em todas, a mesma escrita inventiva, leve e bem-humorada.

Em *Gustavo & Marina* entra em cena, no início do texto, uma árvore chamada Catarina, "uma árvore bem menina" e uma minhoca que escapa do ataque de uma galinha, mas é atingida por uma laranja que despencou de um dos galhos de Catarina. Humor e precoce tratamento literário que direcionou para a produção de roteiros, depois de se decepcionar com a derrocada do jornalismo, agora superficial, imediatista e sem contextualização capaz de localizar e fazer interagir eventos.

Uma Estranha Pessoa e *Um Conto Nada Científico* não são diferentes. No primeiro, já no prólogo, uma advertência: "Aqui é o mundo das letras. Se por acaso um casal quiser ter um filho, é muito simples. É só o casal escolher uma forma nova, sem nenhuma semelhança com seus parentes, e pronto. Mais uma letra! (Cada país já tem mais ou menos sua própria família de letras, no caso do Brasil e Estados Unidos, por exemplo, a única diferença nas famílias é o 'w', o 'y' e o 'k'.) Só antigamente as letras faziam esse processo de reprodução, sendo que hoje todos os alfabetos estão completos".

É evidente a influência doméstica pelo trabalho dos pais. A mãe, Vera, que se formou em Letras e Belas-Artes, trabalhou em agências de publicidade como redatora e em editoras como revisora. Da parte do pai, o interesse por tipologia permeava boa parte das estantes da casa, desdobramentos do "F" que marcou a Fazenda Pau Ferrado do avô. Em *Um Conto Nada Científico*, uma advertência inicial, uma preparação do espírito do leitor: "Um toque: esta é uma obra de mera 'fricção' (seja lá o que for isso), qualquer semelhança com a realidade ou você leu errado ou a sua vida está ligeiramente confusa."

Em um país como o Brasil, refletindo padrão de educação aquém do desejável, literatura infantil certamente não tem a atenção que deveria, em relatos como aventuras de fundo quase sempre necessariamente autobiográficos. Não temos aqui os clássicos contos de fadas produzidos por autores adultos, ainda que voltados para leitores infantis com arquétipos que estão na base da melhor literatura adulta, como considerou em vários momentos o mitólogo americano Joseph Campbell (1904-1987), ele mesmo uma fonte poderosa de criatividade, autor do clássico *O Herói das Mil Faces*. Aos nove meses, Gustavo já tagarelava com a velocidade de uma matraca e o que veio em seguida foi amor pela leitura com a descoberta do trabalho dos pais: "Foram eles que me fizeram gostar de ler", relata para dizer que, além de fliperamas e *videogames*, que fizeram a diversão de seus amigos, o programa dele e do irmão, Tomás, era passar o tempo em livrarias.

LIVROS, ACIMA DE TUDO

Plinio ouve o relato do filho e acrescenta: "Os livros eram liberados; podiam entrar nas livrarias e pegar quantos quisessem", o que equivale a dizer que sempre estavam lendo uma obra diferente. E isso incluiu, entre outros, as aventuras de Robin Hood, o mítico herói inglês que roubava da realeza para distribuir aos pobres.

Os irmãos Gustavo e Tomás estiveram nos mundos encantados da Coleção Vaga-lume, lançada em janeiro de 1973 pela Editora Ática, com capas clássicas porém ousadas em suas ilustrações, numa irreverência típica de seu público leitor. Essas obras reuniram alguns dos mais conhecidos autores da literatura infantil: Marcos Rey, Lúcia Machado de Almeida e Luiz Puntel. Também consumiam nomes como Ziraldo – cartunista, chargista, pintor, dramaturgo, caricaturista, cronista, desenhista, humorista e escritor – e Ruth Rocha, socióloga, orientadora pedagógica e escritora. Ziraldo encantou gerações com *Turma do Pererê*, primeira história em quadrinhos em cores produzida no Brasil, e em 1980 lançou sua obra infantil mais conhecida, *O Menino Maluquinho*. Já Ruth Rocha tem mais de 130 títulos publicados e apenas um deles, *Marcelo, Marmelo, Martelo*, vendeu mais de um milhão de exemplares.

Plinio e Vera sabiam o que faziam com os filhos. Plinio deu a eles os livros que gostaria de ter tido na infância. Com frequência lamenta que nunca soube contar histórias, e compensou essa suposta limitação levando os garotos para a natureza, as experiências que emergem na narrativa de Gustavo. Há uma certa pré-história da Ateliê Editorial que reflete o percurso de Plinio como editor e toda sua família.

A edição de livros é uma atividade que marca todo um entorno familiar, o que deve ser o caso de poucas atividades profissionais. Contadores e gerentes de banco, por exemplo, certamente não deixam, na família e nos amigos, a impressão causada pelos que se dedicam à atividade editorial. Livros são agentes de profundas transformações e a convivência com eles lapida a formação como a água arredonda as pedras no leito de rios. Pode parecer, a princípio, que a água fluida, multiforme, dependendo do ambiente em que esteja, não tenha esse poder. Mas ele é real.

A composição tipográfica na Ateliê, e isso era válido para outras editoras, utilizava margaridas em forma de discos, uma ligeira evolução das máquinas de escrever elétricas que tinham o vigor de uma metralhadora. No caso da composição, o ritmo era desesperadoramente mais acanhado e os textos não superavam os sete mil caracteres cada um, exigindo uma colagem entre eles antes que pudessem seguir para o Page Maker, programa de paginação que dominou o mercado editorial até os anos 1990.

Vera não tinha a intenção de se envolver com o magistério. Assim, optou por trabalhar com livros em editoras que incluíram, a certa altura, a Perspectiva. Ela trabalhou também para outras editoras e essa é uma das raízes históricas da Ateliê. Quando Plinio decidiu publicar *O Mistério do Leão Rampante*, Vera dominava o processo de preparação e revisão de textos. A mudança da Ateliê de São Caetano do Sul para a Granja Viana teve a intervenção de Ricardo Amadeo, artista plástico e colega de Plinio na Com-Arte. Certo dia que não sabe precisar, Amadeo trocou o carro por um terreno no bairro servido pela Raposo Tavares, que abrigava gente disposta a se livrar da tensão do trânsito e da poluição de São Paulo. Uma Caravan, perua de maior porte, e o negócio foi fechado em 1984. Foi Amadeo quem convenceu Plinio a se mudar para a Granja Viana, bairro nobre no município de Cotia.

Durante anos as terras que agora formam a Granja Viana abrigaram olarias e cultivo de verduras e legumes, a segunda atividade dominada por imigrantes e descendentes de japoneses que comercializavam a produção na Cooperativa Agrícola de Cotia, nas proximidades do Largo da Batata, no bairro de Pinheiros, em São Paulo. Foi uma maneira que encontraram de evitar que comerciantes "atravessadores" obtivessem lucros indevidos aproveitando-se da dificuldade que tinham com o português.

Ao final dos anos 1930, a família Viana comprou uma boa porção dessa área e o patriarca, Niso Viana, interessado em olaria, se empenhou também no cultivo de eucalipto. Um de seus irmãos, no entanto, preferiu a pecuária, mais especificamente a produção de leite com importação de gado da Holanda e dos Estados Unidos. As duas iniciativas tiveram sucesso, mas a granja de leite ficou mais conhecida e acabou nomeando a região. Empresário, mas sensível a questões sociais, Niso Viana preocupou-se com o futuro de crianças que trabalhavam nas olarias e, em fins dos anos 1940, criou a primeira escola na região, incluindo o ensino de técnicas agrícolas. As escolas disponíveis ficavam distantes e para atrair os alunos havia uma oferta de farta alimentação, que se entendia aos familiares das crianças.

O antigo Lar Escola Rotary, que havia por ali, em 1982, se transformou, por iniciativa dele, no Colégio Rio Branco, mantido pelo Rotary e uma reconstrução deu origem a outra escola, a Vinicius de Moraes. Niso Viana estendeu suas preocupações à saúde e também à vida espiritual dos que viviam ali e, em 1951, isso deu origem à Paróquia Santo Antônio, no quilômetro 23,8 da Raposo Tavares. A paróquia seguida por um seminário (São Camilo). As terras de Niso Viana começaram a ser loteadas nos anos 1950, mas foi com o *boom* dos anos 1970 que começaram os loteamentos fechados que caracterizam a região. Com isso, o bairro se transformou em dormitório para famílias paulistanas mais abastadas, incorporando empreendimentos de alto padrão e mais recentemente começou a atrair empresas e mais moradores, como professores da usp, pela curta distância até o *campus* principal da universidade.

O geógrafo Aziz Nacib Ab'Saber, que morou ali, no entanto, fiel à sua crítica afiada, lamentou que "políticos de Cotia permitissem tal abairramento que asfixiou socialmente a região", uma ponta de exagero que certamente estaria disposto a reconhecer em conversas longas que costumava ter com seus visitantes, referindo-se à sua São Luís de Paraitinga que a Granja Viana substituiu como convívio com a natureza.

A mudança de São Caetano do Sul, na zona industrial da Grande São Paulo, para um bairro com estrutura completamente diferente foi desafiadora para Vera, ela rememora, divertida. Mas a qualidade de vida ali é outra, incomparável com as condições de São Caetano que, ainda assim, lhe traz saudade. Além disso, o espaço, tanto para a editora quanto para a armazenagem de livros, acabou resolvido com facilidade. A antiga casa de caseiro agora é a biblioteca em meio à diversidade de vegetação que inclui a presença de pequenos saguis, serelepes, tucanos, pica-paus, mutuns e jacus, que costumam visitar a propriedade.

A determinação de Plinio, e isso ficou acertado na decisão de dar continuidade à Ateliê quando os filhos não demonstraram interesse em se envolver no negócio, é seguir como uma editora pequena, com liberdade de optar por obras escolhidas, sem a tentação dos *best-sellers* que podem render lucros, mas não satisfazem um editor criterioso. Um utilitário de pequeno porte, com baú pintado com capas de livros, faz o transporte das obras entre a editora, distribuidoras e livrarias, que pressionariam a produção.

Os títulos estão divididos em arquitetura, biografias e memórias, ciências e humanidades, comunicação e linguagem, *design* e livros sobre livros, livros premiados, poesia e prosa, clássicos, teoria e crítica literária. Há ainda as coleções, um legado da Perspectiva:

Artes do Livro, Artes & Ofício, Clássicos Ateliê, Clássicos Comentados, Crítica Hoje, Estudos Árabes, Estudos Literários, Lê-Prosa, Bibliofilia e outras.

Se pudesse desvendar o futuro, o garoto tímido de Pium acreditaria ter chegado ao Paraíso, ao menos ao Paraíso dos livros. Aqui, a presença de Ivan Teixeira (1951-2013) teve participação ativa na consolidação da Ateliê. Ele ainda era professor de um cursinho pré-universitário e quando decidiu prestar concurso na USP pretendia ir para a Faculdade de Filosofia, Letras e Ciências Humanas. Acabou dissuadido por Plinio e convencido de que teria maior autonomia na Editoração da ECA, o que fez com que tivessem maior proximidade física e interação intelectual estreita: "Tínhamos conversas diárias", rememora Plinio: "Ele foi um orientador e coordenador intelectual da Ateliê Editorial".

PEDRAS NO CAMINHO
Em *Inimigos da Esperança – Publicar, Perecer e o Eclipse da Erudição,* Lindsay Waters, editor da Harvard University Press, faz, num provocativo ensaio de 95 páginas, uma profunda e detalhada incursão pelo universo editorial universitário. Com texto refinado e preciso, de habilidade cirúrgica, recorta com conhecimento de causa a tendência reducionista de considerar a produção editorial universitária restrita a uma dimensão quantitativa. Os números, o volume, é o que passa a interessar, e não a qualidade, critica com alguma acidez.

Os órgãos de avaliação acadêmica no Brasil estão submetidos ao padrão americano de produtividade desde o Golpe de 1964. Por esse procedimento, na crítica de Waters, o sistema quer saber quanto um docente publica, mas sem considerar a qualidade do que chega às mãos dos leitores. Há, observa ele, preocupação com a produtividade, mas não com a recepção, para ele uma postura danosa tanto de um lado quanto do outro. Na crítica de Waters, o acadêmico que reluta em publicar, aguardando pelo momento mais apropriado ou a textos mais significativos, tende a ser ignorado e, "mais que isso, marginalizado".

No Brasil, o jornal *Folha de S.Paulo*, extrapolando os critérios internos de um jornalismo já engessado, estendeu para a USP uma avaliação acadêmica que resultou numa "lista de improdutivos". Aqueles que, supostamente, parasitam a sociedade. Uma espécie de polícia ideológica capaz de descambar para cenas de *Farenheit 451*, romance distópico publicado por Ray Bradbury em 1953. A lista foi publicada originalmente em 2006, quando a bioquímica Suely Vilela ocupava a reitoria da USP. O livro de Waters prevenia que "este ensaio é a minha tentativa de exortar os acadêmicos a tomar medidas para preservar e proteger a independência de suas atividades, como escrever livros e artigos da forma como antigamente os concebiam, antes que o mercado se torne nossa prisão e o valor do livro seja depreciado".

Justificando seu ensaio, Waters argumenta que fala "do ponto de vista privilegiado de um editor sem fins lucrativos dentro da academia, que procura apenas cobrir os custos e, ao mesmo tempo, preservar a dignidade do pensamento e dos livros". E continua: "Também falo como alguém que tem erudição. Quando apresentei este ensaio em uma conferência, alguns objetaram: 'Como você pode criticar o sistema, uma vez que vocês – da Harvard University Press – são o sistema. Você está falando de má-fé'. Eu digo que o dever de falar francamente é, primeiro, um dever que recai sobre os ombros daqueles que estão no negócio. Nós, editores, não estamos fora de perigo simplesmente em virtude de nossa posição."

Plinio anteciparia parte de seu futuro imediato se tivesse lido o ensaio de Waters, em especial o trecho que diz: "Hoje em dia, os editores e acadêmicos enfrentam perigos oriundos de todos os lados. Do público, dos contribuintes, dos professores, dos estudantes, dos bibliotecários, de seus próprios colegas. Entre os administradores universitários e os próprios editores acadêmicos, que parecem se sentir forçados a concordar com as expectativas que não são razoáveis, surgiu a ideia de que as editoras universitárias deveriam transformar-se em 'centros lucrativos' e contribuir para o orçamento geral da universidade."

"De onde veio essa ideia?", pergunta Waters, para responder, ele mesmo, que "ela é péssima: desde Gutenberg, temos registros financeiros contínuos sobre as publicações no Ocidente e está provado que os livros são um negócio ruim. As novidades mecânicas e eletrônicas foram, e sempre serão, uma aposta melhor. E a ideia de tentar extrair dinheiro das editoras universitárias – as mais pobres de todas as editoras – é o mesmo que esperar que os ratos da igreja contribuam para a preservação do local".

No caso de Plinio, nem tudo estaria ali. A ideia de editoras universitárias produtoras de lucro, por exemplo, já havia sido evitada por José Goldemberg, o iniciador da transformação da Edusp, responsável por todo o ciclo da produção de um livro até ele chegar às mãos de um leitor, nas livrarias dos *campi* da Universidade. Em relação à frase "Hoje em dia os editores e acadêmicos enfrentam perigos oriundos de todos os lados", ao menos em relação a um editor acadêmico, o escrito de Waters era quase a previsão de uma bola de cristal.

Plinio havia atravessado não apenas a administração Goldemberg e Roberto Leal Lobo, Silva Filho, na companhia de João Alexandre Barbosa. Dialogou bem com Flávio Fava de Moraes, quando Barbosa se afastou, foi substituído por Sergio Miceli, que ampliou as reformas, as coleções e abriu espaço inédito para livros de arte. Também seguiu sem turbulências a administração dos reitores Jacques Marcovitch, Adolpho José Melfi e Suely Vilela Sampaio, quando se deu conta dos primeiros sinais de alerta. Então veio a reitoria do advogado João Grandino Rodas, sucedida pelo médico Marco Antonio Zago. Ao final dos dois primeiros anos, na administração de Zago, a situação apontada por Waters materializou-se.

O AFASTAMENTO DA EDUSP

Refletindo sobre as cenas daqueles dias, Plinio diz que não se considerava insubstituível nem vitalício no cargo de diretor-presidente que passara a acumular. O que ele julga surpreendente e injustificável foi a maneira como isso aconteceu.

"Um funcionário desconhecido, entre muitos outros com quem nunca tivera contato na chefia do gabinete da reitoria, comunicou-me, abruptamente, por telefone, que minha exoneração do cargo de diretor-presidente da Edusp seria publicada no dia seguinte no *Diário Oficial do Estado* – o órgão pelo qual são sacramentadas todas as decisões administrativas estaduais."

O que estava por trás dessa decisão que prescindiu de um mínimo de refinamento, ao final de um período de 26 anos de dedicação à Edusp? A resposta, qualquer um que conhece os meandros de uma universidade sabe dizer. Tanto quanto outras instâncias da sociedade, também a universidade está comprometida com interesses políticos sem qualquer relação com o conceito grego e original dessa expressão. Quem chega quer deixar a marca de sua passagem, e isso já havia ocorrido com o reitor Grandino Rodas (2009-2013). Ele destruiu a livraria em homenagem a João Alexandre Barbosa, cuja reforma havia custado R$ 1,8 milhão, no prédio identificado como Antiga Reitoria e que voltou a ser ocupado pela administração central. Com isso, a livraria acabou transferida para o prédio que abriga a Biblioteca Brasiliana Guita e José Mindlin (bbm), construída em área cedida pela universidade com investimentos do Banco Nacional de Desenvolvimento Econômico e Social (bndes) e doações particulares.

Numa cena que caberia no ensaio de Lindsay Waters, sobre as agruras de um editor universitário, Plinio relata que, quando viu as instalações da livraria envoltas por tapumes, sob a justificativa de que seria reformada, sentou-se nas proximidades e chorou de tristeza e impotência. E aqui cabe, certamente, um trecho de Waters: "Penso que nós, estudiosos e editores, permitimos que os vendilhões entrassem no templo. Precisamos controlar suas atividades, já que não os chutamos para fora, como fez Jesus."

Durante o período em que o empresário José Mindlin (1914-2010) presidiu o Conselho Editorial da Edusp, eram comuns os encontros com a Reitoria da Universidade. Na administração Zago, no entanto, isso deixou de ocorrer. Então começaram a correr boatos que indicavam a disputa de cargos entre diferentes grupos. Até o momento em que houve a ligação do funcionário do gabinete da reitoria.

Plinio aceitou a decisão como parte da dinâmica universitária. Apesar de ter integrado a equipe que dera forma ao que a Edusp é, nos cargos de diretor editorial e presidente, seria e é admissível que um novo reitor estivesse interessado em mudanças e, com elas, determinado a colocar em cargos estratégicos parte de seus apoiadores. Então Plinio ligou de volta para o gabinete do reitor, explicou que, além do cargo de diretor-presidente, era funcionário da Edusp e professor no Departamento de Jornalismo e Editoração na eca. A resposta do outro lado da linha: "Acerte tudo com a área de recursos humanos".

Plinio foi até lá, explicou que estava interessado em integrar o período de trabalho de quarenta horas semanais, somando o tempo trabalhado na Edusp e as doze horas dedicadas como professor. E ouviu: "Isso é possível e o senhor não vai perder nada". Então ele se apressou a retirar, da Edusp, seus pertences pessoais. Em tese, ele poderia continuar trabalhando na unidade, levando em conta a experiência de anos. Mas, justificou com sua secretária Wadi Félix, quando ela perguntou por que a pressa na retirada de seus objetos pessoais: "Se querem mudar, não vão querer minha participação."

Seguiu para a eca com a determinação de escrever o projeto de pesquisa necessário para ter regularizada sua carga horária de quarenta horas, que lhe daria aposentadoria mais razoável e chance de continuidade do trabalho na área editorial.

O projeto, com data de julho de 2016, *Com-Arte: Percurso Histórico e Proposta de Profissionalização de uma Editora-Laboratório*, em 25 páginas, sintetizava no resumo: "Esta pesquisa visa reconstruir, de forma historicamente contextualizada, o desenvolvimento da Com-Arte: Editora Laboratório da Escola de Comunicações e Artes da Universidade de São Paulo. Em sua consecução, será abordada a metodologia exploratória descritiva, realizada a partir de documentos primários. Além disso, serão colhidas entrevistas com diversos colegas de profissão, entre os quais editores, autores e alunos egressos do Curso de Editoração. Espera-se que o estudo possibilite equacionar algumas entre as principais questões relativas aos desafios e impasses relativos às disciplinas laboratoriais no ensino público brasileiro no século xxi. Ao mesmo tempo, propõe-se um plano de ação para essa editora-laboratório que visa a aprimorar seu trabalho ao longo de diferentes etapas do ciclo de vida do livro, isto é, do autor até o leitor. Por meio dessa última iniciativa, almeja-se profissionalizar ainda mais a Com-Arte para que ela melhor atenda as demandas esperadas de uma editora universitária de interesse público."

O projeto foi aceito pelo Departamento de Editoração e, mais que isso, foi comemorado como uma forma de consolidação na área, com dedicação integral da parte de alguém com comprovada experiência, o que garantia consistência para o curso com benefícios para os alunos e para a Universidade como um todo. A ideia era repetir a experiência aplicada em seu mestrado, *Edusp – Um Projeto Editorial*, e criar uma editora para a ECA. Mas a reitoria, após três pedidos, vetou essa decisão.

BIBLIOTECA MINDLIN
Plinio tinha a sensação de que tudo estava perdido, mas, quando parecia difícil continuar, recebeu o convite do ex-reitor Jacques Marcovitch, da Faculdade de Economia e Administração (FEA-USP), membro do conselho deliberativo da Biblioteca Brasiliana (BBM), para envolver-se com o Projeto 3 × 22. A ideia era construir um projeto abordando os acontecimentos de 1822, ano da independência, 1922, Semana da Arte Moderna que impactou criativamente a cultura nacional, e 2022, uma articulação do passado na projeção do futuro. Foi o que levou Plinio para a BBM, onde ficou responsável pelas Publicações BBM, que pretende publicar material baseado no rico acervo da biblioteca, com sessenta mil títulos, dos quais três mil são raros. Eles podem ser acessados por celular ou *tablet* por interessados de qualquer lugar ou a qualquer hora pelo endereço: https://digital.bbm.usp.br/

Como Plinio saiu sua longevidade, num cargo sensível e desejado como o de editor e em seguida o de diretor-presidente de uma editora universitária? Ele responde com uma frase: "Minha política sempre foi o meu trabalho."

Ainda que seja uma verdade pessoal, essa postura não inclui as modulações sociais. A principal universidade brasileira, recém-saída da ditadura militar, temporariamente afugentou, com suas propostas de renovação, expedientes antigos que podem ter ficado temporariamente inativos, mas não esquecidos, incluindo uma burocracia estéril, o que leva mais uma vez ao ensaio de Lindsay Waters, *Inimigos da Esperança*, em vários momentos de sua exposição.

Na bbm, Plinio relata um recomeço: "Quando comecei na Edusp, não havia praticamente nada do que se poderia chamar de uma editora universitária e tudo foi iniciado do zero. Na bbm também foi começar do zero, por ser uma instituição nova, com proposta nova, abrangente e sem autonomia, o que não é tarefa fácil".

Ainda que boa parte dos títulos já esteja digitalizada e disponível a interessados, nem tudo está nessa condição e isso sugere um longo trabalho pela frente, incluindo, por exemplo, a série *Imagens da Biblioteca Brasiliana Guita e José Mindlin*. Neste caso, serão reproduzidas imagens ainda inéditas do rico acervo em papel especial no formato de pôsteres, em um belo projeto gráfico do *designer* Gustavo Piqueira: a primeira retratando o Rio de Janeiro representado por esses viajantes, que reunirão de sessenta a setenta pranchas. A segunda será sobre aves. Exposições específicas, como a *Primeiras Edições de Machado de Assis na* bbm, serão transformadas em livro, com informações técnicas e histórias de cada edição, que podem interessar tanto a um leitor eventual quanto a pesquisadores específicos.

Quando saiu da Edusp, ao final de mais de um quarto de século de trabalho, Plinio deixou uma carta de despedida dirigida a autores e colaboradores com o título de "Edusp, Herança de uma Geração", com o seguinte teor:

> Há vinte e seis anos trabalho na Edusp, editora da Universidade de São Paulo. Posso dizer, nesse sentido, que no espaço de uma geração estive à frente da maior editora universitária do Brasil. Em números, isso representa 1600 publicações e 136 prêmios. Mas há muito mais a dizer. É preciso olhar para trás e compreender, antes, os diversos tempos de uma editora que nasceu à margem do mercado e da universidade, pois seu

papel se restringia à coedição de obras prontas, publicadas por editores particulares. Na década de 1980, a Edusp protagonizou uma revolução interna apenas comparável à revolução do livro impresso. Para além dos números que ela ostenta, o que encontramos, hoje, é uma editora consolidada, produtiva e reconhecida no Brasil e no mundo.

Um projeto editorial não se opera da noite para o dia. Não é uma aventura como deixam entrever as viagens livrescas. As transformações pelas quais passou a Edusp merecem uma reflexão à luz de fatores internos e externos. Ela reflete, outrossim, a produção de seus docentes-pesquisadores. Todavia, uma editora não pode crescer ensimesmada, voltada apenas para o que produzem seus pares. A editora é expressão da cultura de um tempo, e nossa cultura é a síntese de expressões múltiplas, as quais devem abranger o pensamento brasileiro em diferentes campos do conhecimento e seus pontos de contato com a produção internacional. Acredito que o catálogo da Edusp buscou se afirmar dentro de dois princípios, a saber, o da valorização dos conhecimentos produzidos internamente e o da abertura para as ciências no plano internacional. Uma editora, portanto, deve ser independente. Ela não se rende às vaidades de uns, nem aos preconceitos de outros; ela não adere cegamente aos modismos; ela não existe para preencher interesses políticos de nenhuma natureza. Seu compromisso é com a qualidade. Seu compromisso é com o leitor.

As respostas que teve foram uma demonstração de decepção e frustração com o ocorrido, mas acompanhada de alto reconhecimento por meio de centenas de cartas. Paulo Franchetti, da Editora da Unicamp, se expressou assim: "Plinio, que triste notícia recebi aqui do outro lado do mundo! O que houve? Você continua na Editora da USP ou se afasta? Fiquei muito angustiado."

Jorge Schwartz, do Departamento de Letras Modernas da USP, foi ainda mais emotivo: "Plinio, querido, não tenho palavras. Começo com uma listinha [obras editadas por Plinio]: *Vanguarda e Cosmopolitismo* (Perspectiva), *Vanguardas Latino-Americanas, Caixa Modernista, Rego Monteiro: Do Amazonas a Paris* e o *O Cavaleiro Azul*."

Diana Mindlin, *designer* gráfica: "Querido Plinio. Levei um susto com sua carta e deixei um recado no seu celular. Infelizmente, as coisas acontecem na usp dessa maneira e, pelo jeito, foi bem de repente a notícia. Mas o que você construiu ninguém desmancha. Está feito e é um legado precioso para a usp."

Paulo Vassily Chuc, diplomata do departamento cultural do Ministério das Relações Exteriores do Itamaraty: "Manoel de Barros fazia amanheceres. Plinio faz livros. Ambos os casos requerem o olhar atento, o gesto largo e generoso para saudar o que nasce, o espírito claro de quem sabe que a matéria e a vida das palavras se funde e confunde num único amálgama. Como o poeta quer a liberdade da palavra amanhecida, Plinio desenvolve, como editor, um trabalho que procura não o aprisionar do escrito numa forma, mas o deixar ser de um texto e suas vozes."

O mundo, no entanto, é esférico ainda que um número surpreendente de pessoas acredite em uma versão plana. Uma versão esférica que gira em torno do próprio eixo, o que equivale a dizer que uma constelação que se pôs na noite anterior pode retornar na seguinte, o que fazia pensar que, muitas vezes, o passado não é outra coisa senão uma antecipação do futuro.

13.
A Diversidade que Constrói um Editor

Aprendi a arte de editar, ensinando.
PLINIO MARTINS FILHO

"Há dois Plinios, e só a cegueira institucional da USP não permite que sejam um único". A frase é de Paulo Franchetti. Ele e Plinio se conheceram por meio de Ivan Teixeira. Foi Ivan quem convidou Franchetti para escrever a apresentação de *O Primo Basílio*, de Eça de Queirós, na Coleção Clássicos na Ateliê. Franchetti admite que pode ter havido um encontro anterior entre eles, "mas minha lembrança mais forte é desse momento". E retoma a frase sobre a duplicidade que deveria ser singularidade para justificar que "houve o funcionário Plinio lotado na Edusp e houve, e ainda há, o professor Plinio, no Curso de Editoração da ECA". Ambos são um único, reafirma para acrescentar: "Se a USP fosse uma universidade menos engessada, teria ali um profissional raro em qualquer parte do mundo, um professor de notório saber, capaz de formar gerações de novos editores e, além disso, gerir a maior e melhor editora universitária do Brasil."

Mas a USP, observa Franchetti, exigiu de Plinio "uma tese de doutoramento feita tardiamente, pois não era esse o perfil dele, mas acabou resultando no *Manual de Editoração e Estilo*". O *Manual*, avalia, "não é uma tese acadêmica, mas um livro maravilhoso, que só um grande editor poderia ter feito". O problema da USP, detalha, "é que a universidade não compreendeu a grandeza de uma pessoa como Plinio e por isso o relega a um regime de tempo parcial e faz com que sua atividade seja restrita, subaproveitando seu enorme potencial". Do ponto de vista dele, a "mesquinharia de jogos políticos" afastou um dos maiores editores do Brasil da direção da Edusp, substituindo-o por pessoas que podem ter boa vontade, mas não formação nem experiência no universo editorial. "Pior", emenda com ênfase, "pessoas que, por conta das circunstâncias internas, nem sequer buscaram se valer do saber do antecessor, ou buscaram formas de corrigir o erro de tê-lo afastado da função que ele desempenhou como ninguém". Franchetti reconhece "o mérito e amplitude de visão de João Alexandre Barbosa, que, sentindo-se sem condições de levar adiante um projeto amplo de construção de uma editora universitária de qualidade, aceitou assumir sua direção com a condição de ter a seu lado Plinio". Foi, insiste ele, "graças a João Alexandre que Plinio foi para a Edusp e, graças a essa decisão, a Edusp se tornou o que ainda é hoje, apesar de já serem sensíveis os sinais de seu declínio como uma editora de ponta".

As universidades brasileiras têm tendência a desconsiderar conhecimento vivido, autodidata, desacompanhado de certa formalidade acadêmica? Para Franchetti, "somos um país de bacharéis e no geral o carreirismo impera entre nós". Assim, considera que "Plinio foi um *outsider* numa universidade extremamente conservadora, que sobrevive de glórias do passado". "Muitos setores da USP", critica, "nunca puderam assimilar a ideia de que a competência acadêmica pode ser adquirida na prática, no exercício consequente de uma atividade".

O fundamental, na avaliação de Franchetti, para se compreender o porquê de a USP aproveitar pouco o talento de Plinio no trabalho acadêmico está relacionado à famosa "lista de improdutivos": marcando a etapa em que "a universidade passou a enfatizar desmesuradamente, como produção, os *papers* acadêmicos". E justifica a observação: "Trato disso em um texto em que analiso a crise das humanidades na universidade atual. O lado formativo, que sempre foi a alma e razão de ser da universidade, ficou em segundo plano.

O professor termina por ser inferior, do ponto de vista prático e de avaliação, ao 'pesquisador', seja lá o que isso queira dizer, na área das humanidades, e Plinio é essencialmente um formador, um professor, não um homem de artigos acadêmicos. Na verdade, na área de seu domínio específico, a editoração", complementa, "isso nem sequer é possível. Pode-se falar muito sobre história do livro, circulação do livro, aspectos materiais e de leitura etc.". Mas desafia: "Sobre concepção e produção de livros, administração de editora, política de vendas, equilíbrio entre o Estado e mercado na produção e venda de livros, que interesse tem os artigos acadêmicos?" Ao restringir a avaliação do desempenho ao *paper*, a universidade, na avaliação de Franchetti, "dá provas de cegueira e sacrifica o que sempre foi sua razão de ser: formar pessoas". Não é à toa, argumenta, "que, cada vez mais, dar aulas é visto como perda de tempo pelas novas gerações de docentes que se entendem como pesquisadores em busca do próximo artigo a publicar em inglês...".

Plinio "não é um 'intelectual', na leitura de Franchetti, no sentido que essa palavra tem em estrito contexto universitário. Não é um homem de teorias, não é um produtor de artigos acadêmicos, não passa a vida a correr atrás de mais linhas para o seu Currículo Lattes e não fica exibindo esse currículo o tempo todo, em conversas sociais". Mas, localiza, "Plinio é, sem dúvida, um intelectual, como muitas pessoas, dentro e fora da universidade, que não escrevem *papers*; é um leitor crítico e sensível, é um melômano, um apaixonado pela história do livro e da edição, em que tem uma enorme competência técnica. Entendo perfeitamente que ele mesmo não se queira ver como intelectual. Eu mesmo não aprecio essa palavra, se aplicada a mim. Prefiro ser identificado como professor, assim como ele prefere ser identificado como editor".

"Produzir algo como mil e seiscentas obras em uma editora universitária", avalia, "equivale a ter competência para administrar o caos. Além de humildade para saber que, em algum ponto, se vai falhar, atrasar, escolher mal. Mas, sobretudo, significa que, depois de uma experiência como essa, a do sucesso comprovado, pode-se ser tudo, menos peça dispensável. Significa que deixar uma pessoa com esse cabedal de conhecimento afastada do centro produtivo da universidade é uma demonstração de cegueira ou de mesquinharia indignas de uma grande universidade como a USP".

Como ex-diretor da Editora da Unicamp, Franchetti conhece o terreno por onde anda. Recorda-se que, em 2002, quando assumiu a instituição, não dispunha de nenhuma estrutura operacional. Falida, com catálogo ruim, funcionários sem treinamento, "aquilo era um caos". A primeira providência que tomou foi conversar com Plinio para saber o que ele pensava da proposta. O retorno foi estimulante e isso o levou a querer saber se poderia contar com Plinio como consultor e estabeleceu que essa seria a condição para aceitar o convite. Desde então, Franchetti revela que, ao longo dos anos, sempre se socorreu com Plinio: "Especulei sobre tudo o que podia e, a cada passo, ligava para discutir estratégias." Foi, rememora, "quando pude apreciar as qualidades de seu caráter. Plinio nunca foi impositivo, ainda que na condição de um dos maiores editores brasileiro. Nunca me disse algo como 'não faça assim...', ou 'o certo é...' Ele sempre partiu de sua experiência, sugeria e ouvia". Assim, a Editora da Unicamp, com Franchetti na sua direção, teve condições de montar um quadro funcional adequado, o que inclui revisores, preparadores e administradores. A equipe foi assistir aulas na ECA, estagiar na Edusp e pode sempre recorrer "à nossa irmã mais velha no sistema público paulista para estabelecer rotinas e procedimentos". Franchetti recorda-se de que, "quando finalmente encontrei uma pessoa capaz de gerenciar todo o processo de produção, foi também o Plinio de grande valia para orientar os primeiros passos para montarmos uma estrutura técnica independente da direção acadêmica, o que, por sinal, valeu a sobrevivência da editora, num período posterior, quando ela quase foi desmantelada".

Em toda a interação pessoal e institucional que mantiveram, Franchetti descreve que "Plinio nunca foi político ou fez proselitismo. O acolhimento dele sempre foi notável e professores universitários, levados pelas circunstâncias a assumir uma editora, sempre tiveram nele um mestre disponível e um amigo para desabafos. Foi assim comigo e também com o diretor da editora da Universidade Federal do

Paraná (UFPR), Luís Bueno, e com a diretora da editora da Universidade de Londrina (UEL), Patrícia de Castro Santos, entre outros".

Quanto ao trabalho de Plinio na Edusp, para Franchetti, "é público e notório, que estabeleceu um novo patamar para a edição universitária. Além da qualidade editorial, a mais alta, ele nos mostrou que construir uma identidade visual também é indispensável. Todos conhecíamos, de longe, os livros da Edusp e isso foi uma inspiração. Livros sóbrios, bem-feitos, bem planejados, miolo e capa em harmonia, uso racional de logotipo, distribuição em coleções consequentes. Sobretudo mostrou que uma editora universitária não ficava a dever, em qualidade e apresentação, a nenhuma editora privada. Ao contrário, podia disputar, com as melhores, os prêmios todos, do conteúdo específico ao projeto gráfico".

De qualquer maneira as editoras universitárias, em seu conjunto, atravessam um período difícil e Franchetti não vê chances de se repetir o momento mais culminante, marcado pela posse de João Alexandre Barbosa na Edusp. Um sinal dos tempos, de seu ponto de vista, é que sem que houvesse razão de ordem técnica, ou mesmo de resultados financeiros, em poucos anos foram substituídos os diretores das três mais atuantes editoras universitárias brasileiras: da USP, da Universidade Estadual Paulista (Unesp) e da Universidade Federal de Minas Gerais (UFMG). E aqui se pode acrescentar uma quarta, a da Unicamp, que Franchetti dirigiu até 2015, deixando a direção ao mesmo tempo que seus colegas.

O fato de todos os diretores dessas editoras, com longo tempo de permanência, terem sido alijados em conjunto em curto espaço de tempo, na avaliação de Franchetti, indica o final de uma etapa. Agora, as editoras universitárias enfrentam um desafio inédito: por um lado, porque a estrutura da pós-graduação no Brasil está sob ataque e, com isso, diminuem as bolsas de estudo, especialmente nas áreas das Humanidades. Além dos seguidos cortes de verbas que custeiam e impactam diretamente as aquisições para bibliotecas. Por outro lado, a falta de recursos tende a paralisar ou inviabilizar a manutenção de editoras pequenas em universidades federais. Isso implica fechamento de livrarias e diminuição da capacidade dessas universidades de organizarem feiras e eventos – e, portanto, a diminuição dos pontos de venda e circulação de livros universitários. Por fim, avalia, é necessário considerar que a produção de uma editora universitária sempre esteve, em grande parte, apoiada na produção acadêmica. Agora, como as teses passaram a ser públicas, disponibilizadas em forma eletrônica pela Capes, ou as editoras se dedicam a um trabalho editorial mais rigoroso, no sentido de fazer com que uma tese seja submetida a um tratamento radical para se transformar em livros, ou se conformam em produzir material de apoio: traduções, livros didáticos e manuais. A possibilidade de concorrência com editoras comerciais, por parte de editoras universitárias, publicando obras fora do perfil propriamente universitário, na avaliação de Franchetti, "parece perigosa". Não apenas porque, neste caso, não se justificaria uma editora universitária, mas também porque as verbas públicas tendem a encolher e, nesse caso, "não deveria haver justificativas para empregá-las em uma área em que a iniciativa privada pode atuar com mais desenvoltura".

UM JARDINEIRO.
EDITOR-COLABORADOR.
EDITOR-OUVINTE
Outro colega de ofício e amigo de longa data consultado para essas memórias de Plinio Martins Filho é o poeta e editor Fernando Paixão. Nascido na freguesia de Beselga, na região central de Portugal, não muito distante da fronteira com a Espanha, veio para o Brasil em 1961 e, entre outras atividades, formou-se em jornalismo, estudou filosofia e defendeu tese na Unicamp sobre o poeta, contista e ficcionista Mário de Sá Carneiro (1890-1915), um dos representantes do modernismo português. Paixão foi, por mais de três décadas, editor na Ática, que deixou em 2007, para se vincular à usp, no Instituto de Estudos Brasileiros. Como editor, interagiu com Plinio e o conhece tanto profissional como pessoalmente.

Paixão considera sedutora a função de editar por permitir um encontro entre o trabalho do escritor e a expectativa silenciosa dos leitores diante de textos literários, sob a forma de livros. Apesar de toda sedução, no entanto, enxerga na atividade equívocos, dificuldades e armadilhas nem sempre explícitos. O primeiro deles implica uma visão tradicional do editor, considerado um suposto "dono da verdade, detentor de uma pretensa sabedoria superior àquela de quem cria", o autor. Paixão compara a posição de um editor à de um juiz, com a diferença de que o juiz tem um código em que pode se apoiar para estabelecer suas sentenças, enquanto um editor não tem essa possibilidade. Cada texto, considera, "solicita uma avaliação particular, fundamentada a partir de seus elementos narrativos", e isso é único.

Em Plinio, como em todo bom editor, Paixão enxerga "um profissional cheio de dúvidas, mas que sabe exercer o ofício de um jardineiro de livros". Como quem cuida de um jardim, compara, "um editor se dedica a cada planta, neste caso cada autor, para fazer com que avance no seu projeto que, ao final, resulte em um livro" e, neste sentido, considera que cada editora é um campo de jardinagem capaz de revelar a qualidade de seu cuidador". Entende que Plinio, para boa parte de seus autores, atua mais como "colaborador do que orientador". Um "colaborador estratégico" – especifica –, "pois com frequência o autor tem uma visão restrita de seu intento e, em casos como este, o editor amplia horizontes". De que maneira exerce essa função? "Debatendo a estrutura de uma obra, sugerindo mudanças, cortes etc. Tudo depende do projeto em consideração". Avalia que, "como Plinio sabe se cercar de pessoal qualificado, *a priori* atua como editor-colaborador de cada um dos projetos com que se envolve e desempenha esse papel com características, como a de não se impor, não mostrar erudição e procurar entender o livro como um todo e não a partir de suas partes". Com isso, reafirma que um editor não é o dono de uma verdade, "mas deve ser o dono de um juízo, o mais coerente possível".

Paixão considera que o "gosto" de Plinio como editor, referência sempre associada a um repertório que se conhece e aprecia, foi apreendido em sua longa trajetória profissional na Perspectiva, na convivência diária com Jacó Guinsburg, no período ditatorial para a difusão de ideias e de livros num conjunto de coleções bem organizadas com identidade forte junto ao público a que estavam destinadas. Avalia que a marca adquirida na Perspectiva, sob a forte influência de Guinsburg, Plinio levou tanto para a Edusp quanto para a Ateliê, no segundo caso mais voltada para o campo literário. Mas, mesmo no segundo caso, "acompanhada de um leque de coleções bem marcadas pelo acabamento gráfico em que não é difícil um leitor orientar-se". Se fosse o caso, diz ele, "de se comparar as duas casas criadas por Plinio, eu diria que a Edusp se caracteriza por ser mais institucional, dedicada à difusão do pensamento científico e crítico, enquanto a Ateliê poderia ser considerada um espaço mais pessoal, em que a marca e o gosto do editor se faz notar". Nos dois casos, no entanto, resume, "está a qualidade do material publicado, tanto de um texto acadêmico, quanto um clássico ou um livro de poemas de um jovem autor".

Paixão identifica em Plinio um "editor curioso, porque fala pouco, mas vai logo aos pontos que interessam para um projeto caminhar. As reuniões com ele costumam ser rápidas, objetivas, pois antes mesmo da conversa ele já matutou o suficiente sobre a questão a ser considerada". Eventualmente, confidencia, "ele é capaz de telefonar para um ou mais autores e amigos para tirar uma dúvida ou outra e, ainda assim, nunca se coloca como um homem de certezas". E isso significa dizer, emenda, "que Plinio é, acima de tudo, um editor-ouvinte. Talvez porque ainda tenha em suas maneiras o mesmo sentimento de espanto de quando chegou a São Paulo, no começo dos anos 1970, e foi, a seu modo, criando sua rotina e com isso ganhou rumo e soube fazer as escolhas certas para chegar onde chegou. Há muito do menino de Pium que sobrevive no homem de livros", interpreta Paixão.

Um editor é a primeira pessoa que recebe um texto inédito, "saído do forno, quentinho", e é grande a ansiedade de um autor em querer saber o que os outros pensam a respeito do que ele criou e, nesse momento, Paixão insiste que "o editor deve saber dizer algumas coisas que sejam, de fato, pertinentes ao texto recebido". Esses encontros podem demorar horas e o objetivo não é o de contestar o trabalho do autor, mas buscar aprimorar o material apresentado para um bom resultado final.

Plinio, entende ele, se fez editor e leitor de literatura por si mesmo e enxerga que, nessa trajetória, a experiência que acumulou como revisor foi indispensável. Os antigos revisores, rememora, "foram figuras indispensáveis na cultura editorial do final do século passado, responsáveis pelo acabamento final de um texto, envolvendo da correção ortográfica e gramatical à conferência de informações, como datas ou fatos. Depois do autor, era, e ainda é, o profissional que mergulha mais fundo em um texto, antes que seja impresso". Por pensar assim, Paixão entende que não foi casual o fato de Plinio ter passado longos anos envolvido com o levantamento de material para a produção do *Manual de Editoração e Estilo*. "Esse trabalho", considera, "só poderia ser feito por quem tem muita atenção ao detalhe e está habituado a pesar o uso das palavras em um texto, tarefa que se aprende pela experiência".

E mesmo isso, pondera, "não significa que Plinio seja apenas um homem interessado no texto. Ele também é muito dedicado ao aspecto gráfico das publicações. Basta analisar as publicações da Edusp, sob sua direção, para se convencer disso. Ele soube aproveitar a sinergia da editora universitária com a Imprensa Oficial do Estado para imprimir dezenas de livros de excelência e com esse empenho criou a editora mais 'bonita' e premiada do âmbito universitário". Na Ateliê acontece o mesmo, compara: "Ao lado de edições convencionais destacam-se publicações dos clássicos quase sempre acolhidos num belo projeto gráfico, ótima leitura e excelente acabamento de papel e gráfica, mesmo que esse cuidado resulte em um preço final um pouco maior que o produto de outras editoras. Mas as edições da Ateliê dão gosto de ler e guardar", comemora.

GENEROSIDADE E DESPRENDIMENTO

Cristiane Tonon Silvestrin, como muitos jovens estudantes, chegou à conclusão do Ensino Médio sem saber exatamente o que queria para seu futuro profissional. Descobriu com um teste vocacional: Editoração. E comemorou a ideia de que poderia trabalhar com livros. Entrou na ECA-USP na turma de 1996 e foi aluna de Plinio. No terceiro ano do curso, conta que foi aberta uma vaga para estágio no departamento editorial da Edusp e ela não perdeu tempo em falar com o professor sobre a possibilidade de uma chance. Aceita, estagiou por dois anos, o máximo permitido, e nesse período conta que "mergulhou no mundo editorial", aprendendo um pouco de tudo: revisão, diagramação, tratamento de imagens. Plinio era o chefe do departamento editorial e então tanto o contato quanto o aprendizado com ele eram diários.

"A paixão dele pelo trabalho", rememora, "por uma edição bem-cuidada, reforçou ainda mais em mim o gosto que já existia", então, foi natural que se sentisse realizada, ainda que estivesse apenas começando seu percurso. Ela se lembra de que, na Edusp, "Plinio sempre nos falava sobre mercados, fazia exposições envolvendo a história do livro, invocando com alguma frequência sua própria história profissional e com isso sempre foi tanto um professor quanto um chefe muito acessível. Ele se sentava ao nosso lado, no editorial e compartilhava tudo".

Plinio, relata Cristiane, "nunca foi de se isolar em uma sala sem contato com os funcionários da Edusp. Ainda que tivesse uma sala própria, sempre se aproximava, sentava-se, explicava e falava com todos e isso continuou mesmo quando assumiu a presidência da editora. Ele nunca deixou de acompanhar de perto a produção das obras, ou se ocupar diretamente da edição de algumas delas".

Ainda hoje, como professor da ECA, "quando nos visita na editora, passa pela mesa de cada um, cumprimenta, conversa e isso torna claramente visível o carinho que todos têm por ele e pelo que ele fez pela editora". "Afinal", diz, "muito do que ele idealizou ao longo de anos continua em prática na Edusp".

Uma das alegrias profissionais e pessoais que ela credita ao que define como "generosidade e desprendimento" do seu então professor foi ter descoberto e pesquisado o percurso do editor e tipógrafo de origem italiana Elvino Pocai (1881-1956). À época em que Pocai viveu em São Paulo, na primeira metade do século passado, muitas oficinas gráficas tomaram forma no Brasil, concentradas principalmente no Rio de Janeiro e em São Paulo. Inicialmente produziam pequenos impressos, mas algumas delas evoluíram para tipografias reconhecidas na impressão de livros e revistas. Muitos que se dedicaram a essa atividade, os "artistas do livro", eram imigrantes que chegavam trazendo na bagagem conhecimentos técnicos e artísticos na arte de impressão. Foi o caso de Pocai, responsável por reconhecidas obras-primas produzidas por uma combinação equilibrada de habilidade artesanal e artística. Foi editor, além de tipógrafo, mas é pouco lembrado na história do livro por aqui. Cristiane dedicou a Pocai as pesquisas do seu Trabalho de Conclusão de Curso, o TCC, sob estímulo e orientação de Plinio. Entre maio e agosto de 2019, Pocai teve uma mostra, na sede da Biblioteca Brasiliana, com curadoria dividida entre ele e sua antiga aluna, que agora ocupa o cargo que já foi dele, quando ela ainda era estudante: a Divisão Editorial da Edusp.

Em 2018, quando chegou aos quarenta anos, Cristiane havia dedicado metade de sua vida à Edusp, exceto pelos três meses em que estagiou na Perspectiva, partilhando a companhia do antigo mentor de seu mestre. Ela se recorda de que fez uma retrospectiva e se deu conta de que, em 1998, quando chegou à editora, havia um catálogo de trezentos títulos, considerando a nova fase, a partir de 1988, e esse número havia aumentado para 1 800. De 2001 a 2011 ela ocupou a chefia de arte e, com a equipe do departamento editorial, se dedicava a trabalhos de diagramação, tratamento de imagens e criação de projetos das obras. Em 2011, foi promovida a chefe da divisão editorial. No início de 2020, a preocupação dela, com a manifestação da crise de covid-19 e a retração da economia, estava no comportamento do mercado editorial e livreiro que deveriam sentir o impacto desses eventos. Na avaliação de Cristiane, para as editoras universitárias é importante que programas de incentivo à pesquisa acadêmica e inserção universitária tenham continuidade. Na Edusp, foram suspensos temporariamente, ao final do terceiro trimestre de 2020, o lançamento de novas obras e a reimpressão do fundo de catálogo editorial por imprecisão quanto a um retorno à normalidade, sob o impacto da crise econômica e de saúde pública.

Thiago Mio Salla, professor da ECA, responsável por disciplinas ligadas à preparação e revisão de textos, teorias e práticas em torno da leitura e à Com-Arte, também foi aluno da escola e teve orientação de Ivan Teixeira. Mas, ao terminar o curso de jornalismo, quis saber de Plinio se poderia assistir às aulas dele como ouvinte. Teve como resposta uma concordância. Ivan Teixeira, na relação cotidiana, havia feito uma ponte entre ele e Plinio e isso o levou a trabalhos mais próximos da literatura, como a tese *O Fio da Navalha: Graciliano Ramos e a Revista Cultura Política*. Ele já havia concluído um bacharelado em Letras. Em seguida, publicou *Garranchos*, que reúne mais de oitenta textos inéditos de Graciliano Ramos, a quem vem se dedicando. Como outras pessoas próximas de Plinio, enxerga nele "uma pessoa generosa, humilde, preocupada com seus alunos e, de certa maneira, um pouco avesso à tecnologia. Com ele é aula direto", enfatiza.

Uma diferença de idade equivalente à de pai e filho (29 anos) separa Plinio de Thiago. Essa situação, avalia o aluno com uma ponta de humor afetivo, "faz de Plinio um pouco de pai e amigo, em uma única pessoa". Acrescenta que "ninguém melhor que ele para tratar os clássicos", referindo-se a obras como *Os Sertões* e a *Divina Comédia*. Na avaliação dele, "muitos são os herdeiros de Plinio, numa herança cultural que vai se disseminar por outras gerações".

Impossível concluir este perfil sem falar de um amigo e amante de livros que permanece como fonte de informação e troca de ideias, uma espécie de D. Quixote moderno: Claudio Giordano, de quem Plinio republicou, pela Ateliê, *Tirant lo Blanc*, de Joanot Martorell (1410-1468), em belíssima capa em azul, quase Portinari, com xilogravura, que recebeu o Prêmio Jabuti de melhor tradução em 1998. A obra havia sido publicada pela Editora Giordano, elogiada pela qualidade da tradução e se esgotou rapidamente. *Tirant Lo Blanc*, um clássico da literatura de cavalaria, foi traduzido por Claudio Giordano a partir da edição integral catalã, baseada no texto de 1490, publicado em 1947 pela Editora Selecta, de Barcelona. A obra relata as aventuras do cavaleiro Tirant à época das Cruzadas, registrando sua habilidade com as armas e a ousadia com as mulheres, além do tumulto das batalhas e o espetáculo dos torneios. É uma das obras medievais mais conhecidas da literatura catalã, com influência no romance ocidental, especialmente sobre Miguel de Cervantes.

Giordano estudou em seminário, trabalhou por longo tempo em uma empresa de engenharia e se formou em administração, conta que nunca se identificou com essa área de trabalho e seu interesse foram os livros. Com a perda da esposa, revela que a leitura para ele foi a forma privilegiada de dialogar, para emendar em seguida que o diálogo se transformou em monólogo, "porque quem lê escuta e não fala. O livro é o alimento para a vida espiritual", que ele detalha ser, "não no sentido religioso, mas transcedental".

Quando decidiu formar sua própria editora, Giordano tinha como propósito reeditar obras clássicas. A primeira deveria ser um clássico nacional, seguido de um português, de Camilo Castelo Branco, e um terceiro internacional. Ocorreu, no entanto, que o primeiro volume da coleção foi o *Livro das Bestas*, anterior a 1286, um dos melhores textos de toda a prosa catalã, de Raimundo Lúlio (1232-1316), o mais importante escritor, filósofo, poeta, missionário e teólogo da língua catalã, prolífico também em árabe e latim. Posteriormente, Lúlio inseriu essa obra no *Livro das Maravilhas do Mundo*.

A certa altura, Giordano diz ter se dado conta de que, mais que editar livros raros, o interessante seria encontrá-los, num trabalho paciente, e compor uma biblioteca para evitar a penosa e cara tarefa de edição. A partir de doações e obras compradas com recursos próprios, montou uma biblioteca de quarenta mil exemplares. As dificuldades seguintes foram o espaço e as condições necessárias à preservação do acervo, e então ele optou por uma doação a uma universidade pública. A Unicamp aceitou a oferta e seus livros estão lá.

Plinio, agora, é um dos poucos interlocutores de Giordano. Em especial quando se trata de um livro esgotado, caso de *Uma Viagem em Torno do Meu Quarto*, de Xavier de Maistre (1763-1852), militar francês que integrou as fileiras do exército russo, onde chegou à patente de general. Em um pequeno ensaio, o crítico literário e professor Antonio Candido enxerga em *Memórias Póstumas de Brás Cubas*, "em parte, menor parte que seja", influência de Xavier de Maistre. Machado cita Maistre no prefácio à terceira edição de *Memórias Póstumas*: "Toda essa gente viajou: Xavier de Maistre à roda do quarto, Garrett na terra dele, Sterne na terra dos outros. De *Brás Cubas* se pode talvez dizer que viajou à roda da vida".

Roney Cytrynowicz, historiador e editor, também conhece o percurso de Plinio. "Tenho algumas lembranças e comentários sobre o trabalho dele: o primeiro, o rigor, o conhecimento, a concentração e a dedicação ao trabalho com o texto e com o livro em todas as suas etapas de produção, desde a primeira leitura do original até a revisão das provas de impressão. O trabalho do editor, reforça, e de quem trabalha em uma editora é também solitário, meticuloso, exigente e muitas vezes árido". Diz isso para concluir que Plinio "é um mestre da edição de textos e de livros em todas as suas etapas".

Num segundo comentário, diz lembrar-se muito do Plinio leitor. Ao encontrá-lo, ele está sempre lendo, revisando, editando, e os comentários que faz sobre as leituras são sempre originais, revelando um leitor que mergulha profunda e prazerosamente na leitura. "Para mim", reconhece, "é forte esta associação, em Plinio, entre o prazer da leitura e o rigor formal do trabalho, um junto ao outro".

Um terceiro ponto, reunindo todas as facetas profissionais de Plinio, Cytrynowicz acrescenta que, "ao lado do trabalho de editor, ele sempre pensou o livro em todas as suas etapas de produção, mas também de circulação, distribuição e venda, em livrarias, feiras e em eventos de livros, incluindo o papel dos profissionais da área comercial. A Festa do Livro da USP é um exemplo de sucesso. Esse perfil de Plinio não é absolutamente comum em um setor em que existe muita separação entre o trabalho considerado intelectual, as etapas mais técnicas de produção editorial e a área comercial, enfatiza Cytrynowicz. Plinio reúne conhecimento e interesse pelas três esferas, que são partes do mundo do livro. As editoras, os distribuidores, as livrarias e os leitores se beneficiam desta relação".

"Para Plinio", detalha, "pensar o livro é também pensar como ele vai chegar às mãos do leitor. Daí a preocupação com capas e a identidade de *design* e gráfica das edições, não apenas como trabalho de técnica e arte, mas como verdadeira 'embalagem' do livro, chamariz para o leitor".

Plinio se tornou, também, professor, pesquisador e incentivador de pesquisas sobre a história do livro e da leitura, de que dão prova os incontáveis livros sobre livros que escolhe e edita. Além desses livros, há doze anos, juntamente com Marisa Midori Deaecto, produz a revista *Livro*, uma publicação do NELE – Núcleo de Estudos do Livro e da Edição da USP e da Ateliê Editorial, e também a *Revista BBM*, que traz o resultado de seminários e pesquisas desenvolvidas na Biblioteca Brasiliana Guita e José Mindlin. Tarefas para pensar o lugar do livro na cultura e sua centralidade no mundo moderno, uma questão aparentemente decifrada mas, na realidade, distante dessa situação, como mostra Roberto Calasso (1941-2021), escritor e editor italiano, florentino do mesmo Vale do Arno que inclui Pisa, onde nasceu Galileu.

Em *A Marca do Editor*, Calasso mostra que, em uma época de suposta biblioteca universal digitalizada (na verdade, fragmentária e caótica), o editor tende a ser visto como elo dispensável entre escritor e leitor, o que ele vigorosamente contesta. Para mostrar que as coisas não são assim, recorre ao percurso dos grandes editores europeus e americanos do século passado enquanto ordenadores e separadores do joio e do trigo em relação à literatura. Ele mesmo se vê como membro de uma estirpe de editores como caçadores de "livros únicos", alguém que escreve, com os livros que publica, o melhor livro de todos: seu catálogo que é, ao mesmo tempo, também sua biografia.

14.
**O Jardim
das Delícias**

Sempre imaginei que o Paraíso seria uma espécie de Biblioteca.
JORGE LUIS BORGES

O que foi o espaço de um antigo abrigo para caseiro agora acolhe livros, numa condição que remete ao relato de Alberto Manguel em *A Biblioteca à Noite*, ainda que, neste segundo caso, mais recuada no tempo. Uma rua arborizada, estreita para os padrões convencionais, um labirinto desenhado por uma ocupação recente de áreas que já foram terras de uma fazenda, na Granja Viana, em Cotia. O silêncio, a luz controlada, o ambiente de catedral que uma biblioteca deve ter. E, ainda de Manguel, a frase que resume: "Toda biblioteca é autobiográfica".

Plinio repete as palavras com seu meio sorriso para dizer que sua primeira biblioteca foi especializada em psicologia, a carreira que, inicialmente, pensou em seguir, ao menos até se dar conta de que não seria assim e, então, todos os seus livros foram doados a uma biblioteca dirigida por sua irmã Venilza, em Goiás. Da biblioteca original, além da *Enciclopédia Mirador*, a primeira compra, ainda da época em que morou no porão sem sanitário, só ficaram as obras completas de Freud, edição da Imago, a que ele faz algumas restrições do ponto de vista editorial, mas de que não abriu mão.

A *Mirador* e as obras completas de Freud estão ali, em meio a tudo que veio depois, definindo uma história de vida, protegida do excesso de luz por cortinas que podem ser movimentadas na vertical. E o que veio depois são cerca de 1600 títulos que saíram pela Edusp, mais de setecentos editados pela Perspectiva e pelo menos outros novecentos pela Ateliê, além de outros duzentos pela Com-Arte: 3500 títulos somados. Um privilégio?

Se retomarmos Manguel, no nono capítulo de *A Biblioteca à Noite*, pode ser uma forma de castigo, mas, para compreender essa situação é preciso acompanhar o que diz o atual diretor da Biblioteca Nacional Argentina. Ele descreve que na Catedral de Santa Cecília, em Albi, sul da França, um afresco do final do século xv "figura uma cena do *Juízo Final*. E, sob um pergaminho desenrolado, as almas convocadas marcham rumo ao seu destino, todas despidas e todas carregando solenemente sobre o peito um livro aberto". Nesse desfile, que Manguel compara a "uma tropa de leitores ressurrectos, o *Livro da Vida* foi dividido e republicado como uma série de volumes individuais, abertos como quer o Apocalipse, de modo que os mortos possam ser 'julgados' pelo que está escrito nos livros". A ideia, considera Manguel, permanece: "nossos livros testemunharão contra nós ou a nosso favor, nossos livros refletem quem somos e quem fomos, nossos livros têm nosso quinhão de páginas do *Livro da Vida*. Seremos julgados pelos livros que dizemos nossos. O que faz de uma biblioteca reflexo de seu proprietário". Na avaliação de Manguel: "Não é apenas a seleção de títulos, mas a trama de associações implícita na seleção. Nossa experiência elabora outras experiências, nossa memória elabora outras memórias. Nossos livros dependem de outros livros, que os modificam e enriquecem, que lhes dão cronologia ao arrepio de dicionários de literatura."

Uma única e inseparável história, a da biblioteca e a do seu proprietário, no caso de um editor, uma forma de trindade. E uma trindade mais ampla, por efeito de interações que ampliam essas possibilidades. Na biblioteca de Plinio estão Euclides da Cunha, com *Os Sertões*, a determinação em decifrar a saga do sertanejo, o "jagunço", termo pejorativo com intenção de denotar uma subespécie humana, criatura em suposta degeneração a que ele mesmo, Euclides, inicialmente, observara com reserva. O homem e a terra, uma terra desolada, numa unicidade até então desconhecida. E Joyce, com seu

Finnegans Wake, resultado de fusões de palavras, como obra de metalurgia, criando ligas/ligações novas de inventividade e de onde foi retirada a palavra *quark* para nomear a estrutura básica da matéria no Modelo Padrão da física, com forças e partículas fundamentais. E Dante, com a *Divina Comédia* escrita em toscano no início do século XIV com intenção de síntese enciclopédica do conhecimento.

A Ateliê, editora dirigida por Vera, está ao lado, junto ao depósito de livros cuidadosamente organizado sobre prateleiras metálicas, envoltos em pacotes de papel pardo. Também o depósito, silencioso como a extensão de uma catedral, no passado um antigo galpão invadido por pombos, carente de um telhado, espaço não apropriado para livros, adquirido do geomorfólogo e professor da USP, Aziz Nacib Ab'Saber, que também amava os livros e estimulava bibliotecas públicas com doações pessoais.

Os pacotes de papel pardo envolvem tesouros identificados por códigos remanescentes da época em que Plinio era um recém-chegado, o garoto que, na companhia do irmão, cuidava do estoque editorial da Perspectiva. Ali convivem, no silêncio dos livros, não só Euclides, Dante e Joyce. Euclides, com palavreado hermético até mesmo na língua natal, o "lobrigar" que aparece com frequência, em lugar de "entrever" ou "enxergar com dificuldade", no esforço de desvendar o homem, o enigmático sertanejo, antes que pudesse conhecer sua saga, ligada à terra como uma árvore de raízes móveis. Joyce, em *Finnegans Wake*, exposto em fluxos de consciência, alusões literárias e associações oníricas, além de trocadilhos em múltiplos níveis. A alusão à partícula para formar o átomo que tece toda a matéria: o livro, a biblioteca, o leitor, o ar que se respira, a coruja que pia à noite, o abacate que pende na ponta de um pequeno talo, do abacateiro ao lado. A *Divina Comédia*, de Dante, a fonte da cosmovisão medieval. A viagem do poeta pelo Inferno, Purgatório e Paraíso, ao longo do percurso, o encontro com amigos e inimigos, com figuras públicas com quem ele debate os temas mais diversos. Virgílio, de *Eneida* e seu guia no Inferno. Beatriz, a paixão adolescente do poeta, ele mesmo a personificação do humano. Beatriz, a fé, Virgílio, a razão, no relato da conversão do pecador para um encontro com Deus.

Na Ateliê Editorial, os clássicos começaram com acompanhamento de comentários para ampliação do conhecimento de cada uma das obras por influência direta e sob coordenação de Ivan Teixeira, o amigo de evocação frequente, um Virgílio moderno. Ele foi, como dito, professor de um curso pré-vestibular e os comentários que integravam os clássicos uma espécie de pré-leitura para introduzir jovens estudantes em um novo estágio da vida. De Machado de Assis, fonte de clássicos, saíram *Várias Histórias*, *Quincas Borba*, *Memórias Póstumas de Brás Cubas* e *Dom Casmurro*. O projeto andava bem, até que dois jornais, *Estadão* e *Folha*, fizeram dessas obras uma estratégia para conquistar leitores, vendendo exemplares a preços simbólicos.

A ofensiva dos jornais prejudicou, mas não inviabilizou a iniciativa. Os clássicos, sob a forma de livros de bolso, permanecem. Dante, com tradução e notas do erudito Giovanni (João) Trentino Ziller, que lhe dedicou 25 anos de trabalho, teve uma edição à altura do seu significado e ganhou a companhia das ilustrações de Botticelli, perdidas por séculos, antes de serem encontradas em 1980. A apresentação da obra é de João Adolfo Hansen, professor, crítico literário, pesquisador, ensaísta e historiador de literatura, especialista em literatura colonial brasileira.

A *Divina Comédia* já em sua terceira edição. Quanto a Joyce, Plinio reeditou em um único volume de 832 páginas o que antes saiu em cinco volumes. Em *Finnegans Wake*, Joyce trabalhou dezesseis anos. Outros quatro foram consumidos para a tradução para o português pelo professor da Universidade Federal do Rio Grande do Sul (UFRGS) Donaldo Schüller, em edição com ilustrações de Lena Bergstein. Joyce, relata Plinio, é o autor que, até agora, mereceu a maior atenção da mídia entre os clássicos. Sua edição de *Ulisses* comemorou o centenário da edição original com um tradutor para cada um de seus dezoito capítulos. Italo Calvino, citado por Miguel Sanches Neto em *Herdando uma Biblioteca*, diz que "os clássicos não são lidos por dever ou respeito, mas só por amor".

Não só a biblioteca, mas a Ateliê são, de muitas maneiras, uma continuidade da vida pessoal de Plinio Martins Filho, a autobiografia a que se refere Calasso. Plinio justifica que o fato de não ter tido formação acadêmica fez com que buscasse obras para uma formação autodidata, o que explica a publicação de *O Que é um Livro?*, de João Adolfo Hansen, obra em que o autor convida a uma reflexão sobre os múltiplos significados do livro, "palavra que se converte em ideia e ideia que se materializa em um objeto, numa sequência em que o leitor se dá conta de que ele também integra essa construção". Ou *Uma Nova Proposta Para a Biblioteconomia*, de Luís Milanesi, professor da ECA editado, pela primeira vez, em 1983 com o título de *O Que é Biblioteca*. Ou ainda, *O Design do Livro*, de Richard Hendel, artista gráfico americano; *Livro*, de Michel Melot, bibliotecário e historiador, com prefácio da edição francesa de Régys Debray, filósofo, jornalista, escritor e professor, além de *A Arte Invisível*, um pequeno tesouro que cabe na palma da mão, de autoria do próprio Plinio, incluindo *A Forma do Livro*, conjunto de ensaios do tipógrafo alemão Jan Tschichold. E *Philobiblon, ou o Amigo do Livro,* coleção de ensaios sobre aquisição, preservação e organização de livros, de Richard de Bury (1281-1345), beneditino tutor do príncipe Eduardo de Windsor, um dos primeiros colecionadores de livros na Inglaterra.

Biblioteca pessoal e Ateliê são, certamente, um contínuo inseparável como o espaço-tempo concebido por Einstein. Na Ateliê, entre a edição contemporânea, os clássicos que incluem Joyce, Dante ou Euclides da Cunha. Na Biblioteca, *Gargantua e Pantagruel,* o clássico de Rabelais (1494-1553) expresso em linguagem humorística e por isso mesmo satírica, com doses de crueza e certa violência, talvez pelo fato de seu autor ter sido, ao mesmo tempo, escritor, padre e médico. A obra fez com que censores da Universidade Sorbonne a considerassem "obscena", o que levou a ser tratada com desconfiança a ponto de seus contemporâneos evitarem mencioná-la. Segundo o próprio Rabelais, o "Pantagruelismo", expressão derivada do gigante Pantagruel, estava baseado em "certa alegria de espírito, misturada a desprezo pelas coisas fortuitas". Rabelais, que estudara grego antigo, aplicou esse conhecimento na invenção de palavras e teve, algumas delas, incorporadas ao léxico.

Na biblioteca, com o cuidado que os tesouros exigem, uma edição fac-símile de Manuzio, *Hypnerotomachia PoliphilI* (1493) – um dos livros tipográficos mais belos de todos os tempos, único livro ilustrado de seu catálogo –, ao lado da tradução feita pelo amigo Cláudio Giordano. Além de uma edição raríssima de *Monstrorum Historia* (1652), de Aldrovandi, e um exemplar *Da Famosa Arte de Imprimissão*, de Américo Cortez Pinto – 1948 e um apaixonante fac-símile da *Bíblia de Gutenberg* (1454), ao lado de *Chronicle of the World* (1493), conhecida como *Crônica de Nuremberg*, para se referir à cidade alemã onde foi criada, à época, a obra mais ilustrada de toda a história da edição europeia de livros, com 1600 xilogravuras. Um incunábulo, livro impresso nos primeiros tempos da imprensa com o uso de tipos móveis. Albrecht Dürer (1471-1528), gravador, pintor, ilustrador, matemático e teórico de arte alemão, talvez o mais famoso artista do Renascimento nórdico, trabalhou como aprendiz na elaboração dessas ilustrações.

Ao alcance da mão os vinte e dois *Diccionario Bibliographico Portugues*, de Inocêncio Francisco da Silva, com anotações de Rubens Borba de Moraes, um presente da professora Ana Maria Camargo – verdadeiro acervo de livros de referência para o esclarecimento de biografias, obras e personagens da literatura universal. Já na seção mais particular, obras autografadas, como *Mecenato Pombalino e Poesia Neoclássica*, de Ivan Teixeira, o amigo sempre presente, e *Entre a Literatura e a História*, de Alfredo Bosi (1936-2021). A reconfirmação de Manguel/Calasso de que toda edição/biblioteca é autobiográfica. Uma biografia que, no caso de Plinio Martins Filho, continua sendo escrita, a cada obra e a cada dia. Disso dão testemunho as estantes bem organizadas, nas quais se recolhem, por editora, todos os livros publicados por ele. Da vida presente, na grande mesa, atestando a atividade ininterrupta, empilham-se, em seções distintas, os materiais dos projetos em andamento. Atrás dela, as estantes propriamente de trabalho, que incluem não apenas uma enorme seção de livros sobre livros (boa parte editada por ele), mas coleções de volumes antigos, primores editoriais que servem de inspiração para os livros novos.

O edifício se ergue a pouca distância da casa de Plinio, ao lado de um abacateiro envolto por goiabeiras, bananeiras e outras árvores frutíferas. Flores e folhagens diversas. Vidro e madeira integram-se harmoniosamente no terreno e na paisagem doméstica, na companhia de bancos e poltronas que acolhem o leitor. Ao longo do dia dão acesso, por diversos ângulos, à visão do jardim, que é também pomar. Até o dia em que a histórica inanição de empresas de serviço público fez com que uma árvore de grande porte postada na calçada desabasse sobre a biblioteca e seu tesouro bem guardado. Plinio havia feito repetidos pedidos de corte da árvore em risco de queda, cada um deles negado com as negativas de sempre. A queda previsível um dia ocorreu. Quebrou o silêncio, partiu os vidros e rompeu as cortinas que filtravam a luz, perturbando uma ordem calma, quase religiosa de biblioteca. Até tudo ser reformulado pacientemente, com dependência da imprevisibilidade de marceneiros com quem os projetos combinados costumam ter a consistência de nuvens. Plinio refaz a ordem que foi possível, mas parte dos livros ficou empilhada provisoriamente e, nessa condição, praticamente inacessíveis, como se perdidos nos infinitos desvãos do mundo.

Durante as entrevistas para este livro, Plinio trouxe à mesa de trabalho alguns dos livros que mais estima, além de objetos para ele significativos, ligados a viagens, congressos, exposições. Entre eles, lembrança de um dia especial, uma página que ele mesmo imprimiu na prensa de Gutenberg. Para um turista, um simples objeto de recordação. Para Plinio, compreensivelmente mais que isso: para o editor que dedica sua vida a fazer livros e a ensinar a arte de fazê-los bem, o ato de obter, com as suas mãos, aquela página foi um mergulho profundo na história do livro. O menino que saiu de Pium, crescido em meio à natureza agreste, reproduz o ambiente algo rural, ao lado da maior megalópole nacional. Um espaço quase rural, acompanhado de uma biblioteca, o paraíso de um homem com amor pelos livros. No que foi uma última frase, na captação de memórias para esta biografia, sentado em um banco de madeira, percorrendo com os olhos o espaço do entorno, Plinio Martins Filho parafraseou Cícero para dizer: "A mim, bastam meus livros e meu jardim."

CODA No primeiro semestre de 2022, Plinio retornou às atividades da Edusp, a convite do recém-empossado reitor Carlos Gilberto Carlotti Junior e da vice-reitora Maria Arminda do Nascimento Arruda e de Sergio Miceli, que também reassumiu a presidência da editora. Aceitou de bom grado, disposto a colaborar em nova fase de trabalho das edições universitárias, e declarou satisfeito: "Retorno a um lugar que foi muito importante em minha vida. E o faço com a mesma disposição e entusiasmo. Em certo sentido, sinto que é como retomar um volume que estava sobre a mesa e continuar a leitura do ponto onde a tínhamos deixado". Em seguida, fechou o livro que tinha à sua frente.

Posfácio
Lembranças de
Plinio Martins Filho

RODRIGO LACERDA

Quando vim para São Paulo, em 1991, procurei a Edusp, a Editora da Universidade de São Paulo, com dois objetivos. O primeiro era organizar uma coleção de livros de História, em coedição entre a Nova Fronteira e a Edusp. O segundo era conseguir um emprego.

A Nova Fronteira, com sede no Rio de Janeiro, ainda era uma editora importante na época, e pertencia a ninguém menos que meu pai e meu tio. Eu já trabalhara lá por dois anos, mais ou menos. Havia entrado como revisor, passara a assistente-editorial e, por fim, com a ascensão meteórica típica dos filhos dos donos, chegara a gerente-editorial com apenas vinte anos de idade. Mas saí corrido e/ou correndo da minha cidade natal e da empresa familiar por várias razões: amorosas (estava apaixonado por uma paulista que odiava morar no Rio), educacionais (decepcionado com o curso de História da puc-rj, eu conseguira uma transferência para a usp) e profissionais (queria me provar em outra editora que não a da minha família e, quem sabe um dia, escrever meus próprios livros).

Se a memória não me falha, meu primeiro contato na Edusp foi com o então assessor da presidência, Manuel da Costa Pinto. Eu tinha 22 anos, e ele, hoje um dos mais conhecidos jornalistas culturais do Brasil, uns 25. E foi também o Manuel que, ao saber quais eram minhas atribuições na Nova Fronteira – correspondência com editoras e agentes estrangeiros, recebimento de originais, atendimento aos autores brasileiros –, desmanchou todas as minhas esperanças de realizar meu segundo objetivo, dizendo, com absoluta franqueza e razão: "O único emprego que teria para você aqui é o meu."

Não preciso dizer que ficamos amigos imediatamente. Através dele conheci o então repórter do *Jornal da USP* e hoje poeta e professor de Comunicação, Heitor Ferraz; o professor do Curso de Editoração e então diretor-editorial, Plinio Martins Filho; a historiadora Janice Theodoro e o sociólogo Sergio Miceli; e o então presidente da editora, João Alexandre Barbosa, estudioso do Concretismo e da obra de João Cabral de Melo Neto. Nem todos ao mesmo tempo, claro, mas todos eles são pessoas em quem, apesar dos distanciamentos ao longo dos últimos trinta anos (um dolorosamente mais difícil de reverter), não consigo deixar de pensar senão com carinho, de tão importantes que foram naquele momento decisivo da minha vida.

A sala da presidência da Edusp havia sido a sala da reitoria, e fazia jus a isso. Era longa e espaçosa, toda forrada com lambris de madeira e se abria, por uma longa fileira de janelas corridas, para uma linda vista da Praça do Relógio. Junto à porta de entrada ficavam duas poltronas modernistas e um sofá, compondo uma espécie de sala de reuniões informais; adiante, a mesa do presidente, de linhas sóbrias, mas imponente pelo comprimento, diante dela duas cadeiras. Sentado em uma delas, encarando o professor João Alexandre, fiz o *pitch* da coleção de livros de História. E, para minha sorte, essa ideia encontrou terreno mais fértil que meus interesses empregatícios. Foi então que tive o primeiro aviso da revolução que o João Alexandre, o Plinio e o Manuel estavam fazendo na história do livro universitário no Brasil.

Três anos antes, em 1988, o João e o Plinio haviam começado a mudar o conceito de editora universitária que existia entre nós, e o Manuel aderira à empreitada em 1991. O papel da editora universitária não era financiar os projetos menos lucrativos das empresas privadas; não era servir de guichê de dinheiro fácil, pagando muitas vezes o custo de cada livro, como era a tradição no Brasil, para terminar sem nenhum direito sobre os títulos publicados após a primeira tiragem se esgotar; e não era "testar" autores a serem depois tomados pelas editoras privadas (como a leitura deste livro vai mostrar, até meu tio Sérgio, o outro dono da Nova Fronteira além do meu pai, defendia publicamente, me deixando na maior saia justa para escrever este texto!).

A nova Edusp tinha uma vida intelectual e editorial próprias, beneficiando-se do saber que circulava pela cidade universitária. Ela tinha, além da dotação universitária, uma fonte de renda própria, obtida com a venda de livros próprios e de outras editoras em sua rede de livrarias. E, quando ainda fazia coedições, contrariando os vícios da burocracia estatal, pagava as parceiras privadas em dia, tirando delas a desculpa para os orçamentos majorados.

O João Alexandre era o intelectual que dava respeitabilidade e tração política ao projeto, o Manuel era o assessor habilidoso, inteligente e carismático, apesar de muito jovem, e o Plinio, bem, o Plinio era o lastro propriamente editorial. Se o jargão do ramo fala de "cozinha editorial", ou do "coração de uma editora", digamos que ficava a cargo do Plinio manter as duas coisas funcionando bem. Seus alunos da Escola de Comunicação e Artes eram os editores, revisores, diagramadores e capistas do departamento editorial da Edusp, que, por incrível que pareça, com a editora existindo desde 1962, ele montara em 1988.

A Coleção Nova História nasceu desse meu primeiro contato com a Edusp. Ela teve apenas dois livros, ambos lançados em 1992: *América Barroca: Ensaios e Variações*, da Janice Theodoro, que era também minha professora no curso de História e a mais sorridente e independente intelectual que já conheci, e *A Enxada e a Lança: A África Antes dos Portugueses*, do poeta, diplomata e africanólogo Alberto da Costa e Silva. Um indicado pela Edusp, um pinçado da minha lista inicial, e os custos e trabalhos irmanamente divididos. Mas a Nova Fronteira, sem poder usufruir das velhas benesses das coedições com as universitárias, se desinteressou do projeto...

Aproximadamente três anos depois da negativa cabal de qualquer possibilidade de emprego para mim na Edusp, a vaga de assessor da presidência se abriu. Um novo presidente tomaria posse, o sociólogo Sergio Miceli, e o Manuel, considerando terminada aquela primeira experiência profissional, decidiu se lançar como jornalista e me indicou para o seu lugar. Não sei até hoje o que pesou mais na minha efetivação, se o fato de eu ter o perfil ideal para a vaga, pois já fizera na Nova Fronteira tudo que teria de fazer na Edusp, ou se o fato de o novo presidente e meu pai terem sido amigos na época da faculdade, embora estivessem havia anos sem se ver. Ainda que tenha sido uma combinação das duas coisas, a Edusp foi minha primeira experiência no mercado de trabalho real.

Graças a ela, pude ver de perto o Plínio trabalhar. Ele ia e voltava das aulas, recebia professores, articulava possíveis publicações, orientava seus alunos/funcionários, e sempre que conseguia fechava a porta para sessões de leitura, das quais, em geral, saía com os cabelos em pé, suponho que mais pelo hábito de descansar a testa na palma da mão enquanto lia do que pelo conteúdo dos textos. Quando chegava e saía da editora, eu o via passar com seu característico chapéu de boiadeiro e, sabendo de sua origem rural e humilde, me admirava dos mútuos benefícios que ele e o mundo do livro se trocavam.

Com direito a um intervalo de dez meses, trabalhei na Edusp entre 1994 e 1999, como assessor do Sergio Miceli. Havia tirado o diploma de bacharel pouco antes, e nesse mesmo ano de 1994, num acidente provocado pela Janice Theodoro, que num curso de pós me desafiou a narrar sob forma ficcional o tema da minha imaginada tese de mestrado, escrevi meu primeiro livro: *O Mistério do Leão Rampante*. Eu me diverti tanto ao botar no papel aquela história pseudo-shakespeariana, passada na Inglaterra do século XVI, que tive a audácia de pedir ao Sergio e ao Plinio que dessem uma lida. O primeiro não achou muita graça naquela carnavalização histórica, mas o Plinio, para minha sorte, gostou, e gostou tanto que me fez uma pergunta desconcertante, tão óbvia era a resposta: "Faz tempo que eu penso em abrir uma editora minha, mas não encontrava o livro que me motivasse a levar a ideia adiante. Você gostaria de ser o primeiro autor da minha editora nanica?"

Assim nasceu o outro grande projeto editorial do Plinio, a Ateliê Editorial. É difícil colocar em palavras o impacto desse convite na minha vida. Limito-me a dizer que o amor pelo mundo dos livros ganhou para mim uma nova dimensão, tornando-me o ser híbrido que sou até hoje, escritor e editor. Meu livro teve uma curta apresentação do João Ubaldo Ribeiro, para mim o maior escritor brasileiro de sua geração disparado, que sem a insistência do Plinio eu jamais teria tido coragem de pedir, e os dois prêmios que recebi logo na estreia terminaram de selar meu destino. A Ateliê ainda lançaria outro livro meu, *Tripé*, de 1999, reunindo crônicas, roteiros e contos. Este não teve o mesmo sucesso do primeiro, mas marcou uma guinada importante no meu jeito de escrever.

Quando, ainda em 1999, o segundo mandato do Sergio estava para acabar, a possibilidade de eu ficar sem emprego se colocou de novo e, mais uma vez, o Plinio me ajudou, conseguindo para mim a vaga em uma assessoria do governo estadual. A essa altura ele já era a cara da Edusp dentro e fora da universidade, e a própria Edusp, por sua vez, era um modelo para todas as outras editoras universitárias do Brasil. O Plinio ainda viria a ser seu presidente por muitos anos, mantendo vivo o conceito que passara a encarnar. Como diretor-editorial ou presidente, a excelência dos projetos editoriais desenvolvidos durante sua permanência na Edusp fala por si só. Este livro, mais do que uma biografia, é sobre eles.

Bibliografia

APOLINÁRIO, Juciane Ricarte. "Vivências Escravistas no Norte de Goiás no Século XVIII". In: GIRALDIN, Odair (org.). *A (Trans)formação Histórica do Tocantins*. Goiânia, Editora UFG, 2002.

ARANHA, Eduardo. *Umberto Eco e Jean-Claude Carrière, Conversa sobre o Futuro do Livro*, em http://mundodelivros.com/umberto-eco/ 17 jul., 2017.

ARBUÉS, Margareth P. "A Migração e a Construção de uma (Nova) Identidade Regional: Gurupi (1950-1988)". In: GIRALDIN, Odair (org.). *A (Trans)formação Histórica do Tocantins*. Goiânia, Editora UFG, 2002.

BALZAC, Honoré. *Ilusões Perdidas*. Tradução Rosa Freire Aguiar. São Paulo, Companhia das Letras, 2011.

BANDEIRA, Suelena Pinto. *O Mestre dos Livros, Rubens Borba de Moraes*. Brasília, Briquet de Lemos Livros, 2007.

BERG, A. Scott. *Max Perkins, um Editor de Gênios*. Trad. Regina Lyra. Rio de Janeiro, Intrínseca, 2014.

BERNUCCI, Leopoldo. *Paraíso Suspeito: A Voragem Amazônica*. São Paulo, Edusp, 2019.

BRASILIENSE, Ely. *Pium nos Garimpos de Goiás*. Goiânia, Instituto Centro-Brasileiro de Cultura, 2006. Biblioteca Clássica Goiana.

BURROUGHS, Mitchell. *The Education of an Editor*. New York, Doubleday & Company, Inc. 1980.

Bufrem, Leilah Santiago. *Editoras Universitárias no Brasil*. São Paulo/Curitiba, Edusp/Com-Arte, Editora UFPR, 2001 (Coleção Memória Editorial).

Bury, Richard de. *Philobiblon*. Trad. Marcelo Cid. Ed. bilíngue. Cotia, Ateliê Editorial, 2007.

Calasso, Roberto. *A Marca do Editor*. Trad. Pedro Fonseca. Belo Horizonte/Veneza, Editora Âyiné, 2020.

Coralina, Cora. *Poemas dos Becos de Goiás e Estórias Mais*. São Paulo, Círculo do Livro, s.d.

Câmara Cascudo, Luís da. *Vaqueiros e Cantadores*. Belo Horizonte/São Paulo, Editora Itatiaia/Edusp, 1984.

Campbell, Joseph. *O Herói de Mil Faces*. São Paulo, Pensamento, 1989.

Carrión, Jorge. *Livrarias. Uma História de Leitura e de Leitores*. Rio de Janeiro, Bazar do Tempo, 2018.

Casement, Roger. *Diário da Amazônia*. Mitchell, Agnes (ed.). São Paulo, Edusp, 2016.

Cesari, Severino. *Giulio Einaudi*. Madrid, Trama Editorial, 2009.

Chauvin, Jean Pierre. "O Manual Impecável de Plinio Martins Filho". *Jornal da USP*, 27 abr. 2017.

Deaecto, Marisa Midori. "Plinio Martins Filho, o Editor Perfeito". *Mouro – Revista Marxista*, pp. 254-258, jan. 2017, São Paulo.

_____. & Martins Filho, Plinio (orgs.). *Livros e Universidades*. São Paulo, Com-Arte, 2017.

_____. Ramos Jr., José de Paula & Martins Filho, Plinio. *Paula Brito: Editor. Poeta e Artífice das Letras*. São Paulo, Com-Arte/Edusp, 2010.

Dosse, François. O *Desafio Biográfico – Escrever uma Vida*. Trad. Gilson César Cardoso de Souza. São Paulo, Edusp, 2009.

Eco, Umberto & Carrière, Jean-Claude. *Não Contem com o Fim do Livro*. Trad. André Telles. Rio de Janeiro, Record, 2010.

Echenoz, Jean. *Jerôme Lindon, mí Editor*. Madrid, Trama Editorial, 2009.

Febvre, Lucien & Martin, Henri-Jean. *O Aparecimento do Livro*. Trad. Fulvia M. L. Moretto e Guacira Marcondes Machado. 2. ed. Prefácio de Marisa Midori Deaecto. São Paulo, Edusp, 2017.

Félix, Moacyr (organização, seleção e notas). *Enio Silveira. Arquiteto de Liberdades*. Rio de Janeiro, Bertrand Brasil, 1998.

Feltrinelli, Carlo. *Editor, Aristocrata e Subversivo*. Trad. Rosiana Ghirotti Prado. São Paulo, Conrad Editora, 2006.

Ferreira, Jerusa Pires. Entrevista ao autor, não publicada.

Ferri, Mário Guimarães. *Mário Guimarães Ferri e Sua Obra*. São Paulo, cbl, 1986.

Gaspari, Elio. *A Ditadura Envergonhada*. Rio de Janeiro, Intrínseca, 2014.

Genette, Gérard. *Paratextos Editoriais*. Trad. Álvaro Faleiros. Cotia (sp), Ateliê Editorial, 2009 (Artes do Livro 7).

Giraldin, Odair (org.). *A (Trans)formação Histórica do Tocantins*. Goiânia, Editora ufg, 2002.

Gonçalves, Agnaldo J. *Do Autor ao Leitor*. Cotia, Ateliê Editorial, 2022.

Gorki, Máximo. *A Mãe*. Rio de Janeiro.

Guinsburg, J. *O Que Aconteceu, Aconteceu*. Cotia, Ateliê Editorial, 2001.

_____. *Editando o Editor* 1. São Paulo, Com-Arte/Edusp, 1989.

Hallewell, Laurence. *O Livro no Brasil. Sua História*. 2. ed. São Paulo, Edusp, 2012.

Handel, Richard. *O Design de Letras*. Trad. Geraldo Gerson de Souza e Lucio Manfredi. São Paulo, Ateliê Editorial, 2003 (Artes do Livro 1).

Hansen, João Adolfo. *O Que É um Livro*. Cotia/São Paulo, Ateliê Editorial/Edições Sesc-sp, 2020 (Coleção Bibliofilia 1).

Hartt, Charles Frederik. *Os Mitos Amazônicos da Tartaruga*. Trad. Luís da Câmara Cascudo. São Paulo, Perspectiva, 1988.

Hosseini, Khaled. *O Caçador de Pipas*. Trad. Maria Helena Rouanet. Rio de Janeiro, Nova Fronteira, 2005.

Karasch, Mary. "As Mulheres do Norte da Capitania de Goiás: 1789 -1832". *In:* Giraldin, Odair (org.). *A (Trans)formação Histórica do Tocantins*. Goiânia, Editora ufg, 2002.

Keller, Helen. *The Story of My Life*. London, MacMillan, 1964.

Machado, Antonio Filho da Silva. "Poder Público *versus* Poder Privado: Coronelismo na Primeira Metade do Século xx no Tocantins". *In:* Giraldin, Odair (org.). *A (Trans)formação Histórica do Tocantins*. Goiânia, Editora ufg, 2002.

Machado, Ubiratan. "Escritores e Publicidade – Das Origens da Publicidade no Brasil à Década de 1970". *Livro 7/8*. São Paulo, Núcleo de Estudos do Livro e da Edição / Ateliê Editorial, 2019.

_____. *História das Livrarias Cariocas*. São Paulo, Edusp, 2012.

Maia, Virgílio. *Rudes Brasões. Ferro e Fogo das Marcas Avoengas*. Cotia, Ateliê Editorial, 2004.

Manuzio, Aldo. *Editor, Tipógrafo, Livreiro*. Cotia-sp, Ateliê Editorial, 2000 (Artes do Livro, 3).

Manguel, Alberto. *A Biblioteca à Noite*. Trad. Samuel Titan Jr. São Paulo, Companhia das Letras, 2006.

MARTINS FILHO, Plinio. *A Arte Invisível*. Cotia, Ateliê Editorial, 2003 (Artes do Livro 3).

_____. *Manual de Editoração e Estilo*. Campinas/São Paulo/Belo Horizonte, Editora da Unicamp/Edusp/Editora da UFMG, 2016.

_____. & ROLLEMBERG, Marcello. *Edusp – Um Projeto Editorial*. Cotia/São Paulo, Ateliê Editorial/Imprensa Oficial do Estado de São Paulo, 2001.

MASCHLER, Tom. *Editor*. Madrid, Trama Editorial, 2009.

MITCHELL, Burroughs. *The Education of an Editor*. New York, Doubleday, 1980.

MORAES, Rubens Borba de. *O Bibliófilo Aprendiz*. São Paulo, Publicações BBM, 2019.

ORTEGA Y GASSET, José. *A Rebelião das Massas*. 4. ed. São Paulo, Editora Martins Fontes, 2019.

PIRES, Paulo Roberto. *A Marca do Z. A Vida e os Tempos do Editor Jorge Zahar*. Rio de Janeiro, Zahar, 2017.

RETRATOS da Leitura, 2011.

SANCHES NETO, Miguel. *Herdando uma Biblioteca*. 2. ed. Cotia, Ateliê Editorial, 2020.

SATUÉ, Enric. *Aldo Manuzio: Editor. Tipógrafo. Livreiro*. Trad. Cláudio Giordano. Cotia, Ateliê Editorial, 2004 (Artes do Livro 4).

SCHIFFRIN, André. *O Dinheiro e as Palavras*. Trad. Celso Mauro Paciornik. São Paulo, Editora Beí, 2011.

SCHOPENHAUER, A. "Sobre Leitura e Livros". *A Arte de Escrever*. Porto Alegre, L&PM, 2013.

TSCHICHOLD, Jan. *A Forma do Livro. Ensaio sobre Tipografia e Estética do Livro*. Introdução Robert Bringhurst. Tradução José Laurêncio de Melo. Cotia (SP), Ateliê Editorial, 2007 (Artes do Livro 5).

VENTURA, Zuenir. *1968 – O Ano que Não Terminou*. São Paulo, Companhia das Letras, 2018.

VILLAÇA, Antônio Carlos. *José Olympio, o Descobridor de Escritores*. Rio de Janeiro, Thex Editora, 2001.

WATERS, Lindsay. *Inimigos da Esperança. Publicar, Perecer e o Eclipse da Erudição*. São Paulo, Editora Unesp, 2006.

WOLFF, Kurt. "A Aventura de Publicar". *Memórias de um Editor*. Trad. Érika Nogueira Vieira. Belo Horizonte/Veneza, Editora Âyiné, 2018.

Índice

Constam deste índice nomes de pessoas, editoras, livrarias e bibliotecas citadas.

AB'SABER, Aziz Nacib **285**, **315**

ABREU, Casimiro de **220**

ABREU, Décio **245**

ABRIL, Editora **120**, **249**

ACADÊMICA, Livraria **230**

AFFLALO, Maria da Glória **180**

AGRA, José Gonçalves **228**

AGUILAR, José **248**

AIDAR, Orlando **148**

AIZEN, Adolfo **250**

A. J. RIBEIRO DOS SANTOS, Editora **228**

ALBUQUERQUE, Medeiros de **174**

ALENCAR, José de **220**, **243**

ALFONSÍN, Raúl **159**

ALIGHIERI, Dante **315**, **316**, **317**

ALMEIDA, Lúcia Machado de **282**

ALMEIDA, Manuel Antônio de **221**, **243**

ALVES, Castro **243**

ALVES, Francisco **229**

ALVES, Márcio Moreira **133**

ALVES, Nicolau Antônio **229**

ALVES, Serafim José **228**

AMADEO, Ricardo **284**

AMADO, Jorge **239**, **243**

AMARAL, Aracy **123**

AMERICANA, Livraria **239**

ANCHIETA, José de **11**, **52**

ANDERSEN, Hans Christian **228**

ANDERSON, Margareth Caroline **196**

ANDRADE, Antônio Gomes Freire de, Conde de Bobadela **225**

ANDRADE, Mário de **173**

ANDRE DEUTSCH, Editora **207-208**

ANGELO, Sueli **172**

AN-SKI, Sch. **121**

ANTÔNIO, João **251**

Antunes, Cristina 222
Ao Livro Vermelho, Livraria 227
Araújo, Vicente de Paula 108
Arêas, Vilma 265
Arlequim, Editora 246
Arrigucci Jr., Davi 123
Arruda, Maria Arminda do Nascimento 15, 321
Ars Poetica, Editora 252, 281
Assis, Joaquim Maria Machado de 152, 220, 221, 223-224, 233, 293, 309, 316
Assis, Ricardo 279
Ateliê Editorial 15, 118, 119, 184, 221, 228, 241, 252, 263, 264, 276--280, 283-286, 297, 304-305, 308, 311, 314-317, 327
Ática, Editora 277, 282, 302
Avancini, Atílio 172
Ayala, Francisco 156
Âyiné, Editora 194
Azevedo, Aluísio 174
Azevedo, Artur 174

Bachelard, Gaston 247
Balzac, Honoré de 229, 270
Bandeira, Manuel 239, 248
Baran, Paul A. 246
Barbosa, Ana Mae Tavares Bastos 126
Barbosa, Balduíno 115
Barbosa, João Alexandre 13, 123, 127, 129, 135-140, 149, 151, 155-159, 161-164, 168, 171, 175-178, 255, 261, 288, 289, 298, 301, 324, 325
Barnes & Noble, Livraria 271

Barros, Adhemar de 91
Barros, Manoel de 295
Barros, Venuza Martins [irmã] 53, 60, 63, 80, 95, 102
Barroso, Gustavo 229
Barzini, Luigi 209
Baumstein, Moysés 242
bcd União de Editoras 227
Beach, Sylvia 193
Becker, Cacilda 121
Bedran, Bia 248
Berger, Andrew Scott 267
Bergson, Henri 21
Bergstein, Lena 316
Bernacle, Nora 184
Bernucci, Leopoldo 71, 228
Bertrand Brasil, Editora 227, 246
BestBolso, Editora 246
Best Business, Editora 246
BestSeller, Editora 246
Biblioteca Brasiliana Guita e José Mindlin 213, 222, 240, 251, 258, 264, 289, 292-293, 307, 311
Biblioteca de Alexandria 200
Biblioteca Mário de Andrade (Biblioteca Municipal de São Paulo) 236
Biblioteca Nacional Argentina 314
Biblioteca Real de Portugal 225
Boca de Vaca 44
Boca Mole 44
Bolognani, Mikiko Matsumoto 281
Bolognani, Vera Lúcia Belluzzo 118, 252, 276, 281, 283, 285, 315

BONAPARTE, Napoleão **20**, **219**

BORGES, Jorge Luis **198**, **265**, **277**, **313**

BORGES, José Bernardes (Juquinha) **93-94**, **110**

BORZANI, Walter **148**

BOSI, Alfredo **202**, **318**

BOSWELL, James **133-134**

BOTTICELLI, Sandro **316**

BOURDIEU, Pierre **98**, **157**

BOUVIER, Jean Charles **220**, **227**

BRADBURY, Ray Douglas **106**, **287**

BRAGA, Carmen Maria **110**

BRAGA, Joaquim Carlos Almeida (Neto) **85-86**, **88-92**

BRAGA, José Otávio de Almeida **88**

BRAGA, Juca **63**, **76**

BRAGA, Romário Martins **46**, **47**

BRASILIENSE, Editora **121**, **158**, **235**, **250**

BRASILIENSE, Livraria **235**

BRIGUIET, Editora **138**

BRIGUIET-GARNIER, Editora **227**

BRITO, Francisco de Paula **220-224**, **226**, **230**, **251**

BRITO, João Batista de **277**

BRITO, Moisés **84**

BRIZOLA, Leonel **154**, **245**

BROD, Max **192**, **194**

BUENO, Luís **301**

BUKOWSKI, Charles **99**

BURTON, Richard **21**

BURY, Richard de **317**

BUTI, Marco **172**

BUZAID, Alfredo **133**

BUZZATI, Dino **248**

CAIADO, Família **94**

CALASSO, Roberto **311**, **317**

CALÇA PRETA **44**

CALIXTO, Benedito **11**

CALLADO, Antônio **244**

CALVINO, Italo **316**

CALZAVARA, Ana **172**

CAMARGO E ALMEIDA, Paulo de **145**, **148**, **153**

CAMBRIDGE UNIVERSITY PRESS **140**

CAMPBELL, Joseph **192**, **282**

CAMPOS, Augusto de **123**, **158**

CAMPOS, Haroldo de **98**, **123**, **242**

CANDIDO, Antonio **120**, **123**, **151**, **158**, **242**, **309**

CAPE, Herbert Jonathan **206**

CARDOSO, Fernando Henrique **247**

CARLOS RIBEIRO, Livraria **228**

CARLOTTI JUNIOR, Carlos Gilberto **15**, **321**

CARNEIRO, Antônio Gertum **249**

CARNEIRO, Jorge **249**

CARNEIRO, José **138**, **149**, **158**, **159**, **179**

CARNEIRO, Mário de Sá **302**

CARRIÈRE, Jean-Claude **270**

CASA GARRAUX, Livraria **226**, **230**

CASCUDO, Luís da Câmara **50-51**, **52**, **61**, **63**, **94**, **104**

CASEMENT, Roger **71**

CASTELO BRANCO, Camilo **309**

CASTELO BRANCO, Humberto **245**

Castilho, Antônio Joaquim 228-229
Castro, Fidel 210
Catarina de Siena 218
Cavalcanti, Jayme 146
Cavalheiro, Edgard 242
Cederna, Camilla 211
Cela, Camilo José 246
Cervantes, Miguel de 309
Chacel, Rosa 156
Charles Scribner's Sons, Editora 195, 269
Chatwin, Charles Bruce 207
Chauvin, Jean Pierre 261
Chomsky, Noam 247
Chou En-Lai 257
Christie, Agatha 248
Chuc, Paulo Vassily 295
Cícero, Marco Túlio 200, 319
Cintra, Antônio Barros de Ulhoa 144
Cipis, Marcelo 172
Civilização Brasileira, Editora 156, 227, 229, 240, 242-246
Civita, Cesar 249
Civita, Victor 249
Clássica, Livraria 229
Coelho Neto 233
Coelho Neto, Trajano 75
Coelho Netto, José Teixeira 126
Colben, Andreas 234
Colombo, Cristóvão 218
Colombo, Fernando 218-219
Com-Arte, Editora 13, 14, 122, 173, 189, 221, 262, 264, 284, 291-292, 308, 314

Companhia Editora Nacional 145, 156, 230, 233, 235, 244, 245, 249
Companhia das Letras, Editora 250
Conrad, Joseph 206
Conti, José Bueno 172
Copeland, Charles Townsend 267
Cora Coralina 80-81, 83
Cortázar, Julio 198
Cosac Naify, Editora 250
Costa, Elízio Martins da [irmão] 53, 54, 57, 70
Costa, Joan 179
Costa, Lúcio 137
Costa, Luís Edmundo da 229
Costa, Olívio Martins [irmão] 53, 69-70, 89, 95-96, 108, 109, 110, 113
Costa, Raimundo Martins da [irmão] 53, 58, 60, 62, 63, 68
Costa, Silvio Martins da [irmão] 53, 63, 78
Costa, Venilza Martins da [irmã] 53, 60, 63, 64, 76, 80, 313
Costa e Silva, Alberto da 325
Costa e Silva, Artur da 131, 132, 245
Coutinho, João Batista de Sousa, Barão de Catas Altas 228
Couto e Silva, Golbery do 132
Creolino 115
Crouzet, Maurice 120
Cu Quebrado 44
Cultrix, Editora 120
Cultura, Livraria 271
Cunha, Antônio Brito da 145, 153

Cunha, Euclides da 21, 228, 239, 314-315, 317
Cunha, Luiz Antônio Brito da 148
Cytrynowicz, Roney 310

Danowski, Sulamita 180
Davidson, Donald 184
Deaecto, Marisa Midori 189, 201, 255, 311
Debray, Régis 210, 317
Debret, Jean-Baptiste 152
Derrida, Jacques 98, 184
Descartes 120
Deutsch, Andre 207-208
Dias, Cândido Lima da Silva 148
Dias, Gonçalves 220, 221
Diderot, Denis 120
Didot, Firmin, Irmãos 226
Difel – Difusão Europeia do Livro, Editora 113, 120, 227, 238, 242, 246
Disney, Editora 249
Disney, Walt 250
Dobb, Maurice 246
Döblin, Alfred 194
Döblin, Erich 194
Domingo 21, 44
Domingues, Heron 236
Dona Maria do Plínio *ver* Oliveira, Maria da Costa
Dona Nini 79
Dosse, François 19-20, 133
Dostoievski 229
Drugulin, Oficina Tipográfica 195, 197

Dürer, Albrecht 318

Ebal – Editora Brasil-América Latina 250
Eco, Umberto 116, 153, 152, 270
Edgard Blücher, Editora 135
Ediouro, Editora 245, 248-249
Editora da Unicamp – Universidade Estadual de Campinas 255, 263, 294, 300, 301
Editora do Brasil 235
Editora ufmg – Universidade Federal de Minas Gerais 255, 266, 301
Editora ufpr – Universidade Federal do Paraná 300-301
Editora unb – Universidade de Brasília 136, 176
Editora unesp – Universidade Estadual Paulista 301
Eduardo de Windsor 317
Eduel – Editora da Universidade Estadual de Londrina 301
Edusp – Editora da Universidade de São Paulo 13, 14, 15, 22, 71, 107, 116, 118, 121, 129, 134-141, 143-164, 167-188, 204, 221, 225, 237, 241, 247, 255, 261, 263, 264, 266, 276, 288-289, 291-294, 297, 298, 300, 301, 304-307, 314, 321, 323, 324-327
Einaudi, Editora 210
Einstein, Albert 21, 113, 161, 317
Elomar 94
Eluf, Lygia 172
Emerson, Ralph Waldo 243

Empresa Tipográfica Dous de Dezembro 223
Engels, Friedrich 111, 210
epu – Editora Pedagógica e Universitária 135
Espina, Antonio 156
Eulálio, Alexandre 265
Evarts, William Maxwell *ver* Perkins, Max

Faria, Juvenal Lamartine 74
Faulkner, William 246, 250
Fausto, Boris 172
Favaretto, Celso 170, 277
Félix, Wadi 291
Feltrinelli, Carlo 209
Feltrinelli, Gianna Elisa Gianzana 209
Feltrinelli, Giancarlo Giangiacomo 209-211
Fernandes, Nanci 121, 122
Fernandes de Sousa, Livraria 230
Ferraz, Heitor 278, 324
Ferreira, Jerusa Pires 123, 128-129, 173, 261-262
Ferreira, Octalles Marcondes 156, 230, 233, *234-235*, 242, 244
Ferri, Mário Guimarães 137, 138, 147, 155
Fitzgerald, F. Scott 23, 195, 239, 241, 267
Fleury Filho, Luiz Antônio 130
Florence, Hercule 226
Fonseca, Antônio Isidoro da 225
Fontes, Alexandre Martins 243

Fontes, José Martins 23, 243
Forattini, Oswaldo Paulo 158-159
Fowles, John 207
Fradinho 110
França, Arlindo 45
França, Francisco Maciel Borges 44-48, 54, 61
France, Anatole 229
Franchetti, Paulo 262-265, 294, 297-302
Francisco Alves, Livraria e Editora 228-230, 235
Francisco de Assis, São 218
Freud, Anna 111
Freud, Sigmund 104, 111, 247, 313
Freyre, Gilberto 152
Friaça, Amâncio 178
Fromm, Erich 111, 247
Fuentes, Carlos 198
Fuller, Thomas 191

Gabriela, Eugênia 172
Galbraith, John Kenneth 246
Galera Record, Editora 246
Galerinha Record, Editora 246
Galilei, Galileu 311
Gallo, Max 19, 20
Gama, Basílio da 220
Gama e Silva, Luiz Antônio da 130-133, 136, 137, 139, 147
García Márquez, Gabriel 198, 206, 207, 246
Garnett, Edward 206, 208
Garnier, Livraria e Editora 138, 227, 229, 233

Garnier, Baptiste Louis **230**
Garraux, Anatole Louis **230**
Gaspari, Elio **132**
Geisel, Ernesto Beckmann **132**
Gertum Carneiro, Editora **249**
Giangiacomo Feltrinelli Editore **209-210**
Giles, Herbert **257**
Giordano, Editora **308**
Giordano, Claudio **277, 308-309, 318**
Globo, Editora **238, 242**
Globo, Livraria **238**
Goldemberg, José **129-130, 135, 136, 139, 159, 161, 176-177, 288**
Gomes, Mayra Rodrigues **266**
Gomes, Paulo Emílio Sales **123, 242**
Gómez de la Serna, Ramón **156**
Gonzaga, Luiz **72**
Górki, Máximo **74**
Grass, Günter **246, 248**
Gravesnes, Livraria **230**
Grimm, Jacob **228**
Grimm, Wilhelm **228**
Groddeck, Georg **11**
Guevara, Ernesto Che **210**
Guimarães, José Celso de la Rocque Macial Soares **230**
Guimarães, Manuel Ferreira de Araújo **219**
Guimarães, Ulysses **132**
Guinle, Família **131**
Guinsburg, Jacó **14, 23, 110, 112, 114, 115, 116, 118-120, 122-123, 125-128, 138, 140, 156, 169-170, 192, 197, 203, 208, 213, 236-238, 240, 242, 245, 251, 258-259, 261-262, 303**
Guinsburg, Gita K. **123, 252**
Gutenberg, Johannes **105, 199, 200, 216, 218-219, 288, 318, 319**

Habermas, Jürgen **247**
Hallewell, Laurence **224, 225, 226, 228, 229, 234**
Hansen, João Adolfo **316, 317**
Hartt, Charles Frederik **104**
Harvard University Press **286, 287**
Hasenclever, Walter **195**
Hauy, Amini Boainain **172**
Heap, Jane **196**
Heilbroner, Robert **246**
Heller, Joseph **207**
Hemingway, Ernest **23, 195, 207, 239, 241, 246, 250, 267**
Hendel, Richard **317**
Heráclito de Éfeso **50**
Herder, Editora **135**
Hesse, Herman **246**
Higonnet, René Alphonse **107**
Hitler, Adolf **206**
Hjelmslev, Louis **98**
Holanda, João de **51**
Holanda, Sérgio Buarque de **114, 152**
Holland, Merlin **184**
Hollanda, Lourival **170**
Homero **269**
Hosseini, Khaled **99**
Houaiss, Antônio **244**

HOWARD, Wren **206**
HUBERMAN, Leo **246**
HUSSERL, Edmund **156**

IMPRENSA NACIONAL **223**
IMPRENSA OFICIAL DO ESTADO DE SÃO PAULO **14, 305**
IMPRESSÃO RÉGIA **219-220, 225-226**
ITATIAIA, Editora **135, 138, 149, 151, 163**

JATENCO-PEREIRA, Vera **178-179**
JESUS CRISTO **65, 234, 289**
JOÃO DA EMA **44**
JOÃO PAULO II **110**
JOÃO VI, d. **225**
JOHNSON, Samuel **134**
JONATHAN CAPE, Editora **206**
JORGE ZAHAR, Editora ver Zahar
JOSÉ OLYMPIO, Editora **138, 156, 239-242, 244, 246**
JOYCE, James **184, 193, 196, 206, 208, 244, 314, 315, 316, 317**
JOYCE, Lucia **184**
JOYCE, Stephan **184**
JUNG, Carl Gustav **111, 247**
JUQUINHA *ver* BORGES, José Bernardes

KAFKA, Franz **23, 192, 194-195**
KAHN, Máximo José **156**
KELLER, Helen **267**
KLEIN, Melanie **111, 247**
KLETT, Editora **135**
KNAPP, Franziska **135**

KNAPP, Wolfgang **135**
KRASILCHIK, Myriam **172**
KUBITSCHEK, Juscelino **132**
KUHN, Thomas **116**
KUNDERA, Milan **153**
KURT WOLFF VERLAG, Editora **193, 195**

LACAN, Jacques **247**
LACAZ, Carlos da Silva **148, 158-159**
LACERDA, Carlos **132, 153, 156, 248**
LACERDA, Rodrigo **276, 277, 280**
LACERDA, Sérgio **153, 325**
LAEMMERT, Livraria e Editora **227--228, 229**
LAEMMERT, Eduard **227**
LAEMMERT, Henrich **227**
LAFER, Celso **123**
LAING, Ronald **247**
LAMPEDUSA, Tomasi di **210**
LANGSDORFF, Barão Georg Heinrich von **226**
LAURENTI, Ruy **178**
LÁZARO, São **65**
LEAL, Carlos **230**
LEDESMA RAMOS, Ramiro **156**
LEITE RIBEIRO, Livraria Editora **174**
LELO & IRMÃO, Editora **233**
LESSA, Orígenes **239**
LESSING, Doris **207**
LEUZINGER, George **227**
LOBATO, Edgard Monteiro **236**
LOBATO, Guilherme Monteiro **236**
LOBATO, Livraria **237**

LOBATO, Monteiro **15**, **23**, **145**, **156**, **233-237**, **239**, **242**, **244**
LOBO E SILVA FILHO, Roberto Leal **129**, **288**
LOMBAERTS, Henri Gustave **227**
LOMBAERTS, Jean-Baptiste **227**
LUÍS COBRA VÉIA **68**
LUÍS MEIA-NOITE **44**
LUÍS, Washington **131**
LÚLIO, Raimundo **309**
LUTERO, Martinho **114**, **200**

MACEDO, Joaquim Manuel de **221**, **227**
MACHADO, Alfredo **156**, **245**
MACHADO, Ana Maria **248**
MACHADO, Duda **161**, **164**
MACHADO, Maria Clara **171**
MAGALDI, Sábato **120-122**, **242**
MAGALHÃES, Gonçalves de **220**
MAIA NETO, João Cândido de **245**
MAIA, Virgílio **67**
MAISTRE, Xavier de **309-310**
MALFATTI, Anita **243**
MANDELL, Mary **167**
MANGUEL, Alberto **313**, **314**, **318**
MANN, Thomas **248**
MANNHEIM, Karl **247**
MANNHEIMER, Fritz Israel **249**
MANUZIO, Aldo **7**, **14**, **15**, **218-219**, **220-221**, **318**
MAO TSÉ-TUNG **111**, **257**
MARCIANO, Eduardo **244**
MARCOVITCH, Jacques **288**, **292**
MARCUSE, Herbert **247**

MARINGELI, Francisco **172**
MARINHO, Família **238**
MARQUES, Altino Arantes **239**
MARQUÊS DE PARANÁ, Honório Hermeto Carneiro Leão **222**
MARQUÊS DE POMBAL, Sebastião José de Carvalho Melo **22**, **51-52**
MARTIN, Paul **225**
MARTIN BOSSANGE, Livraria **227**
MARTIN FILHO, Paulo **225-226**
MARTINELLI, Nestor **115**
MARTINS, Editora **138**, **151**, **242-243**
MARTINS, Cláudio **248**
MARTINS, Gustavo Bolognani **73**, **94**, **278**, **280-283**
MARTINS, Jerônimo **115**
MARTINS, José de Barros **242-243**
MARTINS, José de Souza **172**
MARTINS, Tomás Bolognani **73**, **278-280**, **282**
MARTINS FONTES, Editora **243**
MARTINS FONTES, Livraria **243**
MARTORELL, Joanot **308**
MARX, Karl **111**, **210**
MASCARENHAS, Ubiratan **252**
MASCHLER, Tom **206-208**
MATIAS, Simão **148**
MATOS, José de **229**
MATTA, Roberto da **247**
MATTOS, Orlando **240**
MAUROIS, André **20**
MAYER, Joseph **246**
MCEWAN, Ian **206**
MÉDICI, Emílio Garrastazu **132**, **133**

MEGALE, Heitor **277**

MEIRELES, Cecília **248**

MELFI, Adolpho José **288**

MELHORAMENTOS, Editora **230**, **281**

MELLO, Fernando Collor de **130**

MELO NETO, João Cabral de **248**, **324**

MELO, José Marques de **266**

MELLO, Roger **248**

MELOT, Michel **317**

MENUCCI, Lelia **172**

MERGENTHALER, Ottmar **105**

MESLIER, Jean **22**

MESTRE VALENTIM, Valentim da Fonseca e Silva **223**

MICELI, Sergio **15**, **123**, **154**, **156-158**, **170-171**, **178**, **246**, **247**, **261**, **288**, **321**, **324**, **326**, **327**

MILANESI, Luís **317**

MILLS, Charles Wright **246**

MINDLIN, Diana **295**

MINDLIN, José **123**, **158**, **289**

MIQUEL I PLANAS, Ramón **219**

MIRANDA, Veiga **174**

MIRANDA, Wander Melo **264**, **266**

MIRANDOLA, Giovanni Pico della **219**

MITCHELL, Burroughs **195-196**, **198--200**, **209**

MITCHELL, Edward Page **195**

MIYASHIRO, Alice Kyoko **110**

MONDADORI, Editora **210**, **249**

MONTAIGNE, Michel de **243**

MONTEIRO LOBATO & CIA., Companhia Graphico Editora Monteiro Lobato **156**, **174**, **234**, **235**

MONTELLO, Josué **248**

MORAES, Abrahão de **148**

MORAES, Flávio Fava de **171**, **288**

MORAES, Rubens Borba de **220**, **223**, **225**, **318**

MORAES, Vinicius de **222**

MORAIS FILHO **222**

MORANGE IRMÃOS, Oficina de Encadernação **220**

MOREIRA, Pedro Paulo **138**

MORRIS, William **14**

MOYROUD, Louis Marius **107**

MUNTHE, Axel **23**, **193**

MUSSOLINI, Benito **20**, **209**

NAPOLEÃO III **151**

NARDIN, Ermelindo **172**

NAVA, Pedro **153**

NAVAS, Adolfo Montejo **19**

NAZARÉ **110**

NERUDA, Pablo **246**

NEVES, Arthur **235**

NEVES, Júlia **113**

NIEMEYER, Oscar **137**

NOVA AGUILAR, Editora **248**

NOVA ERA, Editora **246**

NOVA FRONTEIRA, Editora **153**, **156**, **248**, **323-326**

NUNES, Afonso **276-277**

OBJETIVA, Editora **250**

OFFICINA DE SILVA PORTO E COMPANHIA, Oficina Tipográfica **226**

Oficina do Livro, Editora **277**
Ogier, René **223**
Oiticica, Hélio **170**
Oiticica, José **170**
Oliveira, Ariovaldo Umbelino **172**
Oliveira, Hélio Lourenço de **130**
Oliveira, Maria da Costa [mãe] **12, 46, 53, 55, 56, 61, 63, 65, 68, 73, 74, 76, 77, 78, 80-81**
Oliveira, Plinio Martins de [pai] **11, 12, 21, 45, 47, 49, 50-51, 53-55, 56, 59, 61-62, 63, 65, 68-70, 72, 87, 222, 262**
Oliveiraw, Rui de **248**
Oliveira, Sérgio Mascarenhas de **148**
Olympio, José **15, 23, 156, 230, 239--241, 244, 251**
Ortega y Gasset, José **78, 134, 155**
Orthof, Sylvia **248**
Ortiz, Carlos **237**
Ortiz, Edgard **237**
Osvaldão **76**
Oxford University Press **140, 275**

Pacheco, Rondon **132**
Padre Alfredo **108**
Padre Damião **108**
Paes, José Paulo **120**
Paiva, Tancredo **229**
Paixão, Fernando **302-305**
Pantheon Books, Editora **192**
Parra, Nicanor **198**
Passos, Francisco Franco Pereira **227**
Pasternak, Boris **210**

Paula, Eurípedes Simões de **126, 148**
Pavan, Crodowaldo **145, 148**
Paz e Terra, Editora **246**
Pedro I, D. **152**
Pedro II, D. **223**
Pedro, São **108**
Peixoto, Afrânio **229**
Pena, Martins **220**
Penguin Books, Editora **250**
Pereira Filho, José Olympio *ver* Olympio, José
Perkins, Max **14, 23, 195, 239, 241, 267, 269, 270**
Perspectiva, Editora **14, 95- 98, 104--105, 106-107, 109, 110, 112-114, 116, 118-123, 126, 128-129, 138, 139, 140, 156, 168, 195, 237, 238, 242, 252, 258, 261, 276, 278, 283, 285, 294, 303-304, 307, 314, 315**
Piaget, Jean **247**
Pierce, Charles Sanders **98**
Pino, Elizabeth dal **178**
Pinto, Américo Cortez **318**
Pinto, Manuel da Costa **164, 323**
Piqueira, Gustavo **293**
Polígono, Editora **110, 120**
Plancher, Pierre **226**
Platão **120**
Pocai, Elvino **306**
Pomar, Júlio **277**
Pompeia, Raul **229**
Portinari, Candido **171, 308**
Porto, Manuel Joaquim da Silva **226**
Porto-Alegre, Manuel de Araújo **221**

Porzsolt, Eugene **107**
Pound, Ezra **248**
Prado, Caio Graco **158**
Prado Jr., Caio **152**
Prado, Décio de Almeida **123**
Prestes, Luís Carlos **120**
Progresso, Editora **111**
Proust, Marcel **21, 43, 65**
Publicações bbm, Editora **264, 292**
Publicações Pan-Americanas, Editora **249**
Puntel, Luiz **282**

Quadros, Jânio **90**
Quaresma, Editora Livraria **228-229**
Queirós, Eça de **57, 277, 297**
Queiroz, Rachel de **239, 241**

Rabelais, François **317**
Rabelo, Laurindo **221**
Ralph, Joseph **239**
Ramos Jr., José de Paula **189, 260**
Ramos, Graciliano **114, 170, 239, 264, 266, 308**
Rampa, Editora **120, 236-238**
Rappoport, Shloyme Zanyl *ver* An-Ski, Sch.
Raw, Isaías **145, 148, 172**
Reale, Miguel **148**
Rebelo, Marques **248**
Record, Editora **156, 227, 240, 243, 245, 246, 249**
Rego, José Lins do **239**
Reich, Wilhelm **111**

Reid, Whitelaw **105**
Reis, Lineu B. dos **179**
Reis, Nestor Goulart **123**
Rey, Marcos **282**
Ribeiro, Carlos **228**
Ribeiro, Darcy **137**
Ribeiro, João Ubaldo **153, 248, 327**
Ribeyrolles, Charles **151**
Roberto Carlos **94**
Robespierre **20**
Rocha, Frei Tibúrcio José da **219**
Rocha, Ruth **282-283**
Rodas, João Grandino **288, 289**
Rodrigues, Benjamin **84**
Rogers, Carl **111**
Rollemberg, Marcello **148**
Rónai, Paulo **170**
Roncari, Luiz **172**
Rosa, João Guimarães **11, 202, 239, 248, 259**
Rosa dos Ventos, Editora **246**
Rosenfeld, Anatol **122, 123, 242**
Ross, Jurandyr Luciano Sanches **172**
Rossi, Giordano **249**
Rousseau, Jean-Jacques **243**
Rowohlt, Editora **192**
Rowohlt, Ernst **192, 194, 195, 196, 197**
Roxy, Livraria **237**
Rulfo, Juan **198**
Rumney, Jay **246**
Rushdie, Salman **207**
Russell, Bertrand **156**

Sabino, Fernando **239**, **244**
Sala, Oscar **148**
Salinas, Silvio **179**
Salinger, J. D. **244**
Salla, Thiago Mio **113**, **189**, **307**, **308**
Salles, Laurita **172**
Salles, Moreira, Família **250**
Sanches Neto, Miguel **316**
Sander, August **192**, **194**
Sander, Helen **192**
Santillana, Editora **250**
Santos, João Caetano dos **221**
Santos, Samuel **145**
São José, Livraria **228**
Saraiva, Livraria **271**
Sarney, José **159**
Sartre, Jean-Paul **120**, **248**
Satué, Enric **218-219**
Sayão, Bernardo **88**, **89**, **92**
Sayão, Lea **89**
Scarlato, Francisco Capuano **172**
Schenberg, Mário **171**
Schiffrin, André **252**, **270**, **275**
Schnaiderman, Boris **123**, **242**, **261**
Schoenthal, Inge **210**
Schopenhauer, Arthur **67**, **80**
Schüller, Donaldo **316**
Schumpeter, Joseph **247**
Schwartz, Jorge **294**
Schwarcz, Luiz **250**
Schwarz, Roberto **158**
Segall, Lasar **171**
Selecta, Editora **308**

Sellos & Couto, Livraria **228**
Senna, Ayrton **159**
Shakespeare and Company, Livraria **193**
Shakespeare, William **276**
Silva, Armando Sérgio da **122**
Silva, Benjamin Carvalho da **84**
Silva, Francisco Manuel da **221**
Silva, Inocêncio Francisco da **318**
Silva, Manuel Jorge da **225**
Silveira, Ênio **23**, **156**, **240**, **241**, **243**, **244-245**, **251**
Silveira, Semida **179**
Silvestrin, Cristiane Tonon **305-307**
Sloan, Robin **214**
Soares, Fortunato **50**, **54**
Sodré Jr., Laerte **178**
Sodré, Nelson Werneck **224**
Sommi, Leone de' **121**
Souza, Geraldo Gerson de **98**, **101**, **108**, **113-114**, **116**, **118**, **258**, **259**, **261-262**
Souza, Júlio Seabra Inglez de **157**
Souza, Octavio Tarquínio de **152**
Souza, Valnira de **108**
Spinoza, Baruch **177**
Staden, Hans **156**, **234**, **235**
Steinbeck, John **246**
Steiner, George **233**
Stendhal **92**
Stephen, Virginia **208**
Stevenson, Robert Louis **280**
Strindberg, Johan August **121**
Suassuna, Ariano **94**

SUPLICY, Eduardo **250**
SVEVO, Italo **248**
SWEEZY, Paul **246**
SYLOS, Honório de **239**

TAMBERLICK, Enrico **222**
TAVARES, Abílio **122**
TAVARES, Aurélio de Lira **131**, **133**
TAVARES, Maria da Conceição **247**
TAVARES, Zulmira Ribeiro **123**
TEIXEIRA E SOUSA **220**, **221**
TEIXEIRA, Anísio **137**
TEIXEIRA, Ivan **286**, **297**, **308**, **316**, **318**
TEIXEIRA, Livraria **228**
TELLES, Lygia Fagundes **239**
THEODORO, Janice **324**, **325**, **326**
TIMON **200**
TITO POMPÔNIO ÁTICO **200**
TORRES DE OLIVEIRA, Livraria **230**
TOSSE BRAVA **44**
TRANCOSO **49**
TSCHICHOLD, Jan **317**
TYPOGRAPHIA EPISCOPAL **228**
TYPOGRAPHIA FRANCEZA **227**
TYPOGRAPHIA DOUS DE DEZEMBRO **230**
TYPOGRAPHIA LIBERAL **230**
TYPOGRAPHIA LITERÁRIA **230**

VARGAS, Getúlio **89**, **236**, **240**, **243**
VARGAS, Maria Thereza **121**
VEIGA, Francisco Luís Saturnino da **226**

VELHO, Gilberto **247**
VENTURA, Zuenir **131**
VERISSIMO, Erico **239**
VERLAG HERDER, Editora **135**
VERUS, Editora **246**
VIANA, Família **284**
VIANA, Niso **284**
VICENTE, São **108**
VICENTE PALOTTI, São **109**
VIEIRA, Aníbal **114**, **115**
VIEIRA, Hélio Guerra **159**
VIEIRA, Leonilda **115**
VIEIRA, Ubirajara **115**
VILA, Livraria da **273**
VILELA, Suely **287**, **288**
VILLA RICA, Editora **138**
VILLAS BÔAS, Claudio **90**
VILLAS BÔAS, Leonardo **90**
VILLAS BÔAS, Orlando **90**
VILLAÇA, Antônio Carlos **241**
VILLENEUVE, Júnio Constâncio **226**
VINCI, Hélio **172**
VINCI, Laura **172**
VIRGÍLIO **315**, **316**
VISCONTI, Família **209**
VITTORIO EMANUELE II **20**
VOLTAIRE **22**, **243**
VONNEGUT, Kurt **207**

WADE, Thomas Francis **257**
WATERS, Lindsay **143**, **286-288**, **289**, **293**
WEISZFLOG IRMÃOS, Editora **230**

WELTSCHE, Felix **192**

WERFEL, Franz Viktor **192, 193, 195**

WEST, Morris **244**

WILDE, Oscar **184**

WILSON, Edmund **250**

WINNICOTT, Donald W. **247**

WOLFF, Kurt **23, 191-198**

WOLFE, Thomas **23, 195, 239, 241, 267**

WOOLF, Virginia **208, 248**

WRIGHT, Antonia Fernanda Pacca de Almeida **126-127**

WYNDHAM, Francis **208**

XAVIER, Ismail **126**

YOURCENAR, Marguerite **153, 248**

ZAGO, Marco Antonio **157, 288, 289**

ZAHAR, Editora **156, 242, 246, 247**

ZAHAR, Ernesto **246**

ZAHAR, Jorge **15, 23, 156, 246-248**

ZAHAR, Lucien **246**

ZENÓDOTO DE ÉFESO **200**

ZILLER, Giovanni (João) Trentino **316**

ZIRALDO **248, 282**

ULISSES CAPOZZOLI nasceu em Cambuí, no sul de Minas Gerais. Cursou jornalismo na Escola de Comunicações e Artes (ECA) da Universidade de São Paulo, de 1972 a 1976. Em São Paulo, consolidou sua carreira de jornalista científico no *Jornal da Tarde*, na *Folha de S. Paulo* e no *O Estado de S. Paulo*. Editou a *Revista Brasileira de Tecnologia*, do Conselho Nacional de Desenvolvimento Científico e Tecnológico (CNPq), e atuou na assessoria de comunicação do Instituto Nacional de Pesquisas Espaciais (Inpe). Na USP, concluiu mestrado em História da Ciência, em 1997, e doutorado em História da Radioastronomia, em 2003. Foi editor da revista *Scientific American Brasil*, além de assíduo colaborador do Observatório da Imprensa.

Este livro tem formato de 15,7 cm x 23 cm e foi composto pelas fontes Freight e Mercury. Suas 352 páginas foram impressas em papel Avena 80 g/m² e Offset 120 g/m² pela Lis Gráfica em abril de 2023.